Wanderungen im Elsaß

Josef Ernst Riedl

Wanderungen im Elsaß

Vogesen · Burgen · Weinstraße

40 Touren im Ober- und Unterelsaß, in den Nord- und Südvogesen

Mit 95 Farbfotos, 38 Kartenskizzen und einer Übersichtskarte

Bruckmann

Einband/Vorderseite:
Riquewihr/Reichenweier ist ein typischer Winzerort, dessen Stadtbild aus der Renaissancezeit unverändert erhalten blieb. Für viele ist das Städtchen der Inbegriff eines Elsässer Weinortes.

Innenklappe:
Mitten in den ausgedehnten Rebgärten der südlichen Weinstraße liegt das urtümliche Hunawihr. Von dem Sandsteinbrunnen mit der Jahreszahl 1690 steigt ein Weg auf zur Wehrkirche aus dem 15. Jahrhundert.

Einband/Rückseite:
Beim Rundgang durch Reichenweier kommt man in der Rue du Général-de-Gaulle an blumengeschmückten Fachwerkhäusern aus dem 16. und 17. Jahrhundert vorbei, die alle liebevoll restauriert wurden.

Seite 2/3:
Vom Vorplatz der Sebastianskapelle hat man einen herrlichen Blick auf das mitten in den Weinbergen liegende Dambach-la-Ville.

Die Zusammenstellung und Beschreibung der Touren erfolgte mit größtmöglicher Sorgfalt und nach bestem Wissen und Gewissen des Autors. Nach dem Erscheinen des Buches kann sich an Wegführung, Unterkünften, Adressen etc. einiges ändern; eine Gewähr für die touristischen und sonstigen Informationen wird nicht gegeben. Die Begehung der Touren nach den Vorschlägen in diesem Buch geschieht auf eigene Gefahr.

Gedruckt auf chlorarm gebleichtem Papier

Die Deutsche Bibliothek – CIP-Einheitsaufnahme

Riedl, Josef Ernst:
Wanderungen im Elsass : Vogesen, Burgen, Weinstrasse / Josef Ernst Riedl. – München : Bruckmann, 1993
(Erlebnis Wandern)
ISBN 3-7654-2618-0

Gesamtherstellung: Bruckmann, München
Druck: Gerber + Bruckmann, München
Printed in Germany
ISBN 3-7654-2618-0

Inhaltsverzeichnis

Die Brücke über die Weiss in Kaysersberg wurde 1514 errichtet. Sie ist die einzige mit Schießscharten und Brustwehr befestigte Brücke im Elsaß. Hinter der Brückenkapelle taucht die Hostellerie du Pont auf, früher auch »Badhaus« genannt.

Einführung

Faszinierendes Elsaß, Paradiesgarten im Osten Frankreichs, Land der Burgen und der Vogesen. Diese Region ist mit Naturschönheiten, Sehenswürdigkeiten und Kunstschätzen reich gesegnet. Werke wie das Straßburger Münster oder der Isenheimer Altar haben für die abendländische Kultur überragende Bedeutung. Die elsässische Landschaft, die zahlreichen Täler und Gebirgsketten sind ein unerschöpfliches Reich für Wanderer, denen sich die Schönheiten dieses wunderbaren Stückchens Erde am intensivsten erschließen. Auf 11000 Wege-Kilometern lernt der Gehfreudige nicht nur die herrliche Welt der Vogesen mit ihren aussichtsreichen Berggipfeln und zauberhaften Seen kennen, er gelangt auch in abgeschiedene Tallandschaften, zu all den ansprechenden, heiteren Orten mit ihren Fachwerkhäusern, Restaurants und Weinkellern. Das gerne besuchte Elsaß ist ein Refugium für Genießer. Tafelfreuden und Kunsterlebnis gehen in keinem anderen Land so harmonisch Hand in Hand. Es bestehen große Ähnlichkeiten zwischen dem Elsaß und der benachbarten Pfalz sowie dem Schwarzwald, so daß sich der deutsche Besucher hier schnell zu Hause fühlen wird. Keine andere Region Frankreichs hatte in ihrer Geschichte so enge Beziehungen zu Deutschland wie das Elsaß.

Geologie

Im Erdaltertum (Paläozoikum/Karbon), vor etwa 400 Millionen Jahren, entstand das Variskische Gebirge, in dem die Vogesen und der Schwarzwald noch eine Einheit waren. Im letzten Drittel des Erdmittelalters (Mesozoikum/Trias), als vor etwa 200 Millionen Jahren die Saurier auf unserem Planeten auftauchten, brach das Variskische Gebirge der Länge nach an der Stelle ein, wo später der Oberrheinische Graben verlaufen sollte. Es dauerte dann noch bis zur letzten Hälfte der Erdneuzeit (Neozoikum/Tertiär), bis sich nach der alpinen Auffaltung der Alpen vor etwa 40 Millionen Jahren der Oberrheinische Graben bildete. So entstanden zu dieser Zeit die beiden fast spiegelbildlich gleichen Gebirgslandschaften des Elsaß und des Schwarzwaldes.

Geographie und Verwaltung

Geographisch liegt das Elsaß zwischen dem Pfälzer Wald und dem Schweizer Jura. Beherrscht wird das Land zwar von der annähernd 200 Kilometer langen Tiefebene des Oberrheins, seine Naturschönheiten liegen aber zwischen den Vogesen im Westen und der Weinstraße im Osten. An den Hängen der Gebirgsausläufer wölbt es sich über mehrere Hügelketten in einer Breite von etwa 40 Kilometern gegen Westen hinauf zum Hauptkamm der Vogesen.

Wo sich vom Col de Saales das Tal der Breusch gegen Straßburg hinabzieht, verläuft die Grenze zwischen den Nordvogesen und den Südvogesen. Die südlichen, größere Höhen erreichenden *Vosges cristallines* bestehen aus Granit und kristallinen Gesteinen und werden deshalb auch Kristallinvogesen genannt. Wie der Name *Vosges gréseuses* (Buntsandsteinvogesen) bereits verrät, ist das Hauptgestein der wesentlich niedrigeren Nordvogesen bunter Sandstein, der das Baumaterial für die vielen Burgen und Kirchen dieser Region war.

Das Elsaß ist mit 8300 Quadratkilometern und etwa 1 650 000 Einwohnern heute die kleinste französische Region. Verwaltungsmäßig hat man es 1790 in *Unter- und Oberelsaß* aufgeteilt, was den Départements *Bas-Rhin* mit der Hauptstadt Strasbourg und *Haut-Rhin* mit der Hauptstadt Colmar entspricht. Südlich von Haut-Rhin liegt das *Territorium von Belfort*, das einzige Gebiet, das außerhalb der Département-Gliederung geblieben ist. Die Grenze zu Lothringen ver-

Renovierte Fachwerkhäuser des 16. Jahrhunderts mit blumengeschmückten Holzbalkonen säumen die Ringgassen in Egisheim.

restaurant
La Grangelière

läuft überwiegend am Kamm der Vogesen, nur ganz im Norden erstreckt sich das Unterelsaß über die Vogesen weit westlich hinaus in das Tal der Saar. Diese Ausbuchtung wird Alsace Bossue, das Buckelige Elsaß, genannt.

Berühmte Straßen

Dem Elsaß-Reisenden bieten sich zur Erkundung des Landes eine ganze Reihe berühmter Straßen an. Nur durch reines Abfahren dieser Strecken kann man aber das Land nicht ausreichend kennenlernen. Erst der eine oder andere Stop zur Besichtigung altehrwürdiger Kulturzeugnisse und Sehenswürdigkeiten, von denen man viele nur durch einen kleinen Fußmarsch erreichen kann, sowie die Einplanung ausreichender Pausen für genußvolle Ausblicke in das weite, reizvolle Land lassen diese Fahrten erst zum wirklichen Erlebnis werden. Auch einige schöne Wanderungen können wesentlich zur Abrundung des Gesamteindrucks beitragen.

Die nachfolgende Auswahl weist auf die interessantesten Möglichkeiten hin: Am bekanntesten ist die etwa 140 Kilometer lange *Route du Vin d'Alsace (Elsässische Weinstraße)*, die sich von Marlenheim (Nähe Saverne) an den Ausläufern der Vogesen bis Thann hinunterzieht.

Für den Naturliebhaber interessanter ist wohl die 75 Kilometer lange Panoramastraße *Route des Crêtes*, die von Sélestat/Schlettstadt entlang dem Flüßchen Lièpvrette hinauf

Zahlreiche Wanderwege erschließen die großartige Umgebung des Odilienberges. Einer davon führt rund um die zehn Kilometer lange Heidenmauer (ca. 1000 v. Chr.), dem Befestigungsring einer keltischen Fliehburg.

zum Col du Bonhomme und von dort am Rücken der Vogesen entlang der lothringischen Grenze bis hinunter nach Cernay verläuft.

Die insgesamt 300 Kilometer lange und aus dem Schwarzwald ins Elsaß herüberkommende aussichtsreiche Teilstrecke der *Route Verte (Grünen Straße)* führt von Breisach über Colmar in 50 Kilometern zum Col de la Schlucht. Von dort setzt sie sich durch den Roche du Diable/Teufelsfelsen ins lothringische Gérardmer hinüber fort bis nach Domrémy-la-Pucelle.

Ebenso gerühmt wird die *Route des Vosges,* die von Klingenthal (Nähe Obernai) über den Odilienberg bis zum Col du Bonhomme hinaufsteigt.

Die *Route des Châteaux (Straße der Burgen und Schlösser)* windet sich von Wissembourg/Weißenburg im Unterelsaß durch den Naturpark der Nordvogesen und durch das Tal der Bruche/Breusch bis hinunter nach Schirmeck.

Im Oberelsaß gibt es die kleine malerische *Route des cinq châteaux (Fünfburgenstraße)* bei Eguisheim.

Im südlichen Elsaß wird eine Reihe kleinerer, aber sehr interessanter Straßen offeriert, wie die *Route Joffre,* die den Reisenden von Bitschwiller-les-Thann im Tal der Thur über den Col du Hundsrück mit herrlichen Ausblicken in das südliche Tal der Doller nach Masevaux bringt und dann die Doller entlang über Lac de Sewen, Lac d'Alfeld und den Ballon d'Alsace wiederum mit schöner Sicht hinab ins Lothringische und über den Col de Bussang zurück ins Tal der Thur führt.

Für den Gourmet können die *Route de la carpe frite (Karpfenstraße)* zwischen Mühlhausen und der Schweizer Grenze sowie die *Route du fromage (Käseroute),* die in Münster beginnt und oben am Col de la Schlucht endet, von Interesse sein.

Kunst im Elsaß

Aus *römischer Zeit* sind leider nur noch wenige Bauwerke erhalten, obwohl es gerade im Elsaß bedeutende Städte und wichtige Ansiedlungen aus dieser Epoche gab; lediglich das Nachbarland Lothringen hat in Grand noch ein sehenswertes Amphitheater aufzuweisen. Ausgegrabene römische Gegenstände finden wir allerdings reichlich in den Museen. Aus *merowingischer Zeit* (7. Jahrhundert) gibt es nur noch das Kirchenschiff von Saint-Pierre-aux-Nonnains in Metz.

Die *romanische Epoche* dauerte im Elsaß vom Anfang des 11. bis zur Mitte des 13. Jahrhunderts. Die eindrucksvollsten romanischen Bauwerke sind Saint-Foy in Sélestat, Saint-Léger in Guebwiller und Saint-Maurus in Marmoutier. Ein besonders schönes Portal aus dieser Zeit weist die Pfarrkirche in Andlau auf. Sehenswert ist auch die Apsis von Saint-Pierre et Saint-Paul in Rosheim. Unter dem Straßburger Münster kann noch die Krypta des romanischen Vorgängerbaues besichtigt werden.

Die *gotische Zeit* begann hier in der ersten Hälfte des 13. und dauerte bis zum Anfang des 16. Jahrhunderts. Das Straßburger Münster ist eines der meisterhaftesten Bauwerke dieser Zeit. Die zweitgrößte gotische Kirche im Elsaß ist St. Peter und Paul in Weißenburg. Das St.-Theobald-Münster von Thann – mit eindrucksvollem Kirchturm und figurenreichem Hauptportal – zählt ebenfalls zu den besterhaltenen Sehenswürdigkeiten dieser Epoche. Dann folgt eine große Zahl profaner gotischer Kunstdenkmäler, von denen noch das Rathaus von Guebwiller und das Koifhus von Colmar hervorzuheben sind. Martin Schongauer, 1430 in Colmar geboren, überragender Künstler der Spätgotik, schuf mit seiner Madonna im Rosenhag, die sich in der Dominikanerkirche in Colmar befindet, ein die Zeit überdauerndes Kunstwerk.

Die *Kunst der Renaissance* blühte während des 16. Jahrhunderts. Die schönen Häuser dieser Epoche sind Ausdruck des bürgerlichen Wohlstandes. Besonders zahlreich finden wir sie an der Elsässischen Weinstraße. Unvergängliches Meisterwerk dieser Zeit ist der Isenheimer Altar im Unterlindenmuseum in Colmar. Er wurde von Matthias Grünewald (etwa 1465–1528) geschaffen.

In der *Epoche des Barocks* war das Land von Kriegen zerrüttet, so daß die Bautätigkeit fast vollständig zum Erliegen kam. Die einzige Barockkirche wurde 1759 von dem berühmten Vorarlberger Baumeister Peter Thumb für die Abtei Ebersmünster an der Ill geschaffen. Erst zu Anfang des 18. Jahrhun-

Die 1147 erstmals erwähnte und unter Kaiser Wilhelm II. von 1901 bis 1908 wiedererrichtete Hohkönigsburg gehört zu den großen Sehenswürdigkeiten des Elsaß.

derts begann man wieder zu bauen, man erstellte noch einige barocke Gebäude, ging aber schon bald zum *Rokoko* über. In den größeren Städten bevorzugte man zu dieser Zeit schon den klassizistischen Stil.

Geschichte

Nachgewiesen ist, daß das Elsaß schon in keltischer Zeit (400 v. Chr.) dicht besiedelt war. Im Jahr 58 v. Chr. eroberte es *Cäsar* durch den Sieg über Ariovist und seine germanischen Sueben. Unter *römischer Herrschaft* erblühte das Land, der Handel begann zu florieren, und die römische Armee errichtete strategisch wichtige Sammelplätze zur Vorbereitung der Angriffe auf germanisches Gebiet. Ab 406 beherrschten es die *Alemannen*, die aber schon 496 von Chlodwig, König der *salischen Franken*, unterworfen wurden.

Im siebten Jahrhundert avancierte das Elsaß unter dem Merowinger Eticho I. zum Herzogtum des Frankenreiches, das unter Karl dem Großen zur Hochblüte kam. Mit dem Vertrag von Verdun wurde 843 das große Frankenreich auf die Söhne Ludwigs des Frommen aufgeteilt. Das Westfrankenreich (heutiges Frankreich) erhielt *Karl der Kahle*, *Ludwig der Deutsche* bekam das Ostfrankenreich (heutiges Deutschland) und *Lothar* durfte über die Provinz Elsaß herrschen. Mit dem Tode Lothars II. (870) fiel die Provinz an Deutschland.

Im Jahre 1002 errichtete ein gewisser Werner die Habichtsburg. Danach benannte sich das Geschlecht der Habsburger, das später in der elsässischen Geschichte eine so bedeutende Rolle spielte. Vom 11. bis zum 13. Jahrhundert war durch die Herrschaft der *Staufer* die Zugehörigkeit des Elsaß zum *Heiligen Römischen Reich Deutscher Nation* unbestritten. Mit dem Untergang der Staufer zerfiel es 1268 in viele kleine Herrschaftsbereiche. 1324 wird die Landgrafschaft Oberelsaß (Sundgau) das Kernstück der *Habsburgischen Herrschaft,* die sich 1359 auch auf das Oberelsaß ausdehnte. 1354 wurde der *Zehnstädtebund* elsässischer Reichsstädte *(Dekapolis)* gegründet. In der Folgezeit versuchten französische Herrscher, wie König Karl III. (1439) oder Karl der Kühne von Burgund (1467–1477), immer wieder das Elsaß zu erobern, aber erst nach dem Dreißigjährigen Krieg (1618–1648) bekam *Frankreich* im Westfälischen Frieden die Vogtei über die Städte der Dekapolis und die habsburgischen Gebiete zugesprochen. Straßburg wurde erst 1681 von den Franzosen annektiert und die damals noch schweizerische Stadt Mülhausen schloß sich 1798 dem Elsaß an. Bis zum Deutsch-Französischen Krieg gehörte das Elsaß dann zu Frankreich; aber mit dem Friedenspakt von Frankfurt mußte es Frankreich 1871 wieder an Deutschland abtreten. Nun blieb es deutsch bis zum Ende des Ersten Weltkrieges (1914–1918). Gemäß dem Versailler Vertrag (1919) kommt das Elsaß an Frankreich zurück, wozu es bis 1939 gehörte. Im Zweiten Weltkrieg eroberten es deutsche Truppen erneut; seit 1945 ist es wieder französisch. Heute sieht sich das Land als eines der Kernländer Europas, was sich nicht zuletzt durch den Sitz des Europäischen Parlaments und des Europarats in Straßburg ausdrückt.

Der Elsässer und seine Feste

Trotz aller Anpassungen an die heutige Berufswelt und Wirtschaft hat sich der Elsässer vieles von seiner Tradition erhalten können. Er weiß auch gut zu leben und liebt es, seine Feste aus verschiedensten Anlässen zu feiern, wobei er den Gast gern daran teilhaben läßt. Ein großer Teil der Bevölkerung ist alemannischer Abstammung, deshalb werden im Familien- und Freundeskreis noch die bis zu 1500 Jahre alten Dialekte des Hochalemannischen (südliches Elsaß) und des Niederalemannischen (nördliches Elsaß) gesprochen. Französisch ist heute Amts- und Umgangssprache, obwohl sehr viele Elsässer auch deutsch sprechen.

Reisezeit und Klima

Für einen Besuch des Rheintals, der Weinstraße, des südlichen Oberelsaß und vor allem des Sundgaues ist das zeitige Frühjahr ei-

Der Innenhof eines Hauses am Quai Anselmann in Weißenburg aus dem 15. Jahrhundert zeugt vom Wohlstand der damaligen Zeit.

In Bergheim ist ein Teil der mit schlanken Rundtürmen bestückten mittelalterlichen Stadtmauer noch gut erhalten.

ne ideale Reisezeit, denn durch die Burgundische Pforte gelangen warme Lüfte aus dem Südwesten Europas in das Oberelsaß und die nördliche Tiefebene, so daß die Blütezeit hier merklich früher als in den benachbarten Gebieten einsetzt. Das Land um Colmar gehört außerdem zu den regenärmsten Gebieten ganz Frankreichs. Im Hochsommer kann es in der Rheinebene oft unerträglich heiß und schwül sein. Die Vogesen bilden eine natürliche Barriere für Schlechtwetter, das aus dem Westen heranzieht.

Insgesamt gesehen sind der spätere Frühling bis zum Sommeranfang und der Herbst die ideale Wanderzeit. Wenn es sich einrichten läßt, sollte der Elsaßreisende vor allem in den Ferienmonaten des Hochsommers die sonst so reizvolle Weinstraße meiden. Zu dieser Zeit ergeben sich oft große Staus vor den bekannten Weinorten, außerdem Parkplatzprobleme und lange Wartezeiten in den Restaurants. Um so schöner sind im Sommer die abgeschiedenen Vogesentäler und die höheren Bergregionen. Hoch droben in der Bergwelt der Vogesen kann man gerade in dieser Jahreszeit sehr schön wandern, weil es hier wegen der Westwinde auch im Juli und August meist angenehm kühl ist.

Verkehr und Tourismus

Wir finden im Elsaß ein gut ausgebautes Straßennetz vor. Praktisch jedes Ziel läßt sich mit dem Auto erreichen. Die französische Eisenbahngesellschaft SNCF (Société Nationale de Chemin de Fer) unterhält zahlreiche Bahnlinien. Informationen bekommt der Interessent bei folgender Adresse: SNCF, Rüsterstraße 11, 60325 Frankfurt a. M. Das Elsaß hat auch ein dichtes Netz von Buslinien. Informationen und Fahrpläne sind bei den zuständigen Fremdenverkehrsämtern erhältlich. Im Anhang sind die Adressen einiger Busgesellschaften und der örtlichen Touristikbüros im Bereich der Wanderrouten zusammengestellt, Hinweise auf Verkehrsmöglichkeiten zur An- und Rückfahrt von Wanderzielen sind bei den einzelnen Touren angegeben.

Überregionale Informationen kann der Reisende bei folgenden Stellen einholen:

Elsaß gesamt: Französisches Fremdenverkehrsamt, Kaiserstraße 12, 60311 Frankfurt a. M., Tel. 069/740551.

Unterelsaß: Office Départemental du Tourisme du Bas-Rhin, Maison du Tourisme, Rue

du Dôme 9, F-67000 Strasbourg, Tel.00 33/ 88/22 01 02.

Oberelsaß: Association Départemental du Tourisme du Haut-Rhin, Hôtel du Département, F-68000 Colmar, Tel. 00 33/89/ 23 21 11.

Vogesen: Comité Départemental du Tourisme des Vosges, Rue Gilbert 7, F-88008 Epinal, Tel. 00 33/29/82 49 93.

Als Straßenkarte ist die Michelin-Karte Nr. 242, Alsace et Lorraine (1:200 000), zu empfehlen. Die bei den einzelnen Tourenbeschreibungen angegebenen Wanderkarten des Vogesenclubs sind erhältlich bei:

Club Vosgien
16, Rue Ste.-Hélène
F-67000 Strasbourg
Tel. 00233/88/32 57 96

Oberelsaß (Haut-Rhin)

Die nördliche Grenze des Oberelsaß zieht sich vom Col de Saales oben am Hauptkamm der Vogesen über den Col de Fouchy, das Tal der Leber und Illhaeusern zum Rhein hinab. Die Hohkönigsburg am Beginn der Südlichen Weinstraße ist sicher die markanteste Stelle im Grenzverlauf. Im Süden wird das *Département Haut-Rhin* mit dem Schweizer Jura und der Burgundischen Pforte abgeschlossen. Das Nachbarland Lothringen wird durch den Höhenrücken der Südvogesen nach Westen hin abgetrennt. Von Ste. Marie-aux-Mines bis hinunter zum Rainkopf verläuft die berühmte Bergstraße »Route des Crêtes« fast deckungsgleich mit der Grenze.

Im Mittelpunkt des Oberelsaß liegt die wunderschöne Stadt *Colmar*, die zugleich Hauptstadt des Départements Haut-Rhin und die an Kunstschätzen reichste Stadt des ganzen Landes ist. Das südliche Oberelsaß ist flächenmäßig zwar fast um ein Viertel kleiner als das nördliche Unterelsaß, erfreut sich aber in den letzten Jahren zunehmend an Beliebtheit, und das nicht nur bei den Einheimischen. Es mag das günstige Klima sein, denn durch die Burgundische Pforte strömt milde Luft vom südwestlichen Europa in dieses gesegnete Land des Oberrheintals. Durch das fast mediterrane Wetter begünstigt, erreicht die Obstbaumblüte im Oberelsaß wesentlich früher als in den benachbarten Regionen ihren Höhepunkt. Aber auch die Narzissenwiesen des Münstertales, die bis hinüber nach Gérardmer reichen, zeigen zeitiger ihre volle Pracht. Der vermehrte Zuspruch liegt aber sicher nicht allein am günstigen Klima, die reizvolle Hauptstadt Colmar trägt dazu ebenso bei. Auch die vielen Täler, die Bergdörfer, die Schlemmerstraßen und der Sundgau tragen das Ihre zur Anziehungskraft des Oberelsaß bei.

Aus der Fülle der Kunstdenkmäler und Naturschönheiten des südlich anmutenden Oberelsaß können hier nur einige Höhepunkte herausgegriffen werden. Beginnen wir mit der imposanten *Haut-Koenigsbourg/Hohkönigsburg*, einer uralten Stauferfestung, die 1147 das erstemal urkundlich erwähnt wird und wohl am besten einen Gesamteindruck von einer mittelalterlichen Trutzburg vermitteln kann. Die alte Burg wurde zwar schon 1633 von den Schweden zerstört, aber durch Kaiser Wilhelm II. zwischen 1901 und 1908 in ursprünglicher Form wiederaufgebaut.

Beispiele für die Anlage alter Weinorte im Oberelsaß sind Saint-Hippolyte und Hunawihr. Der ruhige, völlig ummauerte, liebenswerte Winzerort *Saint-Hippolyte,* eine Domäne des Rotweins, weist noch viele Häuser aus dem 16. und 17. Jahrhundert sowie eine spätgotische Kirche auf, die den Ort beherrscht. *Hunawihr,* etwas abseits der Route du Vin, ist ein urtümliches, malerisches Weinbauerndorf mit alter hochgelegener Wehrkirche, die von einer Mauer und sechs Türmen umgeben ist.

Eguisheim in der Nähe von Colmar hat noch die Ringmauern einer ehemaligen Wasserburg und einen romanischen Turm aus dem 12. Jahrhundert. Weitere Sehenswürdigkeiten dieses Ortes sind der achteckige Renaissancebrunnen vor dem Rathaus und seine drei Burgen hoch über der Stadt. In *Guebwiller/Gebweiler* sprechen die romanischen Kirchen Saint-Léger (12. bis Anfang 13. Jahrhundert) und die nahe Abtei Murbach sowie das gotische Rathaus von 1514 den Kunstliebhaber besonders an. Ensisheim weist ein sehenswertes Rathaus aus dem 17. Jahrhundert auf. Am Ende der Weinstraße steht in *Thann* das berühmte Münster *St.-Thiébaut/St. Theobald* (14. bis 16. Jahrhundert) mit einem 76 Meter hohen Turm. Es gehört neben dem Straßburger Münster zu den bedeutendsten Werken gotischer Zeit. Das überaus figurenreiche Doppelportal an der Westfassade (14. Jahrhundert) muß besonders hervorgehoben werden. Außerdem hat Thann einen Hexenturm und eine malerische Altstadt, über der die Ruine der Engelsburg mit dem sogenannten Hexenauge liegt.

Mulhouse/Mülhausen, von 1308 bis 1515 freie Reichsstadt, heute zweitgrößte Stadt des

Elsaß, gehörte bis 1648 zur Schweiz. Im Mittelpunkt der Altstadt steht das im Renaissancestil erbaute Rathaus von 1552. Ein 31stöckiges Europahaus mit Drehrestaurant, ein 164 Meter hoher Fernsehturm, der schönste botanische Garten Frankreichs und die berühmten Museen der Eisenbahnveteranen und Oldtimer vervollständigen das Bild dieser Stadt.

Bei Mülhausen öffnet sich nach Süden der *Sundgau,* ein bei den Touristen kaum bekannter Landesteil, der aber zu Unrecht ein wenig vernachlässigt wurde. Diese südlichste Region des Elsaß ist das Land der Äpfel und der Karpfenseen. Kreuz und quer zieht sich die »Route de la carpe frite« durch das ganze Gebiet zu vielen historischen Orten, in denen wohl zubereitete Fischköstlichkeiten angeboten werden. Nicht vorbeifahren sollte man an der *Moulin du Kaegy,* einer restaurierten Mühle in Steinbrunn-le-Bas, die idyllisch an einem klaren Bach mit buntblühenden Wiesen liegt und dem Gast feine französische Küche anbietet. Der Sundgau geht nahe der Schweizer Grenze in das hügelige Land des Elsässischen Jura über. Fast jedes Dorf des wald- und wiesenreichen, aber etwas verarmten Gebietes hat seinen eigenen Reiz. An den zahlreichen Flußläufen drehten sich früher Schaufelräder, um Mehl- und Ölmühlen, aber auch Holzsägen und Papierpressen anzutreiben.

Ganz unten an der Schweizer Grenze stoßen wir auf die alte Festung Landskron, auf Oltingue, die ehemalige Hauptstadt des *Sundgauer Jura* mit typischer Bauernhausarchitektur. Das obere Schloß von Ferrette, das im 12. Jahrhundert von den Grafen Montbéliard erbaut wurde, hat eine lange Herrschertradition aufzuweisen.

Der letzte Graf von Ferrette (Pfirt) ist Rainier von Monaco.

Flußromantik am Fischerkai in Colmars altem Stadtviertel Krutenau.

Südliche Weinstraße

Im sonnigen Vorland der Vogesen, das über der weiten Ebene des Oberrheintales liegt, gedeiht der elsässische Wein besonders gut; er wird hier seit mindestens 1500 Jahren angebaut. Durch diese Rebgärten schlängelt sich die windungsreiche *Route du Vin* von einem hübschen Winzerdörfchen zum anderen. Sie beginnt in Marlenheim im Unterelsaß und endet nach 140 Kilometern tief unten in Thann.

Zu Füßen der stolzen Hohkönigsburg leitet *Saint-Hippolyte* die etwa 80 Kilometer lange Südliche Weinstraße ein. Es ist eine heitere Straße, die zu traditionsreichen Orten mit Stadtmauern, Tortürmen, historischen Kirchen, prächtigen Renaissance- und blumengeschmückten Fachwerkhäusern führt. Auf den vorgeschobenen Hügeln der Gebirgsketten erblicken wir im Vorbeifahren oder beim Wandern so manche Burg.

Auf dieser romantischen Strecke im Oberelsaß erleben wir nahezu zwei Drittel der gesamten Route du Vin. Sie erschließt uns vor allem viele Täler, die mehr oder weniger tief in die Bergwelt der Vogesen vordringen. Gleich hinter der Hohkönigsburg führt von Lièpvre das *Lièpvrettetal (Markircher- oder Lebertal)* zum Col de Sainte Marie hinauf.

Das schmale, besonders reizvolle und aussichtsreiche *Strengbachtal* beginnt in Ribeauvillé und bringt uns durch ein herrliches Wandergebiet (Tour 10) nach Sainte-Marie-aux-Mines. Kaysersberg leitet das idyllische, besonders im Frühjahr sehr schöne Wiesental an der Weiss ein (Tour 6), das später in das *Béhinetal* übergeht und oben am Col du Bonhomme endet.

Als »Route du Fromage« ist das *Münstertal* bekannt, das auch Fechttal genannt wird. Es zieht sich von der sehenswerten Stadt Turckheim bergwärts bis zum Col de la Schlucht. Hier produziert man seit dem Mittelalter den unter Kennern sehr geschätzten Münstertaler Käse. Noch heute gibt es gut zwei Dutzend Bauernhöfe, die diese Spezialität herstellen. Oft wird er dem Besucher in den sogenannten *Bauernhöfen mit Gaststube (Fermes-Auberges)* noch vom Hofherrn persönlich serviert. Dieses Tal, von dem allein 350 Kilometer markierte Wanderwege ausgehen, ist Ende April besonders erlebenswert, wenn auf den Bergwiesen Millionen wilder Narzissen blühen. Dann wird in Gérardmer das große Blumenfest, die *Fête des Jonquilles*, gefeiert.

Zwischen Guebwiller und der Vogesenhochstraße »Route des Crêtes« verläuft das *Florival/Blumental* an der Lauch unter dem Grand Ballon vorbei (Tour 4). Das *Thurtal* wird in Thann eingeleitet und geht bald in das idyllische *St.-Amarintal* über, das entlang dem Stausee Kruth-Wildenstein unter dem Grand Ventron bis zum Col de Bramont reicht (Tour 14). Sankt Amarin am wildromantischen Oberlauf der Thur ist der Ausgangsort zum Besuch des Bocksloches, des Heidenbades und der Nikolausfälle. Die Burgruinen Stoerenburg, Freudstein und Wildenstein vervollständigen das Landschaftsbild. Von den großen Vogesentälern zweigen viele kleine Seitentäler ab, die ideale Wandergebiete erschließen.

Zurück zur Weinstraße. Viele der alten Weinstädtchen haben ein interessantes Ortsbild mit historischen Bauwerken und Kunstschätzen. Sie sind oft direkt Ausgangspunkt für Touren (2, 3 und 9) zu Burgruinen und zum Kennenlernen der Umgebung. Kurz nach Saint-Hippolyte, wo uns im Hotel-Restaurant Munsch aux Ducs de Lorraine eine gute Küche erwartet, winken uns die drei schlanken Rundtürme von *Bergheim,* die zur mittelalterlichen Stadtmauer des alten, recht urtümlich wirkenden Winzerstädtchens gehören. Am Marktplatz von Bergheim entdekken wir ein barockes Rathaus von 1776. Liebhaber der Haute-Cuisine können einen Abstecher hinüber nach *Illhaeusern* machen, um sich von Maître Haeberlin, einem der besten Köche Europas, in der Auberge de l'Ill verwöhnen zu lassen.

Nun gelangen wir zu dem reizvollen *Ribeauvillé,* über dem sich die gut erhaltenen Ruinen der Ulrichsburg und der Burgen Rappoltstein und Girsberg (Tour 8) erheben, sie

Der rote Sandsteinbrunnen und die geraniengeschmückten Barockhäuser verraten etwas von der Wohlhabenheit Bergheims.

sind das Wahrzeichen der Stadt. Das malerische Ortsbild von Ribeauvillé und seine zahlreichen historischen Bauten, wie das Pfifferhüs von 1680, machen den Zauber dieses von Weinbergen umgebenen und schon im 8. Jahrhundert erwähnten Ortes aus. Unter den Sehenswürdigkeiten Ribeauvillés, das 1290 das Stadtrecht erhielt, sind das barocke Rathaus von 1773, der Renaissance-Brunnen mit einem Löwen und der Metzgerturm, beide aus dem Jahre 1536. Auf einigen Stadttürmen nisten Störche. In der Nähe des Wehrdorfes Hunawihr befindet sich eine Storchenwarte, um diese Vögel wieder heimisch zu machen.

Ebenso berühmt ist der kleine Winzerort *Riquewihr/Reichenweier*, dessen altes Ortsbild mit Stadtmauer und Tortürmen weitgehend unzerstört blieb (Tour 7). Besonders ansprechend sind seine Fachwerkbauten, unter denen die Häuser Irion, Jung-Selig, Brauer und Liebrich (1535) mit Ziehbrunnen und Weinpresse herausragen. Am Ende der Hauptstraße stoßen wir auf den Dolder, einen Torturm aus dem 13. Jahrhundert, unter dem der sogenannte Sinnbrunnen steht. Das Städtchen mit seinen urtümlichen Weinstuben ist zum Inbegriff elsässischer Winzerorte geworden; man nennt es auch gerne das elsässische Rothenburg. Es erhielt 1320 das Stadtrecht und gehörte damals den Grafen von Horburg, deren Schloß hier zu besichtigen ist.

Schon folgt *Kaysersberg*, wiederum ein wunderschöner größerer Ort, in dem Albert Schweitzer (1875–1965) geboren wurde.

Im gotischen Münster zu Thann steht diese Winzermadonna (um 1500), ein Symbol für die ganze Südliche Weinstraße.

Das Gestühl im Münster zu Thann ist ein Meisterwerk einfallsreicher Schnitzkunst des 15. Jahrhunderts.

Neben seinem Geburtshaus sind das repräsentative Renaissance-Rathaus mit Brunnen (1520–1604), die Kapelle St. Michael mit Fresken von 1463 und einem seltenen Kruzifix von 1370 sowie viele alte Fachwerkhäuser an der Weiss mit spitzem vorgesetzten Giebel und die Burg oberhalb der Stadt sehenswert.

Ammerschwihr, einst Reichsstadt, heute bedeutender Weinort, wartet mit einem Rathaus von 1552, mit gotischer Martinskirche von 1585 und dem Spezialitätenrestaurant »Aux Armes de France« auf. Im nahen *Turckheim,* das ebenfalls von Weinbergen umgeben ist, macht in den Sommermonaten ab 22 Uhr ein echter Nachtwächter mit Horn, Hellebarde und Laterne die Runde. Der Ort wurde im frühen Mittelalter gegründet und erhielt 1354 das Stadtrecht. Aus dieser Zeit stammen die drei Tortürme der Befestigungsanlage. Sehenswert ist neben den Stadttoren die Place Turenne mit alten Bürgerhäusern; am »Hôtel des Deux Clefs« (Spezialitätenrestaurant) sind noch Eckpfosten mit geschnitzten Figuren von 1620 zu bewundern (Tour 5).

Rouffach, ebenfalls eine alte Siedlung im Oberelsaß, kam im 7. Jahrhundert in den Besitz des Bischofs von Straßburg und erhielt 1238 das Stadtrecht. Im 12. Jahrhundert wurde es als papsttreue Stadt von Kaiser Heinrich V. niedergebrannt und im Dreißigjährigen Krieg erneut zerstört. 1663 kam es gemäß Vertrag zwischen dem Bischof und König Ludwig XIV. an Frankreich. Interessant ist hier die Kirche Notre-Dame-de-l'Assomption, deren östliche Seitenapsiden am Querhaus aus dem Jahre 1060 stammen. Die beiden Treppentürme des Lettners sind von 1300. Das ehemalige Kornhaus am Marktplatz wurde im 15./16. Jahrhundert erbaut. Daneben befindet sich das Alte Rathaus von 1581 mit geschwungenen Giebeln. Dann folgt der Hexenturm aus dem 13. Jahrhundert. In der Rue Poincaré stehen noch drei sehenswerte Häuser (Haus Nr. 11, 17 und 23). Auch in Rouffach ist eine Station für die Aufzucht von Störchen eingerichtet worden. Nicht zuletzt sind die hübschen Winzerorte Soultzmatt mit spätgotischer Wagenburg und Rundturm sowie Soultz-Haut-Rhin mit Stadtmauer, mittelalterlicher Kornhalle und Häusern mit

Einer der Hauptanziehungspunkte Colmars ist das Koifhus, ein Lager- und Zollhaus aus dem Jahre 1480 und zugleich das älteste Gebäude der Stadt. Auf dem schönen Marktplatz steht Bartholdis Schwendi-Brunnen.

Erkern oder Treppentürmen recht interessant.

Beliebt ist die von Thann am Ende der Weinstraße ausgehende *Route Joffre*. Sie ist die kurvenreichste der Touristenstraßen und führt vom Tal der Thur um den Roßberg ins *Tal der Doller* und hinauf zum Ballon d'Alsace/Elsässer Belchen, einem hervorragenden Wandergebiet. Oben am Col du Ballon überblicken wir die Burgundische Pforte, durch die noch vor etwa 40000 Jahren der Rhein floß. Gleich zu Anfang der Route Joffre findet der passionierte Wanderfreund am *Col du Hundsrück* ein ausgedehntes Wegenetz um den Roßberg. Fans nostalgischer Eisenbahnen benützen von Cernay den kleinen Zug über Aspach-le-Bas und Guewenheim ins wunderschöne Tal der Doller mit Endstation in Sentheim. Zahlreiche Wanderrouten führen von hier in das Dollertal.

1 Colmar und seine Schätze

Eine Stadtführung

Colmar ist die Hauptstadt des Oberelsaß (Département Haut-Rhin) und zugleich die an Kunstschätzen reichste Stadt des Landes. Geographisch liegt sie am Zusammenfluß von Ill, Thur, Lauch und eines Armes der Fecht; wegen der vielen Kanäle heißt ein Stadtteil Colmars auch Klein-Venedig. Der Name der Stadt wird von *Columbarium* (Taubenschlag) abgeleitet.

Die Geschichte Colmars begann wahrscheinlich in der Karolingerzeit; damals gab es erste Siedlungen an der Lauch und am Logelbach. Im 13. Jahrhundert war Colmar unabhängige Republik, trat 1354 dem Zehnstädtebund bei und wurde Hauptstadt der *Decapole*. In staufischer Zeit umgab der Landvogt Wölflin den Ort mit Mauern, von denen heute allerdings nichts mehr zu sehen ist. Kaiser Friedrich II. erhob Colmar 1226 zur Reichsstadt. Rudolf von Habsburg befreite sie 1278 von fremder Gerichtsbarkeit.

Obwohl Colmar in mehreren Kriegen heftig umkämpft war, blieb es praktisch unversehrt. In der historischen Altstadt gibt es deshalb besonders viele gut erhaltene Renaissancebauten sowie Bürgerhäuser aus dem 15. und 16. Jahrhundert.

Fünf Kirchen aus dem Mittelalter, sehenswerte Profanbauten, gepflegte Fachwerkhäuser, die über die ganze Stadt verteilt sind, die schmalen Gäßchen und romantischen Winkel in Klein-Venedig machen das vielgepriesene Flair von Colmar aus.

Stadtrundgang

Weltbekanntes Schmuckstück Colmars ist das *Unterlindenmuseum* (**1**), das aus einem Kloster der Dominikanerinnen hervorging. Kloster, Kirche und der großartige Kreuzgang wurden ab 1252 von Bruder Vollmar aus rötlichem Vogesensandstein gebaut. 1269 hat Albertus Magnus, damals Bischof von Regensburg, im Beisein Rudolfs von Habsburg, die Gebäude geweiht. Das Kloster und der schöne Kreuzgang sind teilweise unverändert erhalten. Im Museum wird eine reiche Sammlung oberrheinischer Kunst aus dem Spätmittelalter und der Renaissance gezeigt. Martin Schongauer (1445–1491) ist der wichtigste Meister dieser Epoche. Da ist zunächst die Verkündigung zu erwähnen, die er 1470 für das Kloster Isenheim malte, aber

Der Isenheimer Altar gilt als Hauptwerk des Matthias Grünewald und wurde wohl zwischen 1512 und 1515 gemalt. Er spiegelt die Umbruchstimmung jener Zeit. Darstellungen des Leidens, wie hier »Die Versuchung des hl. Antonius«, wirken geradezu naturalistisch.

Hauptsehenswürdigkeit Colmars ist das Unterlindenmuseum, dessen Kreuzgang im 13. Jahrhundert erbaut wurde. Zwillingsbogen und Vierpaß auf schlanken Säulen schmücken die Arkaden.

auch die 24 Tafeln des Passionsaltares für die Dominikanerkirche von Colmar sind aus seiner Werkstatt.

Das berühmteste Werk des Unterlindenmuseums ist der Isenheimer Altar, der im frühen 16. Jahrhundert von Mathis Gothardt-Nithardt, genannt Grünewald (1475–1528), geschaffen wurde. Den großen, beidseitig bemalten Flügelaltar, der als sein Hauptwerk gilt, schuf er für das mächtige Antoniterkloster in Isenheim.

Hier, am Unterlindenmuseum, beginnen wir denn auch mit dem Stadtrundgang, der zu den sehenswertesten Kirchen, Gebäuden, Brunnen und Statuen führt und den Besucher auch durch das ehemalige Gerberviertel, die Krutenau und Klein-Venedig geleitet. Begeben wir uns in südwestlicher Richtung in die Rue des Têtes. Dort stoßen wir schon nach knappen 100 Metern linker Hand auf das reichgeschmückte *Kopfhaus/Maison des Têtes* (**2**), einen prächtigen Renaissancebau von 1608, der wahrscheinlich von Stadtbaumeister Albrecht Schmidt errichtet wurde. Das Gebäude hat einen doppelstöckigen Erker und ist bekannt wegen seiner interessanten Kopfmasken, die über die ganze Fassade verteilt sind. Heute wird in dem Gebäude ein ausgezeichnetes Restaurant unterhalten. Am Ende der Rue des Têtes biegen wir links in die Rue des Boulangers ein. Dort liegt die *Dominikanerkirche/Église des Dominicains* (**3**). Der Grundstein der fast quadratischen Kirche wurde 1283 von Rudolf von Habsburg gelegt. Die Kirche war lange Zeit geistiges Zentrum Colmars und birgt die von Martin Schongauer (1473) geschaffene Madonna im Rosenhag.

Wir überqueren die Place de la Cathédrale südöstlich. Im Herzen der alten Stadt stoßen wir auf das *Sankt-Martins-Münster* (**4**). Der heutige dritte Kirchenbau ist zwischen 1230 und 1400 auf den Resten einer romanischen Kirche errichtet worden. Von den Colmarern wird der stattliche, eigenwillige Sandsteinbau und sein mächtiger Südturm, der erst im 16. Jahrhundert seine interessante Haube erhielt, gerne Kathedrale genannt. Neben dem

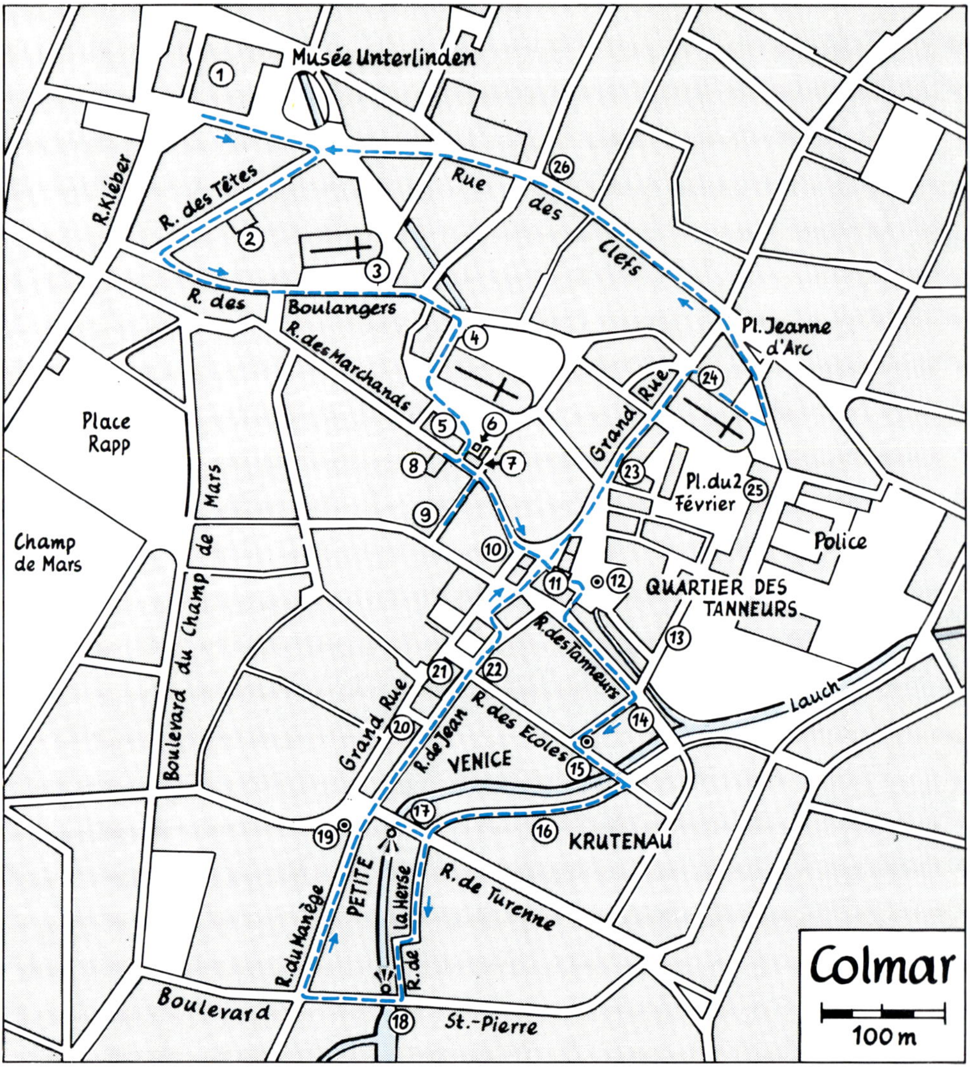

① Unterlindenmuseum, ② Kopfhaus, ③ Dominikanerkirche, ④ Sankt-Martins-Münster, ⑤ Stadtwache und Gerichtslaube, ⑥ Haus Adolphe, ⑦ Pfisterhaus, ⑧ Bartholdi-Museum, ⑨ Haus zum Schwan, ⑩ Haus zum Roten Hufeisen, ⑪ Altes Kaufhaus, ⑫ Schwendi-Brunnen, ⑬ Viertel der Ledergerber, ⑭ Markthalle von 1870, ⑮ Rabmannla, ⑯ Fischermole, ⑰ Klein-Venedig, ⑱ Pont St.-Pierre, ⑲ Roesselmann-Brunnen, ⑳ Johanniterhaus, ㉑ Haus Kern, ㉒ Gerichtsgebäude, ㉓ Arkadenhaus, ㉔ St.-Matthieu, ㉕ Altes Spital, ㉖ Rathaus

Sandstein fallen dem Betrachter die buntglasierten Dachziegel auf. Dem Säulenportal des südlichen Querhauses hat der Baumeister Humprecht besondere Aufmerksamkeit gewidmet. Die farbigen Reliefs zeigen das Weltgericht und die Nikolauslegende. Der hohe, dämmerige Innenraum, der während der Französischen Revolution (1792) den größten Teil seiner Ausstattung verloren hat, enthält noch Spuren alter Wandmalereien, wie die der Colmarer Madonna, Nikolaus-Darstellungen sowie schöne Fenster aus dem 14. Jahrhundert.

Im Kern der Altstadt läßt man sich von der

Harmonie der alten Plätze bezaubern. Kein Haus ist wie das andere, die gewachsene Architektur wirkt in ihrer lebendigen Ruhe viel stärker auf uns als alles Neue. An der Südseite des Münsterplatzes fällt besonders die *alte Stadtwache und Gerichtslaube/Ancien Corps de Garde* (**5**) auf. Das Renaissance-Portal der Hauptfassade wird von einer antikisierenden Büste bekrönt, während die Brüstung der Loggia über dem Portal mit Masken und Wappen geschmückt ist. Fünf offene Bögen mit Säulen davor tragen ein baldachinartiges Netzgewölbe. Die Loggia ist ein Entwurf des Stadtarchitekten Michael Berck (1575).

Linker Hand steht das *Haus Adolphe* (**6**) mit seinen gotischen Maßwerkfenstern. Es ist das älteste Gebäude in Colmar und datiert von 1350, wurde später allerdings in der Bausubstanz stark verändert.

Nun gehen wir rechts in die Rue du Mercière und gelangen an der Ecke der Rue des Marchands zum *Pfisterhaus/Maison Pfister* (**7**). Das prächtige Haus von 1537 mit angebautem Treppentürmchen, Erker und gedrechselten Holzgalerien um das ganze Haus wurde im Auftrag des Hutmachers Louis Scherer aus Besançon gebaut. Der kunstvoll ausgearbeitete Erker mit Spitzdach und Medaillons von drei Kaisern, die vier Evangelisten und Szenen aus dem Alten Testament verleihen ihm einen mittelalterlichen Charakter, der es zum schönsten Bürgerhaus des

An der Einmündung der Grande Rue in die Place de l'Ancienne Douane vor dem alten Kaufhaus eine besonders hübsche Gruppe von Fachwerkhäusern, darunter das Haus zum Roten Hufeisen.

Elsaß erhebt. Gleich gegenüber dem Pfisterhaus stoßen wir in der Rue des Marchands 30 auf das Geburtshaus des Bildhauers Frédéric Auguste Bartholdi (1834–1904). Er war u.a. der Schöpfer der Freiheitsstatue von New York, die im Oktober 1886 enthüllt wurde, des Löwen von Belfort und des Schwendi-Brunnens hinter dem alten Kaufhaus in Colmar. Das Haus ist jetzt *Bartholdi-Museum* (**8**), in dem viele seiner Werke als Original oder Entwurf zu besichtigen sind. Unweit davon steht in der Rue Schongauer Nr. 2 das gotische *Haus zum Schwan /Maisonnette au Cygne* von 1480 (**9**). In dieser Straße soll Martin Schongauer im Haus Nr. 36 geboren sein.

Wir gehen die Rue des Marchands nun in südöstlicher Richtung weiter und stoßen, bevor wir zur Grand' Rue kommen, auf einen der schönsten Plätze Colmars, den *Marché-aux-Fruits/Obstmarkt.* Dort steht rechts in einer besonders hübschen Gruppe von Fachwerkhäusern das *Haus zum Roten Hufeisen/ Maison au Fer Rouge* (**10**), in dem heute ein ausgezeichnetes Speiselokal untergebracht ist.

Einer der Hauptanziehungspunkte Colmars ist wohl das gegenüberliegende *Alte Kaufhaus* oder *Koifhus/Ancienne Douane* (**11**) aus dem Jahre 1480. An der Vorderseite des Doppelhauses dominiert eine überdeckte Außentreppe, von der man einen schönen Überblick über den ganzen Platz gewinnt. Dann geht man am besten gleich durch die Laubenhalle, um sich die interessante Rückseite anzusehen. Das in seinen unteren Teilen gotische Kaufhaus besteht eigentlich aus zwei Gebäuden, die ein Querflügel über einer offenen Arkadenhalle verbindet. Der Hauptbau ist zweigeschossig, mit einem Walmdach und buntglasierten Ziegeln versehen und hat im ersten Stock eine schwungvolle Balustrade. Das zweite, schlichtere Haus und die schöne Turmspitze zwischen beiden Bauten wurde erst im 16. Jahrhundert hinzugefügt. Im Mittelalter diente das Koifhus als Lagerhaus der Colmarer Kaufleute, in dem die eingeführten Waren bis zur Erhebung des Einfuhrzolles zwischengelagert wurden. Im Prunksaal des Obergeschosses versammelten sich turnusmäßig die Vertreter des Zehnstädtebundes (1354–1788), woran heute noch die sehenswerten Wappenfenster erinnern.

Die schöne Place de l'Ancienne auf der Rückseite wird beherrscht von dem *Schwendi-Brunnen* (**12**), einem Werk Bartholdis von 1897. Über dem Brunnen thront die Statue des Feldherrn Lazarus von Schwendi (1522–1584). Als Heerführer Kaiser Karls V. erhielt er 1565 für seine Kampfeinsätze als Belohnung die Hohlandsburg (vgl. Tour 3). Er war darüber hinaus Diplomat und Genießer und zählt wohl zu den volkstümlichsten Gestalten im Elsaß. Ihm wird nachgesagt, daß er die Tokajer-Rebe aus Ungarn mitgebracht und im Elsaß eingeführt habe. Rund um den Schwendi-Brunnen herrscht an den Marktvormittagen, wenn die Händler ihre Stände aufgebaut haben, ein reges Treiben.

Unser Rundgang wird vom Obstmarkt aus in südöstlicher Richtung durch die Rue des Tanneurs, am gleichnamigen Kanal entlang, fortgesetzt. Wir gehen durch das alte *Viertel der Ledergerber/Quartier des Tanneurs* (**13**). Der Wasserlauf war zur Bearbeitung und Reinigung der Häute unentbehrlich. Dieser, im letzten Jahrhundert dem Verfall preisgegebene Stadtteil wurde zwischen 1966 und 1975 restauriert und erlebt nun seine zweite Blüte. Wir kommen bald zur überdachten *Markthalle* von 1870 (**14**), einer Gußeisen-Konstruktion, und biegen rechts ab. Nach der Markthalle steuern wir links der Lauch entgegen. An der Ecke Rue des Vignerons und Rue des Ecoles stoßen wir auf den *Winzerbrunnen* von Bartholdi, der auch *Rabmannla* (**15**) genannt wird. Er stellt einen sitzenden Weinbauern dar, der aus einem Weinfäßchen trinkt. Wir gehen über die Brücke und rechts abzweigend zur *Fischermole/Quai de la Poissonnerie* (**16**).

Während wir an der Lauch entlanggehen, wird unser Blick von den malerischen Fachwerkhäusern dieses Stadtviertels gefangen. Hier war einst ein bedeutendes Zentrum für den Fischfang und die Verarbeitung des Fisches aus der Lauch. Am Ende des Quais er-

Von der Brücke St.-Pierre aus hat man den schönsten Blick auf das beidseits der Lauch liegende malerische Klein-Venedig. Im Hintergrund die Martinskirche.

In dieser Reihe liegen außerdem vor:

Ausführlich beschriebene Wanderrouten und wertvolle Hinweise auf Sehenswürdigkeiten, Übernachtungs- und Verpflegungsmöglichkeiten kennzeichnen diese Reihe. Bei Ihrem Buchhändler erhältlich.

Bitte
mit 80 Pf.
frankieren

Antwortkarte

Verlag
Bruckmann
Postfach 200353

80003 München

Caveau
St Pierre
Restaurant

weitert sich die schmale Straße zu einem Platz, auf dem früher die Gemüsehändler Markt hielten. Dieser Platz und das Stadtviertel südlich der Fischermole hießen einst Krutenau. In der Rue de Turenne, wo sich auch das Naturhistorische Museum befindet, werfen wir von der kleinen Tränkbrücke einen ersten Blick auf das wunderschöne *Klein-Venedig/Petite Venise* (**17**) und die romantische Lauch. Am Fluß liegen nette Restaurants, die zu kurzer Rast einladen. In der Nähe der Tränkbrücke treffen wir auf die Rue de la Herse, die hier abzweigt; am Ende des schmalen Sträßchens geht ein Weg hinab zum Ufer der Lauch, der am Restaurant »Caveau St.-Pierre« vorbeiführt. Ein kurzes Stück direkt am Fluß, an alten Fachwerkhäusern mit dazwischenstehenden Weiden und Tannen entlang, und man steigt die kleine Treppe zum *Pont St.-Pierre* (**18**) hinauf. Von der Brücke bietet sich der schönste Blick auf Klein-Venedig mit der Martinskirche im Hintergrund.

Ein kurzes Stück über den Boulevard St.-Pierre, dann biegen wir rechts in die Rue du Manège ein, eine Straße mit vielen eindrucksvollen Gebäuden aus vergangener Zeit. Wir befinden uns nun links der Lauch und gelangen bald zum schönen Hôtel Maréchal, heute ein Romantikhotel. Davor am Schwarzenbergplatz stoßen wir auf Bartholdis *Roesselmann-Brunnen* (**19**). Als Schultheiß von Colmar verteidigte Roesselmann die Stadt gegen den Bischof von Straßburg und wurde dabei 1262 getötet. Von hier setzt man den Rundgang geradeaus auf der Rue de Jean fort, die an den heiligen Johannes von Jerusalem erinnert, und gelangen bald zum *Johanniterhaus/Maison des Chevaliers de St.-Jean* (**20**). Das 1608 im venezianischen Stil errichtete Gebäude beeindruckt wegen seiner schönen dreistöckigen Loggia. Die Straße mündet in den Obstmarkt. Hier besichtigen wir das *Haus Kern* von 1594 (**21**) mit hohem Volutengiebel sowie das in rotem Sandstein errichtete *Gerichtsgebäude/Tribunal Civil* (**22**), wo das oberste elsässische Justizamt im 18. Jahrhundert untergebracht war.

Der letzte Teil dieses Stadtspazierganges wird auf der Grand' Rue, am alten Kaufhaus und dem Renaissancebau Maison Sandherr vorbei, in nördlicher Richtung fortgesetzt. Da steht rechter Hand in der Grand' Rue Nr. 15 auch schon der repräsentative Renaissancebau des *Arkadenhauses/Maison des Arcades* (**23**), das durch den dreistöckigen Erker, seinen Volutengiebel und den Laubendurchgang auffällt. Es wurde 1606 zusammen mit dem Johanniterhaus von dem Architekten Albrecht Schmidt gebaut. Bald folgt die *Kirche St.-Matthieu* (**24**), eine Franziskanergründung, deren Glockenturm von 1575 stammt. Der heute protestantische Kirchenbau besticht durch die schlichte Einfachheit des Innenraumes. Glanzstück des Gotteshauses sind das Presbyterium von 1708 und die Fenster aus dem 14. und 15. Jahrhundert. Eine Orgel von Andreas Silbermann (1732) vervollständigt das Gesamtbild. Ganz in der Nähe steht an der Place du 2 Février das *alte Spital/Ancien Hôpital* (**25**), ein weitläufiger Bau mit zwei Flügeln aus dem 18. Jahrhundert.

Vom Jeanne-d'Arc-Platz sollte man noch einen kleinen Abstecher in die Rue des Chasseurs machen, wo uns nochmals interessante Fachwerkhäuser und das typische »Restaurant des Chasseurs« erwarten. Dann treten wir den Rückweg zum Unterlindenmuseum durch die Rue des Clefs (Fußgängerzone) an, die heute eine der wichtigsten Einkaufsstraßen Colmars ist. Inmitten dieser Straße kommen wir am Gerichtshof der ursprünglichen Zisterzienser-Abtei von Pairis vorbei, die seit 1866 Sitz der Gebietspräfektur und später *Rathaus* (**26**) war. Neben den zahlreichen Kunstschätzen und der liebenswerten Altstadt hat Colmar aber auch eine überaus reizvolle Umgebung. Die Stadt ist ein vorzüglicher Ausgangspunkt für Ausflüge in die Vogesentäler und zu zahlreichen Wandergebieten.

Nützliche Informationen

Ausgangspunkt: Unterlindenmuseum, Ecke Rue Kléber und Rue des Unterlinden. Bahnreisende finden am Bahnhofsplatz in Colmar Busverbindungen ins Stadtzentrum vor.
Anfahrt: Colmar ist über die Autobahn Straßburg–Basel N 83/E 25 leicht zu erreichen. Bei Anfahrt von Karlsruhe auf der A 5 über Freiburg, Ausfahrt Tiengen (südlich Freiburg) benutzen und über Breisach auf der N 415 nach Colmar fahren. In Colmar der Beschil-

derung zum Stadtzentrum folgen. Bahnreisende nehmen die häufig befahrene Hauptstrecke Straßburg – Basel über Sélestat nach Colmar. Von Colmar führen Bahnstrecken ins Münstertal (Colmar – Metzeral), über Mülhausen in das Thurtal (Mulhouse – Kruth) oder über Schlettstadt in das Lièpvrettetal (Sélestat – St.-Die). Außerdem gibt es viele Busverbindungen.
Parkplatz: An der Rue des Unterlinden, an der Rue du Rempart, an der Rue de Ribeauvillé, an der Rue Woelfelin, an der Rue Stanislas und an der Rue Rapp.
Gehzeit: Hängt vom Aufenthalt bei den Sehenswürdigkeiten ab. Man sollte mindestens drei Stunden Zeit für die Stadtbesichtigung (ohne Museumsbesuche) einplanen.
Übernachtungsmöglichkeiten: In *Colmar* Hôtels Le Maréchal und Terminus Bristol sowie Jugendherberge Auberge de la Jeunesse oder in *Wettolsheim* Auberge du Père Floranc.
Einkehrmöglichkeiten: In *Colmar* Restaurants Au Fer Rouge, Le Maréchal, Schillinger und Maison des Têtes oder in *Wettolsheim* Auberge du Père Floranc.
Auskunft: Verkehrsbüro von Colmar/Office du Tourisme, 4, Rue des Unterlinden, Tel. 89 41 02 29. Dort sind auch Stadtpläne erhältlich.
Sehenswürdigkeiten: Stadttheater, Stadtbibliothek, Synagoge, Naturwissenschaftliches Museum, eine Reihe von Denkmälern für General Rapp, Admiral Bruat und den Physiker/Mathematiker Hirn. Außer den hier und im Text beschriebenen Sehenswürdigkeiten gibt es in Colmar noch etliche Bürgerhäuser und malerische Stadtviertel zu entdecken.
Öffnungszeiten: *Unterlindenmuseum*: Tel. 89 41 89 23. Täglich geöffnet vom 1. April bis 31. Oktober, 9 bis 12 und 14 bis 18 Uhr. Vom 1. November bis 31. März täglich, außer Dienstag, geöffnet von 9 bis 12 und 14 bis 17 Uhr. *Bartholdi-Museum*: Tel. 89 41 90 60. Täglich geöffnet vom 1. April bis 31. Oktober, 10 bis 12 und 14 bis 18 Uhr. Vom 1. November bis 31. März nur Samstag und Sonntag zu gleichen Zeiten geöffnet. *Dominikanerkirche* mit Schongauers »Madonna im Rosenhag«: täglich geöffnet von Mitte März bis Mitte November 10 bis 18 Uhr.

2 Fünfmünsterblick und Schwarzwaldschau vom Schauenberg

Schauenberg – Kloster St.-Marc – Osenbuhr – Wallfahrtskirche Notre-Dame de Schauenberg

Tourencharakter: Beschauliche Wanderung auf dem Hochplateau über Pfaffenheim und Gueberschwihr.
Beste Jahreszeit: Frühjahr, Herbst und Winter.
Reine Gehzeit: Knapp 2½ Stunden.
Markierungen: Rote Raute über Kloster St.-Marc bis Calvaire, rotes Dreieck bis Weggabelung (553 m), rotes Kreuz bis Osenbuhr, rotes Dreieck von der Weggabelung (553 m) über Heilig Baum bis Abzweigung (565 m) und blaues Kreuz zur Notre-Dame de Schauenberg.

Westlich Gueberschwihr, Pfaffenheim und Westhalten fällt das Bergmassiv des Breitenburger Kammes und des Westhaltener Waldes verhältnismäßig schroff nach Osten ab. Auf etwa 500 Metern Höhe öffnet sich ein nahezu ebenes Hochplateau, auf dem diese Wanderung verläuft. Dort stoßen wir mitten im Wald auf das *Kloster St.-Marc*. Ursprünglich stand hier die Abtei Sigismund-Zell, die 676 erbaut und 926 zerstört wurde. Der elsässische Papst Leo IX. hat 1050 ein neues Kloster errichten lassen und den Benediktinern übergeben. Seit dieser Zeit steht es unter dem Schutz des heiligen Markus. Die Abtei ist oftmals zerstört worden; die heutigen Gebäude stammen aus den Jahren 1760 bis 1762.

Direkt über Pfaffenheim ist in den Steilhang die Wallfahrtskirche *Notre-Dame de Schauenberg* hineingebaut, in der die alten Glasfenster sehr sehenswert sind. Der Vorplatz ist ein einzigartiger Aussichtsbalkon, von dem man bei gutem Wetter einen prachtvollen Rundblick hat, der im günstigsten Fall bis Straßburg, Freiburg, Breisach, Colmar und Basel reicht. Aber auch wenn über der Rheinebene ein Nebelstreifen liegt und dahinter der Gebirgszug des Schwarzwaldes herausragt, kann dieser Anblick zum unvergeßlichen Erlebnis werden. Wir sehen von hier auf die Route du Vin hinab, die nahe an den Abhängen durch die Weinberge läuft. Direkt unter der Wallfahrtskirche liegen die Orte Gueberschwihr und Pfaffenheim.

Gueberschwihr hat einen gepflegten Ortskern, sein großzügiger Marktplatz wirkt noch tief mittelalterlich. Hauptattraktion ist der romanische Kirchturm, der um 1120 aus rotem Sandstein erbaut wurde; er war der Vierungsturm der abgerissenen Kirche und gilt als einer der schönsten im ganzen Elsaß.

In dem alten Winzerstädtchen *Pfaffenheim* ist vor allem der romantische Ortskern mit einem mächtigen Sandsteinbrunnen und einer schönen Weingrotte sehenswert. Mitten im Städtchen steht die Kirche St. Martin, deren Ostteil noch aus dem 13. Jahrhundert stammt.

Der Wegverlauf

Vom *Parkplatz am Schauenberg* (412 m) halten wir uns nördlich in Richtung St.-Marc (rote Raute). Zuerst wandern wir leicht bergauf, dann fast eben durch den schönen Wald des Zweikreuzerberges. Der Pfad schlängelt sich am steilen Hang entlang, über dem die Felsmassen förmlich am Abhang hängen. Nach einer knappen Viertelstunde schwenken wir nach Westen ab, bis wir nach weiteren fünf Minuten zu einer spitzen Weggabelung kommen, an der wir scharf nordöstlich abbiegen. Nun steigt der Weg zu einer Bergnase an, die *Kuckuckstein* (450 m) genannt wird. Hier ist der erste Aussichtspunkt, von dem man die herrliche Sicht hinab in die Rheinebene und auf die Weinstraße mit den Winzerdörfern Voegtlinshofen, Obermorschwihr und Hattstatt genießen kann. Aus nächster Nähe grüßt der romanische Kirchturm von Gueberschwihr. In wenigen Minuten geht's dann abwärts zum *Forsthaus von St.-Marc* (431 m), wo erstmals Gelegenheit besteht, etwas zu essen oder zu trinken. Von dort wandern wir ein kurzes Stück auf dem leicht bergauf führenden Teersträßchen und sind schon in einer knappen Viertelstunde am *Kloster St.-Marc* (493 m).

Dort halten wir uns links, gehen über den großen Vorplatz, an der Klostermauer entlang, zum *Transformatorenhäuschen*, wo wir wieder Wegweiser vorfinden. Der roten Raute folgend marschieren wir nun geradeaus, leicht bergauf weiter, bald wieder in den Wald hinein, gegen den *Calvaire* (530 m), den wir in 6 Minuten erreichen. Unser Weg mit neuer Markierung (rotes Dreieck) führt rechts in Richtung Osenbuhr. Der schöne, fast ebene Waldpfad bringt uns in nochmals 10 Minuten an eine *Gabelung dreier Wege* (553 m). Wir folgen dem breiten Fahrweg nach Osenbuhr (rotes Kreuz). Nach wenigen Minuten treten wir aus dem Wald heraus in eine Landschaftsidylle. Am Südhang des Bergkammes liegt mitten in weiten Wiesen der ehemalige Klosterhof *Osenbuhr* (561 m), der westlichste Punkt dieser Wanderung. Eine Ferme-Auberge, die auch im Winter geöffnet ist, lädt zur Einkehr ein.

Von Osenbuhr wandern wir auf dem gleichen Weg in knapp 10 Minuten zurück zur *Weggabelung Höhe 553*. Jetzt setzen wir den zweiten Teil der Wanderung, aber auf dem Waldweg rechts der Gabelung (rotes Dreieck), Richtung Heilig Baum fort. Nach einer Viertelstunde kommen wir an eine Abzweigung, wir gehen auf dem rechten Weg weiter

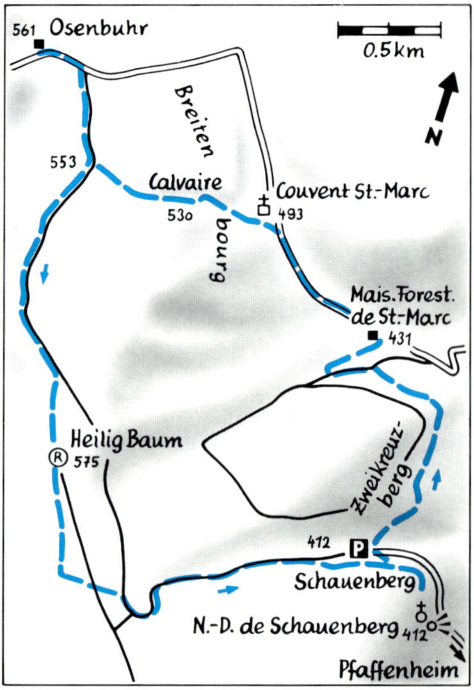

Die Gemütlichkeit der kleinen Weinorte, die etwas abseits vom Touristenrummel liegen, kommt besonders in Pfaffenheim – hier der Marktplatz mit Trogbrunnen – zum Ausdruck.

und sind in insgesamt 30 Minuten ab Osenbuhr am *Rastplatz Heilig Baum* (575 m). Unsere Route bevorzugt den Weg halbrechts (rotes Dreieck), auf dem wir in knapp 10 Minuten an eine *weitere Wegkreuzung* kommen, bei der wir jetzt gemäß blauem Kreuz nach links abbiegen in Richtung Notre-Dame de Schauenberg. Bald überqueren wir wieder einen Fahrweg und kommen nach gut 5 Minuten auf einen breiten Waldweg, dem wir nun in östlicher Richtung in eine weite Kurve hinein folgen.

Eine Viertelstunde später treffen wir auf einen *Kreuzungspunkt*, an dem ein zweiter Weg mit der Markierung rotes Kreuz hereinkommt; von hier geht's schnell bergab zum *Parkplatz Schauenberg* (412 m). Dort angelangt, gehen wir rechts hinüber zur *Wallfahrtskirche am Schauenberg* (412 m), dem Höhepunkt unserer Wanderung, die wir in knapp 10 Minuten erreichen. Falls uns der Wettergott gut gesinnt ist, können wir vom Vorplatz des Gotteshauses einen der schönsten Ausblicke ins Rheintal und auf den Schwarzwald erleben. Danach geht's auf gleichem Weg zurück zum *Ausgangspunkt*.

Nützliche Informationen

Ausgangspunkt: *Schauenberg* über Pfaffenheim (412 m).
Anfahrt: Von Colmar oder Wettolsheim auf der N 83 bis Pfaffenheim. Von Pfaffenheim westlich, nach der Kirche rechts, durch die Weinberge, hinauf zum Parkplatz am Schauenberg.
Parkplatz: Am Schauenberg in der Nähe der Wallfahrtskirche.
Gehzeiten: Insgesamt 2 Std. 20 Min.; Parkplatz Schauenberg – Kuckuckstein: 25 Min. – Forsthaus St.-Marc: 3 Min. – Kloster St.-Marc: 15 Min. – Calvaire: 6 Min. – Weggabelung (553 m): 10 Min. – Osenbuhr: 10 Min. – Weggabelung (553 m): 8 Min. – Heilig Baum: 20 Min. – Notre-Dame de Schauenberg: 35 Min. – Parkplatz Schauenberg: 8 Min.
Länge der Tour: 9,3 km.
Höhendifferenzen: Aufstiege: Schauenberg – Kloster St.-Marc: 81 m, Kloster St.-Marc – Osenbuhr: 68 m; Abstieg: Heilig Baum – Notre-Dame de Schauenberg: 163 m.
Übernachtungsmöglichkeiten: In *Wettolsheim* Auberge du Père Floranc oder in *Colmar* die Hôtels Terminus Bristol und Le Maréchal.
In *Pfaffenheim* Au Petit Pfaffenheim (einfacher Komfort).
Einkehrmöglichkeiten: Unterwegs Auberge Maison Forestière de St.-Marc, Ferme-Auberge in Osenbuhr (auch im Winter geöffnet) und einfaches Restaurant am Schauenberg; in *Pfaffenheim* Restaurant Au Petit Pfaffenheim; in *Wettolsheim* Auberge du Père Floranc oder in *Colmar* Restaurants Au Fer Rouge, Le Maréchal, Schillinger und Maison des Têtes.
Karte: Carte des Vosges 1:25 000, Hohneck, Petit Ballon, Trois Épis.
Sehenswürdigkeiten: Ortszentrum des Winzerstädtchens Pfaffenheim mit schönem alten Brunnen. Ostteil der Kirche St. Martin, der aus dem 13. Jahrhundert stammt. In der Kirche das Vesperbild und die zierlichen Säulen- und Bogenfriese.
Wallfahrtskirche Notre-Dame de Schauenberg (südlich von Schauenberg) mit sehenswerten Glasfenstern. Romanischer Kirchturm in Gueberschwihr.

3 Burgenwanderung über Eguisheim

Drei Exen – Jägersruh – Schloß Hageneck

Tourencharakter: Leichte Wanderung mit viel Burgenromantik durch schönen Mischwald zu eindrucksvollen Aussichtsplätzen.
Beste Jahreszeit: Mitte April bis Mitte Juni und Herbstmonate, wegen der Laubfärbung.
Reine Gehzeit: Knapp 2½ Stunden.
Markierungen: Gelber Punkt bis Blaue Lache, gelbes Rechteck bis Hohlandsburg, blaues Kreuz zum Schloß Hageneck, rote Raute zu den Drei Exen.

Eguisheim/Egisheim, das nur wenige Kilometer südwestlich von Colmar mitten in Weinbergen liegt, ist eine der ältesten und sehenswertesten Kleinstädte im Oberelsaß. Es ist der ideale Ausgangspunkt für diese waldreiche Wanderung zu den drei weithin sichtbaren Schloßruinen. In dem Dörfchen Husseren-les-Châteaux, das etwas oberhalb von Eguisheim liegt, beginnt die etwa 20 Kilometer lange *Route des Cinq Châteaux (Fünfburgenstraße)*, die jenseits der Bergkette im Münstertal wieder herauskommt.

Prähistorische Funde, wie der Homo Egisheimiensis, sprechen dafür, daß hier schon vor sehr langer Zeit Menschen gelebt haben. Mittelpunkt des alten Ortes ist die im 8. Jahrhundert vom Grafen Eberhardt, dem Sohn des elsässischen Herzogs Adalbert, erbaute Wasserburg, die einst von einem Graben umgeben war und während der Französischen Revolution bis auf den Grundsockel abgetragen wurde. Im 19. Jahrhundert baute man zu Ehren des elsässischen Papstes Leo IX. eine neuromanische Kapelle darauf. Seine Statue steht auf dem imposanten Brunnen vor der Pfalz.

Die Grafen von Eguisheim gehörten mit zu den mächtigsten Herrschern ihrer Zeit. Im *Castrum Egenesheim*, wie der Ort gemäß Urkunde von 1049 hieß, ist Bruno von Egisheim (1002–1054) geboren, der spätere Papst Leo IX.

Auf dem Renaissancebrunnen mitten in Egisheim wacht Papst Leo IX. über das Schloß seiner Vorfahren, der Grafen von Egisheim-Dagsburg.

Die vielen Sehenswürdigkeiten und die malerische Altstadt machen Eguisheim zu einem Kleinod des Elsaß; ein Rundgang durch die Ringgassen entlang der Stadtmauer ist unbedingt zu empfehlen. Neben stattlichen Höfen und Weingütern kann man eine Vielzahl gut erhaltener Fachwerkhäuser aus dem 16. und 17. Jahrhundert bewundern.

Das Elsaß ist das burgenreichste Land Europas. Von seinen über 500 Schlössern, Burgen und Festungen lernen wir bei dieser Wanderung vier – mit der Hohlandsburg fünf – kennen. Bei der Anfahrt nach Husseren-les-Châteaux sieht man schon von weitem die drei Türme der *Ruine Hohegisheim,* die auch *Drei Exen* genannt wird (Abwandlung von Egisheim in Egsen, später Exen). Dazu gehören: die Dagsburg, die Wahlenburg sowie das Schloß Weckmund. Im 12. bis 13. Jahrhundert gehörten sie zur ausgedehnten Burganlage der Grafen von Egisheim-Dagsburg. Egisheim und seine Burgen wurden im Sechsplappertkrieg, einer Fehde mit Mülhausen, 1466 zerstört. Der Plappert war eine Währungseinheit, ein Plappert entsprach etwa einem Pfennig.

Sechs Kilometer von den Drei Exen entfernt steht auf einem Hügel die Ruine der stolzen, 1285 erbauten *Hohlandsburg,* die durch Größe und Mächtigkeit imponiert; sie gehörte den Habsburgern, bis Kaiser Maximilian II. sie seinem Heerführer, Ratgeber und Kaiserlichen Vogt Lazarus von Schwendi (1522–1584) für seine Verdienste schenkte. Er kämpfte in Ungarn gegen die vorrückenden Türken und schloß 1562 mit Sultan Suleiman II. einen achtjährigen Waffenstillstand. Die Ruine der im 17. Jahrhundert geschleiften Burg steht auf einem aussichtsreichen Hügel, wird zur Zeit restauriert und ist deshalb nicht zugänglich.

Die *Burg Hageneck* liegt am Ende eines steil abfallenden Hügels mitten im Wald, bietet aber trotzdem einen herrlichen Talblick.

Gerätschaften eines Winzers in Egisheim, die noch bis in unser Jahrhundert in Gebrauch waren.

Der noch gut erhaltene Bergfried war Mittelpunkt des Wohngebäudes. Von der Burg Hageneck weiß man nur, daß sie einem Ritter Burkhard von Hageneck gehörte. Er kämpfte 1262 in der Schlacht bei Hausbergen an der Seite des Bischofs Walter I. von Straßburg und 1298 mit Adolf von Nassau gegen die Österreicher. Dabei geriet er in Gefangenschaft und verkaufte seine Burg an die Johanniter von Colmar.

Der Wegverlauf

Vom *Parkplatz am Schloßberg* (556 m), nordwestlich in Richtung Hohlandsburg, bringt uns ein wunderschöner Weg, der nahezu eben durch schönen Mischwald führt, in einer halben Stunde hinauf zur Blauen Lache. Der breite, weiche Waldweg ist mit gelben Punkten gut markiert. Nach einigen Minuten gelangen wir zu einer Wegkreuzung, bei der wir uns rechts halten. Eine gute Viertelstunde danach überqueren wir wieder die Fünfburgenstraße und gehen, etwas oberhalb, auf einem Waldweg weiter und kommen in gut fünf Minuten zur *Blauen Lache*. Immer noch in Richtung Hohlandsburg biegen wir nach wenigen Minuten rechts ab, überqueren nochmals die Straße und sind schon beim *Repos des Chasseurs/Waldrastplatz Jägersruh* (616 m).

Von der Jägersruh führt ein schöner, breiter Waldweg zunächst geradeaus. Bei der nächsten Weggabelung halten wir uns rechts, gemäß blauem Kreuz, in Richtung Schloß Hageneck. Bald geht's in Serpentinen verhältnismäßig steil bergab durch schönen Mischwald, an einem Aussichtsplatz vorbei, mit Sicht hinüber auf die Drei Exen. In etwa 40 Minuten sind wir am Ende des steil abfallenden Hügels bei *Schloß Hageneck* (420 m) angelangt. Wir machen einen Abstecher hinauf zur Ruine des Ritters Burkhard von Hageneck.

Unterhalb der Burg schwenken wir rechts ab in den bergauf führenden Feldweg (rote Raute), der bald in einen schmäleren Waldpfad, hinab ins *Bechtal* (390 m) abbiegt. Ab und zu kommen die Drei Exen wieder ins Blickfeld. Vom Bechtal steigt der Waldpfad gegen die Drei Exen allmählich wieder an, Husseren-les-Châteaux wird umgangen. In einer knappen Stunde erreichen wir, zuletzt über einige steilere Serpentinen, unser Hauptziel, *Trois Châteaux d'Eguisheim/Drei Exen* (591 m). Bald sind wir direkt unter dem mächtigen Burgturm der vordersten Burg und können bei klarem Wetter den weiten Blick ins Land, auf die Stadt Colmar, bis hinüber in den Breisgau und den Schwarzwald genießen. Die Drei Exen stehen dicht beieinander. Unter den Mauern des mittleren Festungsturms stoßen wir auf einen alten Brunnen, über Steintreppen gelangen wir hinüber zur letzten Burgruine. Ein schöner Waldweg führt von den Drei Exen in wenigen Minuten hinab zum *Parkplatz unter den Drei Schlössern* (556 m), unserem Ausgangsziel.

Nützliche Informationen

Ausgangspunkt: *Schloßberg Drei Exen* oberhalb Husseren-les-Châteaux (556 m).
Anfahrt: Von Colmar Richtung Wettolsheim auf die N83 nach Eguisheim. Am westlichen Stadtrand von Eguisheim, bei der Knabenschule, Nähe Obertor, beginnt, zunächst südlich gerichtet, das Bergsträßchen nach Husseren-les-Châteaux. Am südlichen Ortsende des Weindorfes biegen wir rechts in die Route des Cinq Châteaux ein und fahren bis unter die Drei Exen hinauf. Autobus der Gesellschaft S.N.C.F. oder R.M.C. von Colmar nach Eguisheim.
Parkplatz: Direkt unter den Drei Exen (556 m).
Gehzeiten: Insgesamt 2 Std. 20 Min; Schloßparkplatz Drei Exen – Blaue Lache: 30 Min. – Jägersruh: 5 Min. – Schloß Hageneck: 40 Min. – Bechtal: 25 Min. – Drei Exen: 35 Min. – Schloßparkplatz Drei Exen: 5 Min.
Länge der Tour: 8,1 km.
Höhendifferenzen: Aufstieg: Schloßparkplatz – Jägersruh: 60 m; Abstiege: Jägers-

Aufstieg zur Ruine Hohegisheim, auch Drei Exen genannt. Im Vordergrund der mächtige Donjon der Burg Weckmund, von den Grafen von Pfirt um 1200 erbaut.

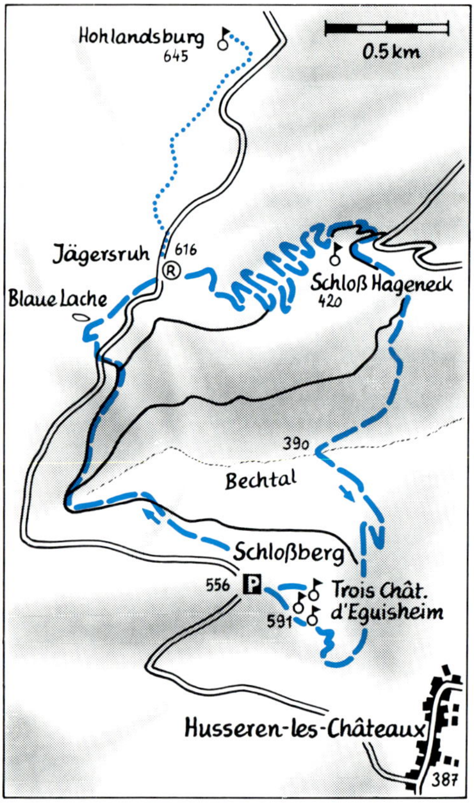

ruh – Schloß Hageneck: 196 m, Schloß Hageneck – Bechtal: 30 m; Aufstieg: Bechtal – Drei Exen: 201 m.
Übernachtungsmöglichkeiten: In *Eguisheim* Auberge Alsacienne oder in *Wettolsheim* Auberge du Père Floranc.
Einkehrmöglichkeiten: In *Eguisheim* Caveau d'Eguisheim, in *Rouffach* Restaurant Château d'Isenbourg oder in *Wettolsheim* Auberge du Père Floranc.
Karte: Carte des Vosges 1:25 000, Hohneck, Petit Ballon, Trois Épis.
Sehenswürdigkeiten: Die Altstadt von Egisheim, die sich innerhalb der ringförmigen Stadtmauer um die ehemalige Wasserburg entwickelt hat. Ebenfalls sehenswert ist der achteckige Renaissance-Brunnen vor dem Rathaus.
Variante: Abstecher zur Hohlandsburg! Für den Hin- und Rückweg ab Waldrastplatz Jägersruh sind 1 Std. und 10 Min. einzuplanen.

4 Zum grandiosen Aussichtsberg Petit Ballon

Boenlesgrab – Rothenbrunnen – Petit Ballon – Strohberg-Sennhütten

Tourencharakter: Angenehme Bergwanderung auf schönen Waldwegen, über den kahlen, sonnigen Höhenrücken des Petit Ballon.
Beste Jahreszeit: Wegen des überwiegend offenen, sehr sonnigen Höhenrükkens besonders für das späte Frühjahr und den Frühsommer geeignet (Mai, Juni), aber auch im Herbst (September und Oktober) sehr schön.
Reine Gehzeit: 2 Stunden.
Markierungen: Gelbes Rechteck bis Rothenbrunnen, rotes X vom Petit Ballon, später roter Punkt zurück über die Strohberg-Sennhütten zum Col de Boenlesgrab.

Das Ziel dieser großartigen Wanderung ist der *Petit Ballon*, der westlich Rouffach zwischen dem Münstertal und dem Guebwiller Blumental liegt. Er wird auch Kleiner Belchen oder Kahler Wasen genannt, weil er aus einem überwiegend baumlosen Höhenrükken besteht. Unter den drei Belchengipfeln Grand Ballon (1424 m), Ballon d'Alsace (1247 m) und Petit Ballon ist letzterer mit 1272 Meter Höhe der zweithöchste. Seinen Gipfel krönt eine Marienstatue. Schon beim Aufstieg zum Petit Ballon kann die schöne Aussicht auf das Massiv des Großen Belchen genossen werden. Die über weite Strecken freie Sicht vom Kahlen Wasen verleiht der Wanderung einen besonderen Reiz. Vom Ostrand der Bergkuppe sieht man hinab ins tiefe Linthal, das später ins Blumental übergeht und hinunterführt nach Guebwiller. Der weite Rundblick reicht vom Hilsenfirst (1274 m) und Langenfeldkopf (1290 m) im Südwesten bis hinüber zum Schnepfenriedkopf (1258 m) im Westen. Unvergeßlich schön ist die weite Vogesenlandschaft mit den hintereinander liegenden Bergketten.

Drunten im Tal liegt *Lautenbach* mit einer vermutlich schon im 8. Jahrhundert gegrün-

Blick vom Col de Boenlesgrab (865 m) ins Krebsbachtal gegen Soultzbach-les-Bains. Hier beginnt der Aufstieg zum Petit Ballon.

deten Benediktinerabtei, von der heute nur noch einige alte Stiftsgebäude und ein Flügel vom Kreuzgang existieren. Sehenswert ist der Westteil der Kirche mit dreibogiger Vorhalle (um 1100). Schlanke Säulen mit ornamentgeschmückten Kapitellen gehen in das dekorative Rippengewölbe über. Unter der reichen Innenausstattung befinden sich ein Tafelbild aus der Werkstatt Martin Schongauers, im Chor ein interessantes Glasbild und das Gestühl aus dem 15. Jahrhundert.

In allernächster Nähe liegt südlich von Lautenbach die berühmte romanische *Abtei Murbach*, eines der wichtigsten Zentren der Karolingischen Renaissance. Das von Graf Eberhard von Egisheim gestiftete Kloster wurde 727 gegründet. Es hatte seine größte Bedeutung im 9. Jahrhundert, als noch Grundbesitz in mehr als 200 Dörfern und Städten dazugehörte. Damals entstanden auch die Murbacher Hymnen, die sich heute in Oxford befinden. Nur der Reichsadel hatte in dieser Zeit Zutritt zu der vornehmen und reichen Benediktinerabtei. 1525 wurde das Kloster von aufständischen Bauern verwüstet. Die einstige Kirche war eine flachgedeckte Basilika, von der nur noch das Chorhaupt aus der Mitte des 12. Jahrhunderts erhalten ist. Bemerkenswert ist auch das Südportal, in dessen Fries sich, eingerahmt von Blätterwerk, zwei Löwen gegenüberstehen.

Ausgangspunkt dieser Tour ist der *Col de Boenlesgrab*, dessen Name möglicherweise von Belchen und Grat (Belengrat) abgeleitet ist. Nach einer alten Legende hat er seine Bezeichnung aber von dem Köhler Boenle, der hier seine Hütte hatte und durch einen Unfall in der Glut seines Meilers umgekommen sein soll.

Der Wegverlauf

Vom großen Parkplatz am *Col de Boenlesgrab* (865 m) nehmen wir gleich links von der Zufahrt den breiten Weg (gelbes Rechteck), der uns durch Buchen- und Tannenwald in einer guten halben Stunde hinauf zur *Jugendherberge Schellimatt* (1037 m) bringt. Wir wandern rechts am Berghaus vorbei und stoßen dort auf einen Pfad, der am Rand eines prachtvollen Tannenwaldes bergauf verläuft. Während des Anstieges haben wir immer wieder schöne Ausblicke auf den Grand Ballon, bevor der Pfad erneut tiefer in den mit Lärchen durchsetzten Wald hineinführt. Nach einer weiteren halben Stunde erreichen wir die *Ferme-Auberge Rothenbrunnen* (1155 m), ein Gasthaus mit guter Küche.

Von der Freiterrasse der Auberge steigen wir zunächst links, dann wieder rechts, einen Graben entlang, zum Gipfel auf. Von Rothenbrunnen gelangen wir in einer guten Viertelstunde auf den *Petit Ballon* (1272 m). Dort genießen wir die herrliche Aussicht, bevor wir unseren Rückweg antreten. Vom Gipfel nehmen wir den linken der östlich gerichteten Wege. Wir wandern über die offene Bergkuppe auf einem schönen Wiesenweg bergab, der bald nördlich abzweigt und wieder in den Bergwald eintaucht. An einer weiteren Ferme-Auberge vorbei kommen wir in einer knappen Viertelstunde an eine *fünffache Wegkreuzung* (1126 m), bei der wir uns südöstlich, rechts des Fahrweges, Richtung Boenlesgrab *(roter Punkt)* halten. Der zunächst ebene Weg ist nach Norden geöffnet, um nach einigen Minuten voll in den Wald überzugehen und dann stärker abzufallen. Er führt uns nun in wenigen Minuten zu den *Strohberg-Sennhütten* (1083 m). Wir gehen dann auf dem Fahrweg durch eine anmutige Berglandschaft gemütlich in 20 Minuten hinab zum Ausgangspunkt am *Col de Boenlesgrab* (865 m).

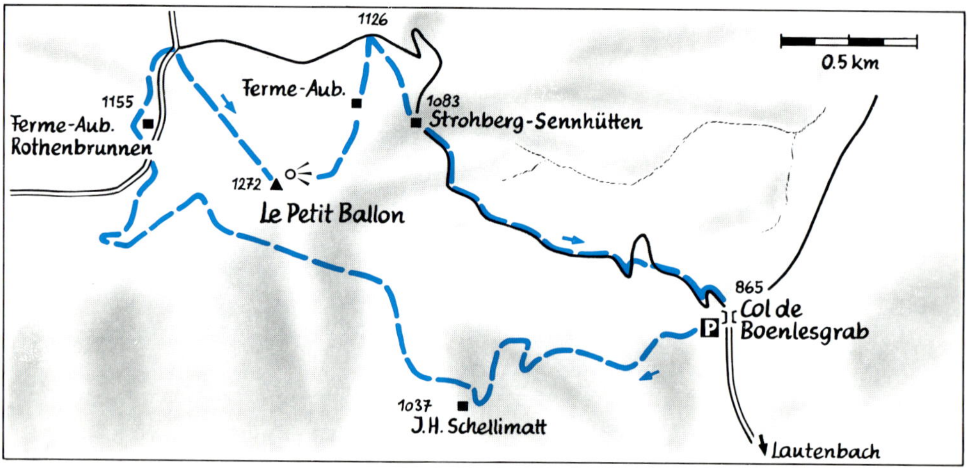

Nützliche Informationen

Ausgangspunkt: *Col de Boenlesgrab* (865 m).
Anfahrt: Von Colmar über Rouffach, Guebwiller und Buhl nach Lautenbach. Nach dem Ortsende sehen wir links ein großes Sägewerk mit rundem, hohem Schornstein. Dort zweigt rechts die Straße zum Petit Ballon ab. Auf schmaler, aber gut befahrbarer Straße geht es gut fünf Kilometer hinauf zum Col de Boenlesgrab (865 m). Bahnverbindungen: Colmar–Merxheim mit Busanschluß nach Guebwiller/Lautenbach sowie Colmar–Metzeral.
Parkplatz: Am Col de Boenlesgrab.
Gehzeiten: Insgesamt 2 Std.; Col de Boenlesgrab – Schellimatt: 35 Min. – Ferme-Auberge Rothenbrunnen: 25 Min. – Gipfel des Petit Ballon: 15 Min. – Strohberg-Sennhütten: 25 Min. – Boenlesgrab: 20 Min.
Länge der Tour: 9 km.
Höhendifferenzen: 407 m.
Übernachtungsmöglichkeiten: In *Eguisheim* Auberge Alsacienne oder in *Wettolsheim* Auberge du Père Floranc.
Einkehrmöglichkeiten: Unterwegs Bergrestaurant Boenlesgrab und Ferme-Auberge Rothenbrunnen, in *Murbach Langmatt* Domaine Langmatt, in *Eguisheim* Caveau d'Eguisheim oder in *Wettolsheim* Auberge du Père Floranc.
Karte: Carte des Vosges 1:25000, Hohneck, Petit Ballon, Trois Épis (Vallée de Munster).
Variante: Aufstieg vom Sägewerk Lautenbach (rotes Kreuz) zum Col de Boenlesgrab: 1½ Std. Für den Abstieg zum Ausgangspunkt sind 1 Std. und 15 Min. einzuplanen.
Weiterer Tourenvorschlag: 5½ stündige Wanderung von Metzeral auf den Petit Ballon. Von Metzeral (478 m), Parkplatz Rathaus, gemäß Markierung rotes X, vorbei am Lienkopf über Brobachrucken (895 m) in 2 Std. 45 Min. zur Ferme-Auberge Rothenbrunnen.Von dort in 15 Min. auf den Gipfel des Petit Ballon (1272 m).
Rückweg über den südwestlichen Höhenrükken (gelbes Rechteck), vorbei an Bockswasen zum Col du Hilsenfirst (1121), dann gemäß Markierung gelbes Dreieck über Lechterwann, Landersen (841 m) und Sondernach (541 m) in 2½ Std. bequem nach Metzeral zurück.

5 Auf die aussichtsreiche Galtz

Trois Épis – Galtz – Col du Bornthalkopf – Rochers du Pfaffenrod

Tourencharakter: Erholsame Wanderung auf gepflegten Waldwegen zu einem Aussichtsturm mit eindrucksvollem Panoramablick.
Beste Jahreszeit: Frühjahr und Herbst.
Reine Gehzeit: 2½ Stunden.
Markierungen: Blauer Punkt über Galtz bis Col du Bornthalkopf, blaues Dreieck für den Rückweg.

Am Eingang des Münstertales liegt *Turckheim,* der Talort für diese Wanderung. Das alte Städtchen wurde im frühen Mittelalter gegründet, erhielt 1354 die Markt- und Stadtrechte und gehörte später dem elsässischen Zehnstädtebund an. Von der Stadtbefestigung aus dem 13. Jahrhundert sind noch drei Tortürme, die Porte du Brand, die Porte de Munster und die Porte de France erhalten. Reizvolle Fachwerkhäuser, meist aus dem 16. und 17. Jahrhundert, prägen das malerische Stadtbild. Sehenswert ist die Place Turenne mit dem stattlichen Rathaus; davor ein schöner Brunnen mit Marienbildnis. Im Hintergrund der für Turckheim so chrakteristische alte Kirchturm aus dem 12. Jahrhundert. Gegenüber der Kirche steht eines der schönsten Fachwerkhäuser von Turckheim mit geschnitzten Eckpfosten und Figuren, es ist das Gasthaus »Les Deux Clefs« aus dem Jahre 1620. Turckheim hat vor allem als Winzerstadt einen hervorragenden Ruf, die Lagen seiner Weinberge zählen zu den besten des Elsaß.

Unser Wanderausgangspunkt ist der moderne Kurort *Trois Épis/Drei Ähren,* der auf einem etwa 700 Meter hohen, aussichtsreichen Plateau über Turckheim und dem Münstertal liegt. Der Ort war jahrhundertelang als Wallfahrtsstätte bekannt. Seine Entstehung geht auf das Jahr 1491 zurück. Eine Legende berichtet dazu, daß damals in der Zeit größter Hungersnot dem Schmied Dietrich Schöre die Muttergottes erschienen ist. In der einen Hand hielt sie ein Eiskorn, das Zeichen

Am Weg von Trois Épis zur Hohen Galtz steht der Rastpavillon an der Eisernen Hand (655 m).

für Hagel, und in der anderen drei Ähren, das Sinnbild des Überflusses. Maria versprach reiche Ernte, falls sich die Bevölkerung zum Besseren bekehre und drohte bei weiterem Unglauben mit dem alles zerstörenden Eis. 1495 errichtete man am Ort der Erscheinung die erste Holzkapelle, um die Muttergottes zu ehren. Das alte Gnadenbild aus der Gründungszeit steht noch heute im Altar der Kirche aus dem 19. Jahrhundert.

Die *Galtz* ist zwar nur 731 Meter hoch, sie gilt aber als einer der schönsten Aussichtsplätze des vorderen Vogesenkammes. Auf dem Berg steht ein steinernes Podest mit einer kolossalen Christusstatue. Sie wurde 1930 zum Dank für die Verschonung des Landes im Ersten Weltkrieg und zum Gedenken an die Gefallenen aufgestellt.

Der Wegverlauf

Die Wanderung beginnt am Ende des nördlichen Parkplatzes P1 in *Trois Épis* (661 m), wo die D 11 von Ammerschwihr heraufkommt. Gegenüber dem kleinen Friedhof finden wir den Wegweiser zur Galtz und die Markierung blauer Punkt, die für den ganzen Weg bis hinüber zum Col du Bornthalkopf gilt. Von dort wandern wir am großen Kursanatorium entlang auf dem zunächst schmalen, später breiteren *Sentier Castelnau*, der schon bald durch dichten Wald führt. Auf diesem schönen Weg geht's fast eben in einer guten Viertelstunde hinüber zum Waldrastplatz *Main de Fer* (655 m). Ein Pavillon mit vielen Sitzmöglichkeiten liegt in einer Waldlichtung, die erste Ausblicke auf die gegenüber-

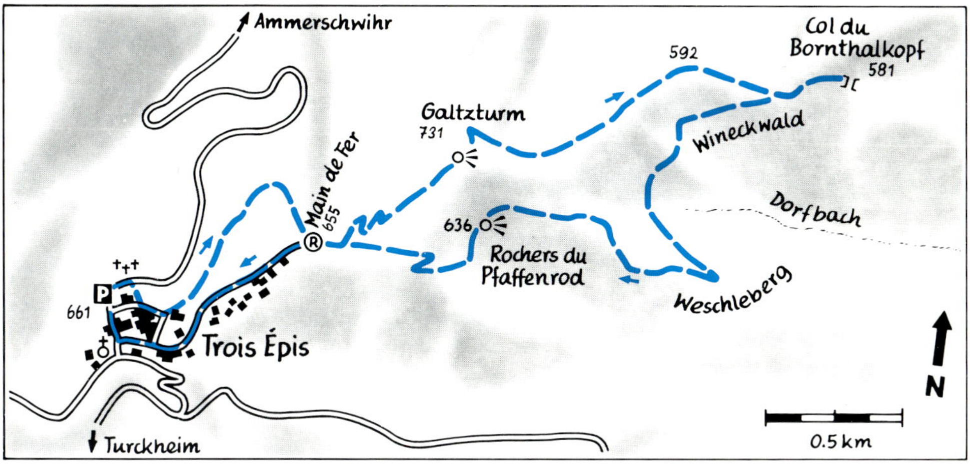

liegenden Berge zuläßt. Oberhalb des Rastplatzes steht das Denkmal für den Colmarer Präsidenten des Vogesenclubs und für Felix Spitz, der die Vogesenkarten entwickelte. In der Nähe befindet sich ein Wegweiser in Form einer kralligen Hand aus Eisen, die drei Ähren hält. Von dort nehmen wir den markierten *Sentier facile,* einen Zickzackweg, der uns gemütlich an Höhe gewinnen läßt und zuletzt in einen breiteren Direktweg zur Galtz einmündet. Beim Anstieg sehen wir den *Galtzturm* (731 m) mit der gewaltigen Statue des segnenden Christus. Beim Rundgang um den Sockel des Turmes erleben wir eine einzigartige Rundsicht. Eine Orientierungstafel erklärt die gesamte Panoramasicht. Wer über die Wendeltreppe bis zur oberen Balustrade hinaufsteigt, kann die Aussicht nochmals steigern.

Nachdem wir uns sattgesehen haben, setzen wir unsere Tour fort. Wir wandern auf nun schmäleren, aber weiterhin gut markierten Waldwegen hinab zum Col du Bornthalkopf. Nach gut 20 Minuten gelangen wir auf der Höhe 592 an eine Weggabelung und halten uns dort halbrechts. Ein nun fast ebener Weg, von dem wir ab und zu einen Blick auf das Rheintal hinunterwerfen können, bringt uns in knapp 8 Minuten zum östlichsten Punkt dieser Wanderung, dem *Col du Bornthalkopf* (581 m). Durch die Bäume haben wir auch hier etwas Sicht nach Süden und zurück zum Galtzturm. Jetzt folgen wir der Markierung blaues Dreieck abwärts durch den Wineckwald, überqueren den Dorfbach von Katzenthal und sind nach gut 20 Minuten an der *Wegabzweigung vor Weschleberg.* Achtung! Hier müssen wir scharf rechts abbiegen und den fast wieder in gleiche Richtung zurückführenden Weg gegen Rochers du Pfaffenrod nehmen. Nach einigen Minuten biegt links ein Weg ab, wir gehen aber geradeaus weiter, nun wieder stärker ansteigend.

An den beiden nächsten Wegabzweigungen nach rechts halten wir uns geradeaus, dann steigt der Waldweg nochmals etwas an, bevor wir nach gut 20 Minuten halblinks abzweigen müssen, um zum nächsten Aussichtspunkt, *Rochers du Pfaffenrod* (636 m), zu kommen. Danach gehen wir noch ein kurzes Stück eben weiter und biegen dann rechts herum in Richtung *Main de Fer* (655 m) ein, das wir nach leichtem Anstieg in gut 20 Minuten erreichen. Von dort wandern wir nun auf dem gepflegten Waldweg (blaues Dreieck) neben der Anliegerstraße mit Blick auf Colmar, langsam abwärts zum Ortszentrum von *Trois Épis* (661 m). Vor der Kirche müssen wir uns rechts halten, um zu unserem Parkplatz zurückzukommen.

Nützliche Informationen

Ausgangsort: *Drei Ähren/Trois Épis* (661 m).
Anfahrt: Nach Trois Épis gibt es Zufahrtsmöglichkeiten von Turckheim oder Ammerschwihr auf Straßen der D11. Turckheim ist Bahnstation auf der Strecke Colmar – Metzeral. Außerdem besteht eine Busverbindung

Der »Sentier facile« endet direkt unter dem Galtzturm (731 m), auf dem eine gewaltige Christusstatue thront.

der Vogesenstrecke Colmar – Epinal (Linie 1 der Gesellschaft S.T.A.H.V.) mit Station in Turckheim. Von Turckheim Bus nach Trois Épis.
Parkplatz: Großer Parkplatz P1 am Ortsausgang Richtung Ammerschwihr. Dort befindet sich gegenüber dem Friedhof auch der Wanderausgangspunkt.
Gehzeit: Insgesamt 2½ Std.; Trois Épis – Main de Fer: 20 Min. – Galtz: 20 Min. – Col du Bornthalkopf: 25 Min. – Weschleberg: 20 Min. – Rochers du Pfaffenrod: 25 Min. – Main de Fer: 20 Min. – Trois Épis : 20 Min.
Länge der Tour: 8,8 km.
Höhendifferenzen: Aufstieg: Main de Fer – Galtz: 76 m: Abstieg: Galtz – Col du Bornthalkopf: 150 m.
Übernachtungsmöglichkeiten: In *Trois Épis* Hôtel La Chêneraie oder in *Turckheim* Les Deux Clefs.
Einkehrmöglichkeiten: In *Trois Épis* Auberge und Restaurant Marchal mit Aussichtsterrasse oder in *Turckheim* Les Deux Clefs.
Karte: Carte des Vosges 1:25000, Hohneck, Petit Ballon, Trois Épis.
Sehenswürdigkeiten: In Turckheim die Altstadt mit dem Kirchturm aus dem 12. Jahrhundert, den drei Tortürmen der Befestigungsanlage aus dem 13. Jahrhundert, dem Rathaus von 1620 und dem Fachwerkhaus des Hôtels Les Deux Clefs, ebenfalls von 1620.
Variante: 4½stündige Rundwanderung von Ammerschwihr (252m) gemäß Markierung blauer Punkt über Meywihr (423 m), Col du Bornthalkopf (581 m), Galtz (731 m), Main de Fer (655 m) und von dort mit dem blauen Dreieck über Rochers du Pfaffenrod (636 m), Weschleberg nach Katzenthal (249 m) und dem gelbem Dreieck folgend zurück nach Ammerschwihr.
Weiterer Tourenvorschlag: 1½stündige Rundtour nach der Markierung blaues Kreuz von Trois Épis (661 m) auf den Aussichtsplatz La Roche du Corbeau (693 m) und zurück.

6 Zum Vorhofkopf von Kaysersberg

Kaysersberg – Fliegerkapelle – Chalet Jean Weibel – Kirschenweg

Tourencharakter: Ideale Frühlings- oder Herbstwanderung auf Bergpfaden und Forstwegen. Beim Anstieg zur Fliegerkapelle und beim Abstieg ins Rehbachtal herrliche Ausblicke auf Kaysersberg.
Beste Jahreszeit: Frühjahr und Herbst.
Reine Gehzeit: 2¾ Stunden.
Markierungen: Bis Fliegerkapelle blaues Kreuz, Richtung Col du Herrenwassen gelbes Kreuz, dann blaues Dreieck hinüber zum Chalet Jean Weibel. Blaues Dreieck auch für den Rückweg über das Rehbachtal nach Kaysersberg.

Wie der alte Name *Mons Caesaris* erkennen läßt, ist Kaysersberg römischen Ursprungs. König Heinrich VII. erwarb das »Castrum Keisersberg« im Auftrag Kaiser Friedrichs II. Der Kaufvertrag aus dem Jahre 1227 zwischen den ehemaligen Besitzern, der Gräfin von Horburg, den Herren von Rappoltstein und dem Kaiser ist die erste Urkunde, in der die Stadt erwähnt wird. Wölflin, Reichsvogt des Staufers, ließ die Burg, zu deren Füßen sich damals die Wohnstätten von 40 Rittern samt Gesinde befanden, noch im gleichen Jahr gegen die damals häufigen Einfälle der Lothringer befestigen.

Der deutsche König, Adolf von Nassau, versah Kaysersberg 1293 mit den Stadtrechten, und 1353 wurde sie in den elsässischen Zehnstädtebund *(Dekapolis)* aufgenommen. Im 16. Jahrhundert regierte hier Lazarus von Schwendi (1522–1584) als kaiserlicher Vogt. Berühmtester Sohn Kaysersbergs ist Albert Schweitzer (1875–1965), der zunächst Pfarrer, Organist und Musikwissenschaftler war. Im Alter von 30 Jahren begann er sein Medizinstudium. Aus eigenen Mitteln baute er im afrikanischen Lambarene eine Krankenstation auf und kann somit als erster Entwicklungshelfer der Welt gelten; 1952 erhielt er dafür den Friedensnobelpreis. Auch sein literarisches Schaffen fand große Anerkennung.

Kaysersberg, an der Vogesenstraße zum Col de Bonhomme gelegen und beherrscht von der staufischen Burgruine, brachte es schon früh zu hohem wirtschaftlichen Ansehen. Die geschlossene, autofreie Altstadt hebt Kaysersberg heute deutlich aus anderen Städten des Elsaß heraus. Ein Rundgang durch den malerischen Ort ist deshalb ein unbedingtes Muß.

Vom großen Parkplatz am Ortsbeginn gehen wir zunächst die Hauptstraße Rue du Général-de-Gaulle entlang zum *Rathaus* von 1604, dessen Renaissancebau mit zweistökkigem Erker, geschmücktem Portal und Treppenturm ins Auge fällt. Der Ratssaal ist wegen seiner prächtigen Kassettendecke sehenswert. Ein hübscher Hof mit Brunnen und Holzgalerie vervollständigt das Gesamtbild des interessanten Gebäudes.

Kurz danach folgt die großartige *Pfarrkirche Ste.-Croix/Heilig-Kreuz,* die in mehreren Abschnitten zwischen dem 12. und dem 15. Jahrhundert erbaut wurde. Ältester Teil ist die dreischiffige Basilika. Im Chor dominiert ein prächtiger Schnitzaltar mit Szenen aus der Passion und Apostelдarstellungen von 1518, den Hans Bongart aus Colmar nach Stichen Martin Schongauers schuf. Er ist der einzige vollständig erhaltene gotische Altar aus dieser Zeit im Elsaß. Das schöne Fenster mit der Kreuzigungsgruppe stammt von Peter Hemmel aus Andlau (1470). Vor der Kirche steht der sogenannte Stockbrunnen mit einer Bildsäule Kaiser Konstantins aus dem Jahre 1521, ebenfalls ein Werk von Hans Bongart. Gleich hinter der Kirche liegt die St.-Michaels-Kapelle von 1463 mit gut erhaltenen Deckenfresken von 1464, welche die Kirchenlehrer Ambrosius, Hieronymus, Augustinus und Gregorius darstellen. Sehenswert ist außerdem ein seltenes, aus dem Orient stammendes Kruzifix des 14. Jahrhunderts.

In der Altstadt kann der Besucher eine Vielzahl schöner Häuser aus dem 16. und 17. Jahrhundert bewundern. Besonders hervorzuheben ist das *Haus Loewert* mit vorgezogenem Erker in der Nähe der Kirche. An der Weissbrücke steht das 1594 errichtete Gebäude Brief; es hat einen seitlich vorgesetzten Giebelbau, eine offene Holzgalerie und einen Erker auf einer Steinkonsole.

Den schönsten Gesamteindruck von Kaysersberg gewinnt man jenseits der Weissbrücke, wenn man Richtung Burg schaut. In die Brückenbrüstung ist ein Kapellchen von 1514 eingearbeitet. Im Vordergrund an der Ecke Rue des Forgerons die *Hostellerie du Pont* (1592), früher auch »Badhaus« genannt, und ein schönes Renaissancehaus mit Giebelgalerie und kunstvollem Fachwerk. Nach dem Besuch des *Geburtshauses von Albert Schweitzer*, das heute ein Museum ist, lohnt sich der ½stündige Abstecher hinauf zur Burgruine mit großartigem Rundblick. Man nimmt am besten den Aufstieg, der in der Nähe der St.-Michaels-Kapelle beginnt, und geht an der anderen Seite zum Badhaus an der Weissbrücke wieder hinab.

Nach Südwesten hin steigen hinter der Weiss die Berge gegen Labaroche und Trois Épis sanft bis zu den beiden Hohnackgipfeln (etwa 900 m) an. Zwischen Kaysersberg und Labaroche liegen auch die Vorhofköpfe, die den Herrenwassensattel umgeben; sie gehören zwar nicht zu den bekannten Bergzielen der Vogesen, sind aber trotzdem markante Gipfel, deren Besteigung lohnend ist.

Im ersten Abschnitt der Wanderung kommen wir zur *Fliegerkapelle*. Der Name geht auf eine Erzählung von einem Kaysersberger Winzer zurück, der um 1832 ein seltsames Erlebnis gehabt haben soll. Als er eines Tages mit der Weinlese beschäftigt war, reichte ihm eine Frau eine süße Traube. Kaum hatte er davon gekostet, begann er zu schweben. Zuerst flog er über die Baumwipfel und über das Tal der Weiss, bis er schließlich dort landete, wo heute die Fliegerkapelle steht. Hier wurde er Tage nach dem Flugerlebnis bewußtlos aufgefunden und war noch wochenlang todkrank. Später ließ er als Dank für seine Genesung ein Marterl errichten, das heute im Volksmund Fliegerkapelle genannt wird.

Der Wegverlauf

Vom *Parkplatz in Kaysersberg* (244 m) gehen wir am Friedhof vorbei, hinüber zur Weissbrücke, wo wir den Fluß und die westliche Umgehungsstraße überqueren. Gleich gegenüber beginnt der mit blauem Kreuz markierte Bergpfad, der uns durch den Hangwald in Serpentinen hinaufbringt zu einem *offenen Feldweg*. Hier haben wir einen großartigen Blick zur Stauferburg und auf die Stadt an der Weiss. Der nun bald wieder durch Mischwald laufende schmale Pfad verflacht sich zunehmend und führt uns in insgesamt einer Stunde zur *Anhöhe 446*, wo das als *Fliegerkapelle* bezeichnete kleine Marterl an der Wegkreuzung steht.

Hier nehmen wir, weiter aufwärts führend,

In der Pfarrkirche Heilig-Kreuz zu Kaysersberg dominiert Hans Bongarts prächtiger Schnitzaltar von 1518.

Das Haus Loewert steht für die vielen schönen Häuser in Kaysersberg aus dem 16. und 17. Jahrhundert.

den markierten Waldpfad Richtung Col de Herrenwassen *(gelbes Kreuz)*. Nach kurzem Anstieg haben wir erneut eine schöne Sicht hinunter ins Tal des Walbaches, der von Labaroche nach Ammerschwihr fließt. Rechts schaut der Vorhofkopf von Kaysersberg zu uns herunter, dahinter erscheint der Galtzturm mit der großen Christusfigur. Der Wiesenweg führt nun direkt dem vor uns liegenden spitzen Bergkegel entgegen. Bevor wir wieder in den Wald gelangen, schwenkt unsere Route, Nähe Col du Herrenwassen, an einer *Gabelung, Höhe 673*, rechts ab. Zuerst steigt der noch mit gelbem Kreuz markierte Waldweg nochmals etwas an, bevor er uns unter dem Vorhofkopf nach Norden leitet und ab hier mit blauem Dreieck gekennzeichnet ist.

In einer knappen Stunde erreichen wir von der Fliegerkapelle aus die Vogesen-Clubhütte *Chalet Jean Weibel* (687 m) mit Rastplatz. Dort kreuzen sich wieder einige Wege, von denen wir für den Rückweg die Strecke durchs Rehbachtal (blaues Dreieck) wählen. Schon nach 10 Minuten mäßigen Abstiegs kommen wir zum *Arbre du Centenaire/hundertjähriger Baum* (594 m) und gleich danach zur nächsten großen Kreuzung mehrerer Waldsträßchen. Von hier geht's nordöstlich weiter (blaues Dreieck) und dann in Spitzkehren in den sogenannten Kirschenweg abwärts zum *Rehbach* (314 m). Wir folgen dem Sträßchen des Rehbachtales, überqueren wieder die Umgehungsstraße und sind in wenigen Minuten im nördlichen Teil von Kaysersberg. Die nächste Straße rechts verläuft parallel zum Fluß und führt nach ½ Kilometer an einer Straßenkreuzung links in die Altstadt zur alten Weissbrücke, dem Ausgangspunkt für unseren Stadtbesuch.

Nützliche Informationen

Ausgangs- und Zielort: *Kaysersberg* (244 m).
Anfahrt: Von Colmar Richtung Ingersheim auf der N 415 oder von Ribeauvillé auf der Weinstraße bis Ausfahrt Sigolsheim nach Kaysersberg. Vom Bahnhofsplatz in Colmar fahren Autobusse Linien 13 und 30 der Gesellschaft S.T.A.H.V. auf der Strecke nach Saint-Dié über Kaysersberg.
Parkplatz: Von Ammerschwihr kommend am Stadtrand von Kaysersberg großer Parkplatz an der Weiss.
Gehzeit: Insgesamt 2¾ Std.; Kaysersberg – Fliegerkapelle: 60 Min. – Chalet Weibel: 55 Min. – Hundertjähriger Baum: 10 Min. – Rehbach: 25 Min. – Kaysersberg: 15 Min.
Länge der Tour: 8,5 km.
Höhendifferenzen: Aufstiege: Kaysersberg – Fliegerkapelle: 202 m, Fliegerkapelle – Chalet Weibel: 241 m; Abstieg: Chalet Weibel – Kaysersberg: 443 m.
Übernachtungsmöglichkeiten: In *Kaysersberg* Hôtel les Remparts; in *Turckheim* Hôtels Les Deux Clefs und Au Vieux Turckheim; in *Riquewihr* Hôtels A l'Oriel, Schoenenbourg und Saint-Nicolas sowie in *Hunawihr* preiswerte und gute Privatquartiere.
Einkehrmöglichkeiten: In *Kaysersberg* Restaurants A l'Arbre Vert, Au Lion d'Or und Chambard; in *Turckheim* Restaurant Les Deux Clefs; in *Riquewihr* Restaurant A l'Arbalétrier oder in *Hunawihr* Auberge du Tonnelier.
Karte: Carte des Vosges 1:25 000, Hohneck, Petit Ballon, Trois Épis.
Zusatzmöglichkeit: 5stündiger Rundweg von Kaysersberg über Riquewihr nach St.-Alexis. Man geht vom Badhus, dem blauen Kreuz nach, über die Kaysersberger Burg zur Eiche an der Kapelle unter dem Rabenfelsen (621 m) durch Wald und Weinberge in 2 Std. nach Riquewihr. Von dort, dem gelben Punkt folgend, durch das Sembachtal auf einem Pfad zur Burg Reichenstein. Dem blauen Kreuz nach in etwa 1 Std. zum Berggasthof St.-Alexis (700 m). Zurück mit gelbem Punkt durch das Toggenbachtal über das Forsthaus nach Kaysersberg.

Beim Aufstieg zur Fliegerkapelle hat man auf halber Höhe einen großartigen Blick auf Kaysersberg und seine Stauferburg.

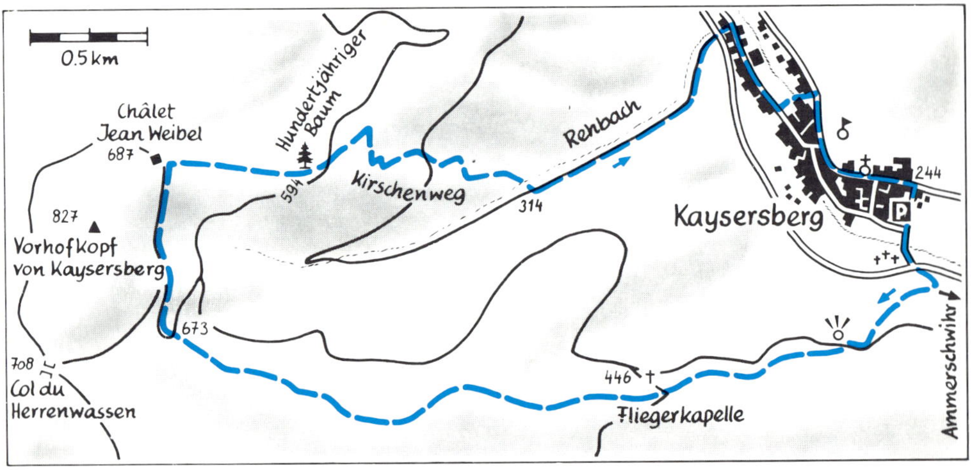

7 Rund um das Sembachtal zur Burgruine Bilstein

Riquewihr – Chapel St.-Alexis – Bärenhütte – Château Bilstein – Col de Seelacker

Tourencharakter: Unschwierige Wanderung in den herrlichen Wäldern eines Höhenrückens zwischen dem Strengbach- und dem Weisstal.
Beste Jahreszeit: Frühjahr und Herbst.
Reine Gehzeit: 4 Stunden.
Markierungen: Gelber Punkt, später blaues Kreuz von Riquewihr über St.-Alexis zur Bärenhütte, roter Punkt bis Château Bilstein, rotes Rechteck zum Col de Seelacker, gelbes Kreuz, später gelbe Raute nach Riquewihr.

Unter den zahlreichen Orten an der Elsässischen Weinstraße ist das romantische *Riquewihr/Reichenweier* das wohl reizvollste und beliebteste Winzerstädtchen. Der Ort wird erstmals 1049 in einer Schenkungsurkunde an das Kloster Heiligkreuz bei Colmar erwähnt und wurde damals noch Richovilare genannt. Schon im 11. Jahrhundert kam er in den Besitz der Grafen von Egisheim und ging 100 Jahre später an die Grafen von Horburg über. Burkhard von Horburg baute 1291 die Befestigungsmauer und erhob Reichenweier 1320 zur Stadt. 1333 verkaufte der letzte Horburger den Ort an das Haus Württemberg. Noch im gleichen Jahrhundert gewann Eberhard von Württemberg durch Heirat die Grafschaft Montbéliard – südlich von Belfort – dazu. Die neuen Besitzer bauten 1540 das Schloß in Reichenweier, richteten dort ihre Verwaltung ein und beherrschten die Stadt bis 1776.

Reichenweier präsentiert sich mit guterhaltenem Stadtbild im Stile vergangener Jahrhunderte. Die Ortsanlage, die sich um die nach Général-de-Gaulle benannte Hauptstraße schart, ist von einer vollständig geschlossenen Stadtmauer umgeben. Der Besucher gelangt durch schöne Tortürme in die Altstadt und wird durch die blumengeschmückten Fachwerkhäuser und Renaissancebauten in alte Zeiten zurückversetzt.

Beginnen wir den Rundgang durch den auch Elsässisches Rothenburg genannten Ort gleich nach dem unteren Stadttor beim klassizistischen *Rathaus* von 1801, dann haben wir linker Hand das *Schloß der Württemberger,* einen einfachen Renaissancebau mit Treppenturm vor uns. Es beherbergt heute das elsässische Postmuseum. Zu dieser Zeit setzte eine emsige Bautätigkeit ein, die uns ein schönes Bild deutscher Renaissancearchitektur des 16. und 17. Jahrhunderts hinterlassen hat. Besonders sehenswert sind in der Hauptstraße das *Haus Irion* von 1606 mit doppelstöckigem Erker, das *Doppelhaus Jung-Selig* von 1561 und der »Storchenhof« von 1535 mit besonders malerischem Innenhof, Ziehbrunnen und gedrechselter Holzgalerie, das auch *Haus Liebrich* genannt wird. Am oberen Ende der Hauptstraße steht der *Dolder* aus dem 13. Jahrhundert; er gilt als schönster Torturm des ganzen Landes. Direkt darunter liegt der sogenannte *Sinnbrunnen* mit wappentragenden Löwen.

Rechts und links der Hauptstraße zweigen viele kurze Seitenstraßen ab, von denen einige sehr interessant sind. Gleich rechts vom Dolderturm gelangt man in die schmale Judengasse, die in einem engen Hof, dem sogenannten *Judenhof,* endet. In unmittelbarer Nähe steht ein Turm der alten Stadtmauer mit fünfeckigem Grundriß, der *Diebsturm,* in dem eine original erhaltene Folterkammer mit Verlies zu besichtigen ist.

Nicht zuletzt war es wohl der höchst qualitätvolle Wein, wie der Schoenenberg oder Sporen, der der Stadt zwischen 1500 und 1620 zur größten Blüte verhalf. Damals schon durften per Gesetzerlaß nur edle Rebsorten gepflanzt werden.

Auf der beschriebenen Tour gelangt man auch zum Bilstein, einem hoch aufragenden Felsvorsprung. Dort stand einst eine stolze Burg, die im 13. Jahrhundert von den Grafen von Dagsburg-Egisheim erbaut, aber schon 1636 zerstört worden ist. Von den Ringmauern dieser Burg und dem fünfeckigen Berg-

Reichenweier mit gut erhaltenem Stadtbild präsentiert sich als reizvolles Winzerstädtchen. Spezialität: der elsässische Gugelhupf.

SOUVENIRS
Village Alsacien
SPECIALITES ALSACIENNES
SPECIALITES ALSACIENNES
Village Alsacien

fried sind zwar nur noch spärliche Reste zu sehen, aber ein Besuch lohnt sich trotzdem, denn die Aussicht ist überwältigend.

Der Wegverlauf

Die Wanderung beginnt in *Riquewihr* (274 m) beim oberen Stadttor, dem Dolderturm. Von dort gehen wir noch ein Stückchen bergauf ins Sembachtal hinein, bis nach etwa 400 Metern ein Fahrweg links abzweigt. Er bringt uns, etwas stärker ansteigend, nach einem weiteren halben Kilometer zu einem links einbiegenden Bergpfad mit gelbem Punkt, der bald gegen Westen abschwenkt und um den Rutenbuckel, einen mit Bäumen bewachsenen Hügel, herumführt. Etwas später haben wir von einem größeren Kahlschlag eine einzigartige Aussicht hinab zu dem romantischen Weinstädtchen. Dann nimmt uns ein Forstweg auf, den wir aber schon nach etwa 600 Metern in Richtung St.-Alexis wieder verlassen.Wir wechseln in einen schmalen Pfad über, der ein kurzes Stück zur *Anhöhe 671* ansteigt. Ein Waldsträßchen, das nun mit blauem Kreuz markiert ist, bringt uns oben am Bergkamm, nun fast eben, in nordwestlicher Richtung zur *Abzweigung* nach St.-Alexis, die wir in etwa 1¼ Stunden erreichen.

Ein Waldweg führt von dort hinab zu einer großen Lichtung, in der idyllisch die dem heiligen Alexis geweihte *Wallfahrtskapelle* (650 m) liegt. Daneben lädt ein einfaches Berggasthaus mit weinberankter Pergola zu einer kleinen Stärkung ein. Auf gleichem Weg steigen wir wieder hinauf zur *Anhöhe* wo wir vorher nach St.-Alexis abgebogen sind. Oben angekommen, gehen wir jetzt zunächst links weiter und schwenken nach einigen Minuten rechts ab. Bald überqueren wir einen anderen Waldweg und sind schon in Kürze an einer Weggabelung, wo wir uns, geleitet vom blauen Kreuz, wieder links bergauf gegen die *Bärenhütte* (726 m) halten. Von der Wallfahrtskapelle bis zur Hütte unter dem Bilstein benötigen wir nicht ganz eine Stunde.

Unterhalb der Bärenhütte finden wir den mit rotem Punkt markierten Bergpfad, der uns in gut 10 Minuten hinauf zum *Bilstein* (757 m) bringt. Oben auf dem Bergfried der Schloßruine, dem Hauptziel dieser Wanderung, genießen wir die herrliche Rundsicht.

Der Sinnbrunnen unter dem Dolder (13. Jahrhundert) mit einem wappentragenden Löwen ist Ausgangspunkt für die Tour zum Bilstein.

Im Westen liegt der Brézouard (1228 m), im Norden die Felsgalerie des Taennchel (etwa 1000 m), im Nordosten die Hohkönigsburg und davor die Burgen von Rappoltstein. Bei gutem Wetter reicht der Blick im Osten über die Rheinebene bis zum Schwarzwald und im Süden bis zu den fernsten Vogesenketten.

Für den Abstieg von der Burg wählen wir den linken Weg und halten uns unten an der *großen Kreuzung* (rotes Rechteck) gegen den *Col de Seelacker* (633 m), den wir in einer knappen halben Stunde erreichen. Von dort gehen wir rechts (gelbes Kreuz) weiter und können bald wieder einen schönen Blick hinunter in die Rheinebene genießen. Durch einen Kiefernwald führt der Weg gemächlich abwärts, dann lichtet sich der Forst und gibt erneut die Sicht auf das Tal frei. Wieder zurück im Gehölz geht's nun fast eben in einer knappen halben Stunde hinüber zu einer Weggabelung, von hier ab gilt die gelbe Raute. Jetzt wandern wir über dem Sembachtal, zuletzt durch Kastanienwald, dann durch die Weinberge, in weiteren 40 Minuten hinab zum Ausgangspunkt nach *Riquewihr.*

Nützliche Informationen

Ausgangspunkt: *Riquewihr* (274 m).
Anfahrt: Von Strasbourg oder Colmar auf der N 83 bis zur Ausfahrt Guémar. Über Ribeauvillé erreicht man auf der Weinstraße in südlicher Richtung schnell Riquewihr. Zwischen Colmar und Ribeauvillé unterhält Autocars Martiken eine Busverbindung. Abfahrt in Colmar Rue Stanislas oder Bahnhofsplatz.
Parkplatz: Rund um Riquewihr, im oberen Ortsteil findet man in Seitenstraßen außerhalb der Stadtmauer auch Parkplätze ohne Gebühr.
Gehzeiten: Insgesamt 4 Std.; Riquewihr – Anhöhe 671: 1 Std. – Chapel St.-Alexis: 20 Min. – Bärenhütte: 55 Min. – Château Bilstein: 10 Min. – Col de Seelacker: 25 Min. – Riquewihr : 1 Std. 10 Min.
Länge der Tour: 11,5 km.
Höhendifferenzen: Aufstiege: Riquewihr – Chapel St.-Alexis: 376 m, Chapel St.-Alexis – Château Bilstein: 107 m; Abstieg: Château Bilstein – Riquewihr: 483 m.
Übernachtungsmöglichkeiten: In *Riquewihr* Hôtels A l'Oriel, Schoenenbourg und Saint-Nicolas, in *Ribeauvillé* Hôtels Les Seigneurs de Ribeaupierre und Des Vosges, in *Kaysersberg* Hôtel Les Remparts oder in *Hunawihr* preiswerte und gute Privatquartiere.
Einkehrmöglichkeiten: Unterwegs ländliches Gasthaus bei St.-Alexis, in *Riquewihr* A l'Arbalétrier, in *Ribeauvillé* Restaurants Au Relais des Ménétriers und Des Vosges, in *Kaysersberg* Restaurants A l'Arbre Vert und Au Lion d'Or, in *Ammerschwihr* Aux Armes de France oder in *Illhaeusern* Auberge de l'Ill.
Karte: Carte des Vosges 1:50000, Colmar, Munster, Géradmer, St.-Dié. Skizze des Wegverlaufes vergleiche Tour 8.
Zusatzmöglichkeit: Von der Bärenhütte auf den Königsstuhl (938 m) und nach dessen Umrundung zurück zur Bärenhütte in 1½ Stunden.

8 Zu den drei Burgen auf dem Rappoltstein

Rappoltsweiler – Ulrichsburg – Burg Girsberg – Burg Hoh-Rappoltstein – Maria von Dusenbach

Tourencharakter: Eine Wanderung auf Waldwegen mit viel Burgenromantik, schönen Ausblicken ins Rheintal und Besuch eines traditionsreichen Wallfahrtsortes.
Beste Jahreszeit: Frühjahr und Herbst.
Reine Gehzeit: 3 Stunden.
Markierungen: Rotes Rechteck bis Burg Hoh-Rappoltstein; gelbes Kreuz zur Girsburg und zur Wallfahrtskapelle Dusenbach.

Die malerische Stadt *Ribeauvillé/Rappoltsweiler* liegt am Eingang des besonders reizvollen Strengbachtales vor den ersten Hügeln der Vogesen. Der sehr alte Ort wird urkundlich 759 erstmals erwähnt und erhielt 1290 das Stadtrecht. Kaiser Heinrich IV. überließ Ribeauvillé dem Bistum Basel, das 1178 den Grafen von Urslingen damit belehnte. Aus diesem Geschlecht stammen die Grafen von Rappoltstein.

Wenn man hier wandert, darf eine Besichtigung des bemerkenswert schönen Städtchens Rappoltsweiler nicht versäumt werden. Die katholische Pfarrkirche *St.-Grégoire-le-Grand* mit quadratischem Turm und spitzem Helm wurde 1282 begonnen, 1473 vollendet und 1876 durch ein Querschiff erweitert. Sehenswert sind das Tympanon am Westportal und die holzgeschnitzte, vergoldete Madonna (um 1470) im südlichen Seitenschiff, die wahrscheinlich aus Dusenbach stammt. Das *Rathaus* ist ein Barockbau von 1773, in dem das Ratssilber, vor allem die Pokale der Herren von Rappoltstein, aus dem 17. Jahrhundert ausgestellt ist. Davor der *Marktbrunnen,* aus dem am »Pfeifertag« Wein fließt. Der Brunnenstock ist reich verziert und trägt einen wappenhaltenden Löwen von 1536. Ein ebenso schöner Brunnen befindet sich am westlichen Stadtausgang.

Dominierend ist das *Pfifferhüs,* Grand' Rue 14, ein hübscher Fachwerkbau mit Renaissanceportal, reich geschnitztem dreiseitigen Erker, in dessen Pfosten eine Verkündigungsdarstellung von 1680 eingearbeitet ist. Die Herren von Rappoltstein haben sich der Bruderschaft der Pfeifer, die schon Ende des 14. Jahrhunderts gegründet wurde, tatkräftig angenommen und ihnen die Teilnahme am Festgottesdienst gestattet, deshalb wird dieser Tag des Volkes alljährlich an Mariä Geburt, am 8. September, noch immer gefeiert.

Wir kommen nun zu den Stadttürmen. Mitten im Ort steht der *Tour des Bouchers, der Metzgerturm* aus dem 13. Jahrhundert. Der obere Teil mit großer Uhr und Maßwerkbrüstung stammt aus dem Jahre 1536. Ebenso sehenswert sind die alten *runden Wehrtürme* der Stadtmauer, die alle bewohnte Storchennester tragen. Beim Stadtrundgang selbst stößt man auf viele alte Häuser aus dem 16. und 17. Jahrhundert mit geschnitzten Pfosten, verzierten Portalen und Erkern.

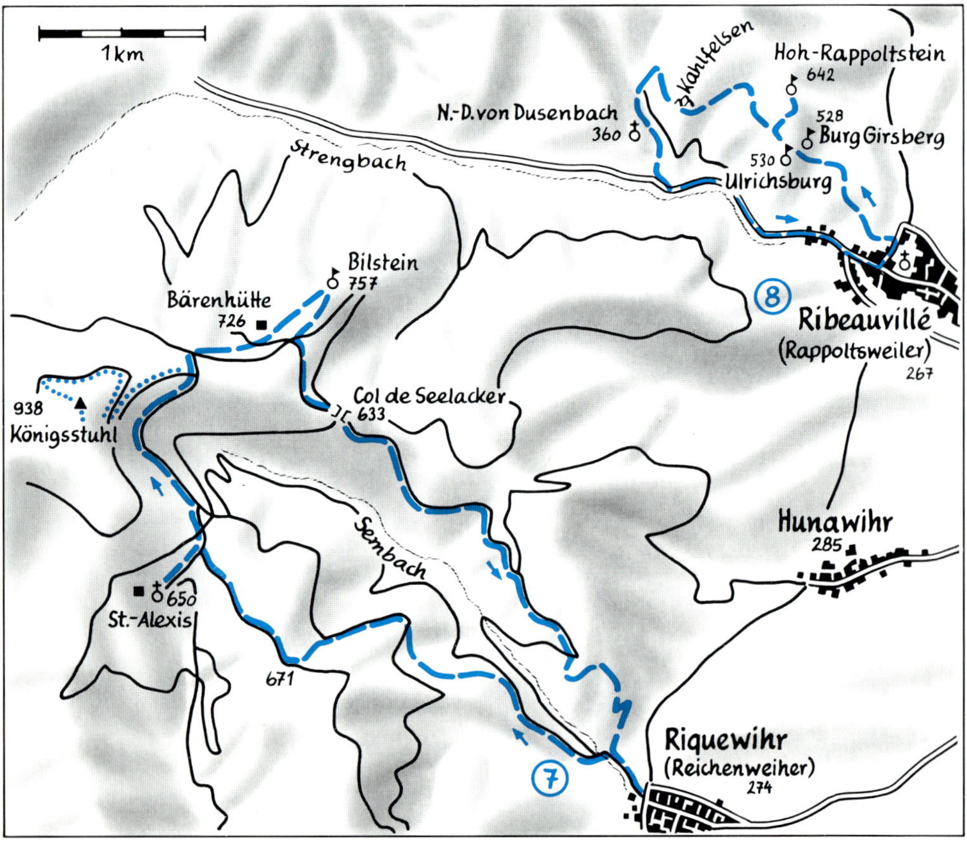

Hinter den Weinbergen von Ribeauvillé ragen die drei Burgen auf dem Rappoltstein empor, die Ziel der Wanderung sind.

Gleich hinter der Stadt erhebt sich gegen Westen der Berg Rappoltstein, auf dem drei Burgen liegen, darunter die trutzige Ulrichsburg; sie war der Stammsitz der Rappoltsteiner. Ihr Geschlecht, mit verschiedenen deutschen Kaisern verschwägert, gehörte neben den Lichtenbergern zu den mächtigsten des Landes. 1667 ging die Herrschaft der Rappoltsteiner durch Verheiratung einer Tochter des letzten Stammes mit Christian II. auf die Pfalzgrafen über. Pfalzgraf Friedrich, Urgroßvater des Prinzregenten Luitpold von Bayern, wurde 1724 im Stadtschloß der Rappoltsteiner geboren. Letzter Rappoltsteiner war Maximilian Joseph, der 1806 König von Bayern wurde. Seinen Sohn kennen wir alle als den großen Kunstförderer König Ludwig I.

Unter den drei Burgen ist *Groß-Rappoltstein* (530 m) mit einer etwa fünf Meter hohen Befestigungsmauer die größte und besterhaltene. Sie gehört zu den eindrucksvollsten Beispielen des staufischen Burgenbaues und ist zugleich die älteste (erstmals 1084 erwähnte Anlage) mit einem Wohnturm aus dem 12. Jahrhundert. Die Burg wurde bis zum 14. Jahrhundert ständig erweitert und bis zum Dreißigjährigen Krieg bewohnt. Seit 1435 wird sie nach St. Ulrich, dem Patron der Burgkapelle, Ulrichsburg genannt. Fast auf gleicher Höhe liegt romantisch auf einer Felsklippe in Rufweite die kleine *Girsburg* (528 m), die schon 1281 als Burg Stein erwähnt ist. Der Blick von Burg zu Burg ist wohl einmalig. Herrlich ist von hier oben die Aussicht ins weite Land. Sie wird nach Norden von der mächtigen Hohkönigsburg begrenzt und reicht östlich bis in die Rheinebene nach Schlettstadt und Colmar hinab.

Gute 140 Meter höher steht das schon im 12. Jahrhundert an der Stelle einer vorgeschichtlichen Festung erbaute Schloß *Haut-Ribeaupierre/Hoh-Rappoltstein* (642 m), das auch Altencastel genannt wird. Von dort oben hat man eine prächtige Rundsicht.

Storchennester krönen die steilen Dächer der Rundtürme (14. Jahrhundert), die zur einstigen Wehrmauer Ribeauvillés gehören.

Direkt von der Ulrichsburg führt ein herrlicher Waldweg über den Kahlen Felsen hinüber zur beliebten und berühmten Wallfahrtskapelle *Notre-Dame von Dusenbach*. Vom Kahlen Felsen kann man erneut die großartige Aussicht hinunter ins Strengbachtal und Dusenbachtal sowie hinüber zur Ulrichsburg genießen. Die Marienkapelle steht eindrucksvoll auf einem Felsvorsprung und geht auf die Zeit der Kreuzzüge zurück. Der Ritter Egenolf von Rappoltstein brachte 1221 die wundertätige Marien-Ikone aus dem Vorderen Orient in seine Heimat mit und erbaute ihr zu Ehren diese Kapelle. Neben Odilienberg ist Maria von Dusenbach seit dem Mittelalter für Wallfahrer eines der beliebtesten Ziele im Elsaß. 1498 ging das Ikonenbild verloren und wurde durch die heutige Pietà ersetzt. Die christliche Stätte erfreut sich auch heute noch so großer Beliebtheit, daß jetzt eine Kirche, zwei Kapellen und ein Kapuzinerkloster mit Pilgerhotel vorhanden sind. Dusenbach ist schon mehrmals total zerstört worden. Das erste Mal 1360 im Hundertjährigen Krieg, das zweite Mal 1632 durch die Schweden und zuletzt 1794 auf Befehl der Colmarer Verwaltung von der Schlettstatter Nationalgarde, so daß wir heute nur noch die restaurierte Anlage von 1894 sehen können.

Der Wegverlauf

Der Aufstieg zur Ulrichsburg beginnt in unmittelbarer Nähe der Pfarrkirche St.-Grégoire-le-Grand in *Ribeauvillé* (267 m), wo wir auch die ersten Wegweiser vorfinden. An den Tennisplätzen vorbei nehmen wir etwa 60 Meter danach den linken Weg mit dem roten Rechteck. Er führt stetig, aber mäßig ansteigend durch die Rebhänge über Ribeauvillé bergwärts. Unser sonniger Weg am Südhang des Rappoltsteines gewährt uns eine herrliche Aussicht. Vorbei am Gümpelfelsen und einem weiteren turmartigen Felsgebilde, später durch schönen Bergwald, kommen wir nach etwa 40 Minuten an eine fünf Meter hohe Mauer mit Rundbogen. Es ist der Eingang zur *Ulrichsburg* (530 m). Auf dem Hauptfelsen liegt der älteste Teil der Anlage mit dem Wohnturm aus dem 12. Jahrhundert. Nach Besichtigung des Palas mit seinen sieben Südfenstern, dem Säulenkamin und den vielen anderen Details gehen wir (gelbes Kreuz) hinüber zur *Burg Girsberg* (528 m). Sie liegt in Sichtweite auf einem steilen Felsvorsprung. Von der Terrasse am Südhang der Ruine haben wir einen herrlichen Blick hinunter nach Ribeauvillé und hinüber in die Rheinebene. Die Sicht von Burg zu Burg ist ebenso imposant wie einmalig.

Nachdem wir auf gleichem Weg wieder zur Ulrichsburg zurückgekehrt sind, nehmen wir von dort den bergauf führenden Waldpfad (rotes Rechteck). In einer guten halben Stunde erreichen wir das 112 Meter höher liegende *Hoh-Rappoltstein* (642 m), die höchstgelegene der drei Burgen. Auch von hier müssen wir auf dem gleichen Weg zur Ulrichsburg zurück. Von dort folgen wir dem Wegweiser »Dusenbach-Pépinière«. Wir wandern in nordwestlicher Richtung zunächst gegen »Schwarzer Kirschbaum-Tännche«, biegen aber nach einiger Zeit links ab zum Kahlfelsen, von wo man wiederum einen schönen Ausblick hinab ins Strengbachtal und zurück auf die Ulrichsburg hat.

Bei der ersten Weggabelung nach dem Kahlfelsen biegen wir links ab, überqueren alsbald einen Fahrweg und steigen durch Laubwald, auf einem Pfad entlang des Dusenbaches, hinab zur Wallfahrtskapelle *Notre-Dame von Dusenbach* (360 m), die wir von der Ulrichsburg in etwa einer halben Stunde erreichen. Vom malerisch gelegenen Wallfahrtsort gehen wir auf gepflegtem Weg durch Buchenwald, vorbei an den Kreuz-

An Kreuzwegstationen vorbei führt der Weg von der Wallfahrtskapelle Maria von Dusenbach hinab ins Strengbachtal.

wegstationen, hinunter ins Strengbachtal und gelangen etwa einen Kilometer vor Rappoltsweiler auf die Landstraße, auf der wir rasch zu dem schönen Fachwerkstädtchen hinunterwandern. Nach einer guten halben Stunde sind wir vom Wallfahrtsort wieder am Ausgangspunkt der Wanderung angelangt.

Nützliche Informationen

Ausgangspunkt: *Ribeauvillé/Rappoltsweiler* (267 m).
Anfahrt: Von Straßburg oder Colmar auf der N 83 bis zur Ausfahrt Guémar nach Ribeauvillé. Busverbindung Colmar – Ribeauvillé der Gesellschaft Autocars Martiken. Abfahrt in Colmar Rue Stanislas oder Bahnhofsplatz.
Parkplatz: Im westlichen Teil der Stadt Rappoltsweiler an der Pfarrkirche.
Gehzeiten: Insgesamt 3 Std.; Ribeauvillé – Ulrichsburg: 45 Min. – Burg Girsberg: 10 Min. – Burg Hoh-Rappoltstein: 40 Min. – Wallfahrtskapelle Notre-Dame von Dusenbach: 50 Min. – Ribeauvillé: 35 Min.
Länge der Tour: 6,4 km.
Höhendifferenzen: Aufstieg: Ribeauvillé – Burg Hoh-Rappoltstein: 375 m; Abstiege: Burg Hoh-Rappoltstein – Wallfahrtskapelle: 282 m, Wallfahrtskapelle – Ribeauvillé: 93 m.
Übernachtungsmöglichkeiten: In *Ribeauvillé* Hôtels Les Seigneurs de Ribeaupierre und Des Vosges, in *Riquewihr* Hôtels A l'Oriel, Schoenenbourg und Saint-Nicolas oder in *Hunawihr* preiswerte und gute Privatquartiere.
Einkehrmöglichkeiten: In *Ribeauvillé* Restaurants Au Relais des Ménétriers und Des Vosges, in *Riquewihr* Restaurant A l'Arbalétrier, in *Hunawihr* Auberge du Tonnelier oder in *Illhaeusern* Auberge de l'Ill.
Karte: Carte des Vosges 1 : 50 000, Colmar, Munster, Gérardmer, St. Dié.
Sehenswürdigkeiten: Unterwegs die Burgen auf dem Rappoltstein und die Wallfahrtskapelle Notre-Dame von Dusenbach; in *Ribeauvillé* Rathaus von 1773, Marktbrunnen von 1536, Pfifferhüs von 1680, Metzgerturm aus dem 13. Jahrhundert, die runden Wehrtürme der Stadtmauer mit Storchennestern, St.-Grégoire-le-Grand und die Altstadt mit schönen Fachwerkhäusern. In *Hunawihr* der Storchenpark und die Wehrkirche.

9 Zur Felsgalerie im Tännchelmassiv

Thannenkirch – Riesenfelsen – Reptilfelsen – Drei große Tische – Heidenmauer – Fox-Farm

Tourencharakter: Interessante Bergwanderung auf gut gepflegten Pfaden zum Tännchel, einem Felsmassiv mit bizarren Gesteinsformationen, hoch über dem Strengbach- und Lebertal. Besonders schön, wenn die Kirschbäume blühen. Gute Bergschuhe sind empfehlenswert.
Beste Jahreszeit: Frühjahr und Herbst.
Reine Gehzeit: 4 Stunden.
Markierungen: Blaues Kreuz bis zur Rotzel, gelbes Rechteck bis zu den Drei großen'Tischen, rot-weiß-rotes Rechteck bis Ober Tännchel, blauer Punkt von Carrefour du Brigadier Denny bis Fox-Farm , dann gelbes Kreuz bis Thannenkirch.

Thannenkirch liegt am Auslauf des Bergenbachtales, das sich von Bergheim an der Weinstraße hinauf ins Tännchel zieht. Eine bezaubernde Kulisse umgibt den Ort im Frühjahr, wenn die Bergwiesen und die unzähligen Kirschbäume blühen.

Das *Taennchel/Tännchel* ist ein ausgedehntes Bergmassiv, das zwischen dem Strengbachtal westlich Ribeauvillé und dem Lebertal um Lièpvre liegt. Die bizarren Felsformationen ziehen sich von Rammelstein (992 m) im Westen hinüber zum Riesenfelsen (969 m) im Osten und setzen sich nach Südosten hin fort bis zum Ober Tännchel (901 m). Neben elf prägnanten Steingebilden ist auch eine etwa 3,5 Kilometer lange antike Steinmauer, die sogenannte »Heidenmauer«, sehenswert. Ähnlich wie die große Heidenmauer am Berg der heiligen Odilia kann sie wohl als alte Grenzmarkierung dynastischer Territorien aus der Zeit vor Christus eingestuft werden. Eine wissenschaftlich einwandfreie Erklärung liegt noch nicht vor.

Der Name Tännchel ist wahrscheinlich von den ausgedehnten Tannenwäldern früherer Zeiten abgeleitet. Am Osthang des Bergmassivs bestand schon im 13. Jahrhundert eine Einsiedelei, die auch lothringische

Holzfäller und Köhler beherbergte. Mitten im Wald gab es eine Kapelle, die der heiligen Anna, der Patronin der Eremiten, geweiht war. Deshalb könnte sich der alte Name Annakirch später in Thannenkirch gewandelt haben.

Der Wegverlauf

Vom *Parkplatz in Thannenkirch* (464 m) gehen wir gut einen halben Kilometer auf der Hauptstraße leicht bergauf, bis nach einer Kehre links eine Abzweigung zum Restaurant Taennchel führt. An der Straßengabelung steht eine alte geschnitzte Wegweisertafel mit der Aufschrift »Zur Rotzel« (blaues Kreuz). Wir wandern vorbei an einer Holzschnitzerei und an der Einkehr zum Taennchel bis zum oberen Ortsende, wo wir den rechten Weg (blaues Kreuz) nehmen. Durch den Hang voller Kirschbäume geht der Feldweg zur Bienette, einer schönen Lichtung, hinauf. Bei einem Bauernhaus, das zum Wochenendhaus umgebaut wurde, halten wir uns rechts und steigen nun eine kurze Strecke noch steiler aufwärts zum *Forstweg* (650 m), der vom Schaentzel herüberkommt.

Wir wandern, oben angekommen, nach links weiter, zuerst eben durch freies, mit Ginster bewachsenes Gelände, über dem letzten Bauernhaus des Talkessels, der Ferme Rotzel, vorbei, dann leicht ansteigend und bald in den Wald hinein, in nochmals einer Viertelstunde hinüber zur *Rotzel* (729 m), einer großen Wegkreuzung mit Waldrastplatz und Wandertafel. Dort noch knapp 100 Meter, und wir finden am Ende der Waldlichtung auf der linken Seite auch schon die Hinweistafel »Sentier Piétonier« zum Rocher des Géants (gelbes Rechteck).

Auf einem Waldweg etwa 75 Meter weiter zweigt rechts ein angenehm begehbarer Pfad ab. Jetzt wandern wir durch Tannen und Fichten, in einer Zone der Ruhe, in einem etwa 1000 Hektar großen, naturgeschützten Bergland. Nach wenigen Minuten kommen wir zum *Losbrunnen* (800 m), der im tiefen Wald vor sich hinplätschert. Der gut markierte Waldweg (gelbes Rechteck) leitet uns sicher den Hang hinauf. Je weiter wir ansteigen, desto schöner werden der Wald und die Ausblicke auf die Hohkönigsburg und die Ruine Frankenburg. Wir überqueren einen breiteren Waldweg, dann steigt unser schmaler Pfad wieder stärker in Serpentinen durch dunklen Fichtenwald an, stößt bald auf einen aus anderer Richtung heraufkommenden Weg und bringt uns in Kürze zum Rocher du Cordonnier/Schusterfelsen und danach zum *Rocher des Géants/Riesenfelsen* (969 m).

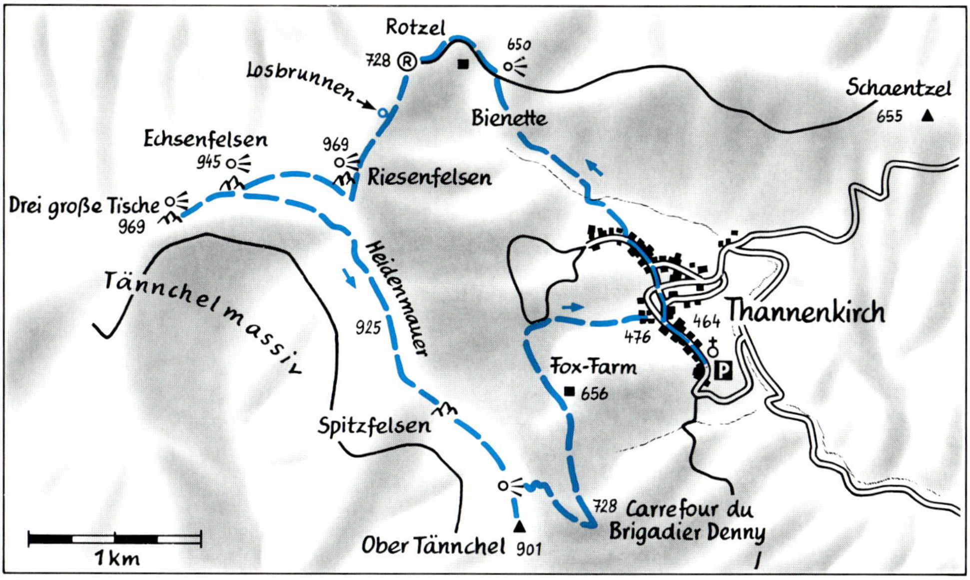

Für den Aufstieg in die Felsengalerie haben wir von der Rotzel eine dreiviertel Stunde gebraucht. Oben umfängt uns eine Wunderwelt bizarrer Felsgebilde riesigen Ausmaßes, die mitten im Tännchelmassiv liegen. Die interessantesten Felsen, von denen man herrliche Ausblicke hinab ins Lebertal nach Ste.-Croix und Lièpvre hat, haben wohlklingende Namen. Wir wandern nun auf dem *Sentier de Crête/Kammweg* (gelbes Rechteck) nahezu eben vom Riesenfelsen durch einen Hochwald zerzauster Fichten, vorbei an Ebereschen, durch Farnfelder, den Rocher Petite Fée in 12 Minuten hinüber zum zweiten Höhepunkt, dem *Rocher des Reptiles* (945 m). Wie riesige versteinerte Echsen liegen die Felsen übereinander. Wenige Minuten danach treffen wir auf einen romanti-

Am Eingang zum Bergenbachtal, wo es nach Thannenkirch hinaufgeht, liegt mitten in Weingärten das alte Winzerstädtchen Bergheim.

schen Waldrastplatz, wo uns holzgeschnitzte Berggeister begrüßen, bevor wir zu den Drei kleinen Tischen und zum dritten Höhepunkt, den Drei großen Tischen (969 m) kommen. Über eiserne Leitern gelangt man hinauf auf die mächtigen Steinplatten, um von dort oben den schönsten Ausblick im Tännchelmassiv zu genießen.

Auf gleichem Weg wandern wir zurück zum *Rocher des Reptiles* und nehmen jetzt den rot-weiß-rot markierten Weg, der direkt zur *Mur paien/Heidenmauer* (925 m) führt. Nun wandern wir die nächsten zwei Kilometer an der uralten Grenzmauer entlang, die direkt am Grat des Berges verläuft. Nach knappen 20 Minuten gelangen wir zum *Rocher Abri* (923 m) und gehen von dort, dem gelben Kreuz nach, in nochmals 12 Minuten bis zum *Taennchel Antérieur/Ober Tännchel* (901 m), dem Ende der Heidenmauer. Hier erwartet uns wiederum ein grandioser Aussichtsplatz. In der Nähe finden wir auch den Rocher des Titanes, den Rocher Pointue und den Rocher à la Paix d'Udine, der eine Inschrift von 1797 trägt, die an den Sieg Bonapartes in Italien und den Friedensvertrag von Udine zwischen Frankreich und Österreich erinnern soll.

Vom Ober Tännchel gehen wir den gleichen Weg zurück und stoßen nach wenigen Minuten rechts auf einen Pfad (ohne Markierung), der steil, aber rasch in Serpentinen hinabführt zur großen Wegkreuzung *Carrefour du Brigadier Denny* (728 m). Dort liegt ein flacher Felsen mit vielen Markierungen alter Grenzvermessungen verschiedener Epochen der hier zusammenlaufenden Gemeindegrenzen von Ribeauvillé, Bergheim und Thannenkirch. An der Kreuzung nehmen wir für den weiteren Abstieg den zweiten Weg nach links (blauer Punkt), der uns als nächstes zur *Fox-Farm* (656 m) bringt, wo früher eine Silberfuchszucht war. Von dort wandern wir talwärts, bis wir *Thannenkirch* (476 m) berühren, halten uns dort rechts und sind bald am Ausgangspunkt, unserem Parkplatz an der Kirche, angelangt.

Nützliche Informationen

Ausgangspunkt: *Thannenkirch* (476 m).
Anfahrt: Von Bergheim an der Route du Vin westlich auf der D 42 ins Bergenbachtal 6,5 km bis Thannenkirch. Zwischen Colmar und Bergheim besteht eine Busverbindung von Autocars Martiken. Abfahrt in Colmar

Der »Sentier de Crête«, ein Kammweg im Tännchelmassiv, führt durch eine Wunderwelt bizarrer Felsgebilde. Besonders anziehend ist der riesige Echsenfelsen.

am Bahnhofsplatz. In Bergheim Anschluß nach Thannenkirch.
Parkplatz: In Thannenkirch am Ortsanfang, rechts bei der Kirche (464 m).
Gehzeiten: Insgesamt 4 Std.; Parkplatz Thannenkirch – Forstweg über Ferme Bienette: 45 Min. – Rotzel: 15 Min. – Losbrunnen: 15 Min. – Rocher des Géants: 30 Min. – Rocher des Reptiles: 10 Min. – Drei große Tische: 11 Min. – Reptilienfelsen: 12 Min. – Beginn Heidenmauer: 15 Min. – Rocher Abri: 15 Min. – Ober Tännchel: 12 Min. – Carrefour du Brigadier Denny: 20 Min. – Fox-Farm: 10 Min. – Thannenkirch: 30 Min.
Länge der Tour: 12,6 km.
Höhendifferenzen: Aufstiege: Parkplatz Thannenkirch – Rotzel: 264 m, Rotzel – Riesenfelsen: 241 m; Abstieg: Reptilienfelsen – Thannenkirch: 481 m.
Übernachtungsmöglichkeiten: In *Thannenkirch* Auberge la Meunière; in *Riquewihr* Hôtel A l'Oriel, in *Saint-Hippolyte* Hôtel Aux Ducs de Lorraine sowie in *Hunawihr* preiswerte Privatquartiere.
Einkehrmöglichkeiten: In *Thannenkirch* Restaurants Touring Hôtel und Au Taennchel, in *Riquewihr* Restaurant A l'Arbalétrier, in *Ribeauvillé* Restaurant Au Relais des Ménétriers, in *Hunawihr* Auberge du Tonnelier oder in *Illhaeusern* Auberge de l'Ill.
Karte: Carte des Vosges 1:50000, Colmar, Munster, Géradmer, St. Dié.
Weiterer Tourenvorschlag: Parkplatz etwa 1 Kilometer westlich von Ribeauvillé unter Maria von Dusenbach. Von dort knapp 5stündige Wanderung über den Kreuzweg nach Dusenbach und Rocher Kahl (gelbes Kreuz) zum Tännchelmassiv auf dem Sentier de Crête durch die Felsengalerie bis zum Rammelstein (945 m) und Rückweg über den Schelmenkopf (blaues Kreuz), Hôtel A la Pépinière zum Parkplatz.
Hinweis: Das auf der Karte eingezeichnete schmale Sträßchen, das von der D 48 unter der Hohkönigsburg über die Schaentzel zur Rotzel hinüberführt, ist nicht geteert, sehr steinig und mit vielen Schlaglöchern behaftet und deshalb sehr schlecht befahrbar.

Südvogesen

Die Bergwelt der Südvogesen erreicht man von der Route du Vin durch eines der zahlreichen Täler. Auf der Höhenstraße, der Route des Crêtes, befindet man sich über dem schier unendlichen Gipfelmeer dieses majestätischen Gebirges. Die vom Col du Bonhomme (949 m) über den Col de la Schlucht (1139 m) und le Markstein (1266 m) nach Cernay führende Panoramastraße könnte man als Traumstraße des Elsaß bezeichnen. Dem Besucher eröffnen sich immer neue Eindrücke und Ausblicke. Bergkuppen mittlerer Höhe überragen den weitgehend geschlossenen Hauptkamm der Südvogesen. Entlang dieser Bergstraße verläuft die Grenzlinie zwischen Elsaß und Lothringen, bis sie unter dem Rainkopf (1304 m) hinüberwechselt zur westlichsten Bergkette des Grand Ventron (1204 m) und des Grand Drumont (1222 m) bis hinab zum Ballon d'Alsace (1250 m).

Die höchsten Erhebungen dieses elsaß-lo-

Vom Hundsrücksattel führt die Route Joffre hinab ins Thurtal und gewährt herrliche Ausblicke auf Bitschwiller und die Südvogesen.

thringischen Gebirges liegen in den Südvogesen zwischen dem Breuschtal und der Burgundischen Pforte. Sie alle werden überragt vom Grand Ballon (Großer Belchen, 1424 m), gefolgt vom Hoheneck (1363 m), und dem Petit Ballon (Kleiner Belchen, 1267 m). Gemessen an den Alpen sind dies gewiß keine allzu hohen Gipfel, aber dennoch beeindrucken die Vogesen, wenn man die bläulichen Gebirgszüge hintereinandergereiht liegen sieht. Der Wanderer, der hinaufsteigt auf die zumeist abgerundeten Bergkuppen, wird belohnt mit phantastischen Rundblicken auf das herrliche Vogesenpanorama, die dunklen, spiegelnden Bergseen und die unendlichen Wälder. Vom obersten Vogesenkamm zweigen viele Bergzüge ab, zwischen denen gewundene Täler liegen; die größten, die hinauf zu den Pässen der Südvogesen führen, sind neben dem Breuschtal das Lebertal, das Tal der Weiss und Béhine, das Münstertal, das Tal der Thur und das Dollertal.

Beim Wandern in den Südvogesen stößt man auf völlig anderes Gestein als im Norden, wo der Buntsandstein dominiert. Hier unten herrschen Granit und anderer kristalliner Fels vor, deshalb wird der südliche Gebirgsteil auch *Vosges cristallines* genannt. Oftmals kommt man in den Hochvogesen an Bunkern, Unterständen und Heldenfriedhöfen vorbei und wird so an die blutigen Schlachten erinnert, die hier oben in den beiden letzten Weltkriegen tobten. Häufig überquert man beim Wandern ausgedehnte Bergwiesen und Heideland, die *Hautes Chaumes*, auf denen man von Mai bis September noch Senner und ihre Rinderherden antreffen kann. Zahlreiche einladende Berggasthöfe, die Fermes-Auberges, sorgen für das leibliche Wohl. Botanisch Interessierte finden in den Vogesen eine vielfältige Flora vor mit Seltenheiten wie zum Beispiel die gelbe Arnika, die Alpenrose, blaue Lupinen, den Enzian, das Johanniskraut und die vielen Orchideensorten.

Um die beeindruckende Bergwelt der Südvogesen zu entdecken und etwas näher kennenzulernen, werden im folgenden neun Wanderungen empfohlen, die uns in die verschiedensten Regionen dieses Gebietes führen.

10 Rund um das Rauenthal zum Gipfel des Brézouard

St.-Pierre-sur-l'Hâte – Brézouard – Ferme-Auberge Haicot – Echery

Tourencharakter: Wanderung aus einem alten Bergbaugebiet über dem wasserreichen Rauenthal zu einem der höchsten Vogesenberge. Gute Bergschuhe sind unbedingt erforderlich.
Beste Jahreszeit: Spätes Frühjahr bis Herbst.
Reine Gehzeit: 5 Stunden.
Markierungen: Weißer Punkt von Chauffour bis zum Bergpfad auf den Brézouard-Kammweg, rotes Rechteck über die Brézouard-Gipfel, später weißes Rechteck zur Ferme-Auberge Haicot, blaues bzw. gelbes Kreuz für den Rückweg über den Rain de l'Horloge nach Echery. Die Bergstrecke zum Brézouard ist teilweise schlecht markiert.

Mit dieser ersten Wanderung in den Südvogesen wollen wir gleich einen der höchsten Berge dieses südlichen Gebirges, den Brézouard/Birschberg angehen. Zu seinen Füßen liegt eines der ältesten Bergbaugebiete, das wir bei dieser Gelegenheit auch etwas näher kennenlernen. Der *Brézouard* (1228 m), der auch Bressoir oder Birschberg genannt wird, liegt beherrschend über Ste.-Marie-aux-Mines und dem Quellgebiet der Lièpvrette am Auslauf der Lebertales unweit des Col des Bagenelles. Die Bewohner dieser Gegend nennen den zweigipfeligen, früher kahlen, jetzt an der Ostseite zunehmend mit Bäumen bewachsenen Berg auch Brüschebuckel, was auf seine ausgedehnten Heidekrautflächen (*Brüsche* = Heidekraut) hinweist. Die nordwestliche Höhe des Bluttenberges (*blutt* = bloß) oder Haicot (1100 m) ist heute noch überwiegend kahl.

Die Quelle des Bergbaues dieser Gegend liegt in dem kleinen Ort *Echery/Eckerich* (390 m), der aus einem Benediktinerkloster hervorging. Im Jahre 947 haben hier zwei Mönche eine erste Kapelle errichtet. Im 10. Jahrhundert kam ein Kloster hinzu, das zuerst

Bei Echery fließt die noch junge Lièpvrette durch das reizvolle Vogesental. Hier ist die Welt noch in Ordnung.

Bermont hieß und später nach einem hier lebenden Heiligen in Achericus umbenannt wurde. In den Bergen rings um den Ort sind zahlreiche stillgelegte Gruben anzutreffen. Echery kann noch einige alte Häuser aus der Bergwerkszeit, mit Erkern und den typischen Wendeltreppen, vorweisen. Interessant ist auch der alte malerische Zeitglockenturm, ein Uhrturm, von dem einst die Bergmannsglocke erscholl.

St.-Pierre-sur-l'Hâte (493 m), das alte Zillhardt, ein verträumtes, malerisches Bergwerksdorf, birgt ein Kleinod aus dem Mittelalter: es ist das auf eine frühe Klostergründung zurückgehende Kirchlein des Benediktinerpriorats St. Peter Zillhardt aus dem 13. Jahrhundert. In der Zillhardter Kapelle feierten einst die Bergleute des ganzen Lebertales die Heilige Messe. Wenn man durch den Torbogen in den Kirchhof kommt, kann man noch die Jahreszahl 1531 ablesen.

In *Ste.-Marie-aux-Mines / Maria zu den Gruben* (532 m), dem alten Markirch, begann man bereits in der Römerzeit mit der Ausbeutung von Silber, Blei, Kobalt und Arsen. Die Blütezeit des Bergbaues dauerte von

1450 bis 1633. Damals kam es zu geologischen Veränderungen im Berg und zu Wassereinbrüchen in den Gruben des Rauenthals, was den Bergbau so stark beeinträchtigte, daß man ihn nach und nach einstellte. 1755 wurde hier die Baumwollweberei eingeführt, die bald Weltruf erlangte. Im Frühjahr und im Herbst kommt man noch heute zum großen Markt der hier hergestellten Stoffe. Sie zeichnen sich durch besonders schöne Farben aus, deren Leuchtkraft dem Wasser der Lièpvrette zugeschrieben wird.

Der Wegverlauf

Von der Ortsmitte in *St.-Pierre-sur-l'Hâte* (493 m) nehmen wir, dem Wegweiser »Haicot-Brézouard« folgend, den zwischen der Kirche und dem gegenüberliegenden Restaurant bergaufführenden Fahrweg. Wir wandern durch den malerischen, blumengeschmückten Weiler immer am Bach entlang, an den letzten Häusern vorbei, in den Wald hinein, den Hang hinauf und kommen nach etwa 25 Minuten auf ein Plateau verwilderter Wiesen und Obstbäume, auf dem zwei Gebäude stehen. Hier haben wir unser erstes Etappenziel, *Chauffour* (690 m), erreicht. Das ältere Gebäude ist der ehemalige Wirtschaftshof des Rappoltsteiner Gutes aus dem Mittelalter, das inzwischen zu einem Ferienhaus umgebaut wurde. Wir gehen zum Waldrand über dem zweiten neueren Gebäude zu einer Bank unter einer großen Tanne mit der Revier-Nr. 106.

Ab hier benutzen wir den rechts leicht bergauf verlaufenden, gesandeten Forstweg, der alsbald wieder zu einer Tanne mit der Revier-Nr. 106 führt. Auf diesem Weg, der an den Waldhängen ansteigt, bleiben wir nun für längere Zeit. Durch herrliche Weißtannenbestände, am Baum Nr. 114 vorbei und entlang von Bergbächen, wandern wir nun über dem Rauenthal durch ein wasserreiches Berggelände dem hinteren Talkessel entgegen. Bei einer Wegkreuzung, an der *Barraque de l'Etoile,* finden wir wieder den Wegweiser Haicot-Brézouard. Auf dem breiten Weg gehen wir noch geraume Zeit geradeaus weiter, bis er allmählich eben wird und dann wieder abwärts führt; hier muß auf der linken Seite auf das Hinweisschild Haicot-Brézouard geachtet werden, das uns den Einstieg in einen Bergpfad zeigt.

St.-Pierre-sur-l'Hâte ist ein Bergwerksdorf, in dem man die Tradition hochhält. Hier beginnt der Aufstieg zum Brézouard.

Nun geht's im Zickzack durch die wildreichen Hänge des Rehberges steil bergauf, wir überqueren einige andere Wege und gelangen weiter oben zu einer am Hang vorgeschobenen Felskanzel mit großartiger Sicht auf das Rauenthal. Ein Stück zurück und auf dem Fußpfad weiter hinauf erreichen wir bald den *Kammweg* eines freien Berghanges, von dem wir einen überwältigend schönen Ausblick auf die Bergwelt um Ste.-Marie-aux-Mines haben. Wir halten uns, oben angekommen, rechts und sind bald an einer großen *Weggabelung* nach Aldersbach, direkt zum Haicot und zum Brézouard. Achtung! Der Wegweiser zum Brézouard ist von Ästen verdeckt. Er weist uns in einen halblinks hochlaufenden Fußpfad ein, der noch zweimal einen Waldfahrweg überquert. Danach kreuzen sich zwei Fußwege. Unser Pfad zieht sich rechts hinauf, ein weißer Punkt an einem Baum zeigt an, daß wir richtig sind. Nochmals über einen gesandeten Fahrweg links hinauf, jetzt mit der Markierung rotes Rechteck zur *Brézouard-Schutzhütte*. Wir gehen links daran vorbei, in kurzem Anstieg hinauf zum ersten Brézouard-Gipfel. Bis zum zweiten Gipfel, dem höchsten Punkt des *Brézouard* (1228 m), sind es nur noch 5 Minuten. Nach Osten verdeckt der Baumbewuchs zwar die Sicht, aber dafür ist der Rundblick in alle anderen Richtungen um so herrlicher. Südwestlich sehen wir in etwa fünf Kilometer Entfernung eine kahle Bergkuppe liegen, die die Gebirgslandschaft beherrscht, es ist der Tête des Faux, das Ziel unserer nächsten Tour in den Südvogesen. In den Hochlagen dieses Bergmassivs stoßen wir ab und zu noch auf Schützengräben und Befestigungen, denn über den Brézouard verlief im Ersten Weltkrieg die Kampflinie.

Vom zweiten Gipfel führt in südwestlicher Richtung ein schlecht erkennbarer Fußweg durchs Heidekraut zum Haicot, der ab und zu auf einem Felsblock eine rote, später weiße Markierung hat. Nach einiger Zeit gelangen wir zu einem großen Waldplatz, von dem mehrere Wege links hinunter zum Haicot führen. Hier haben wir die Möglichkeit, in wenigen Minuten zum *Refuge des amis de la nature Haicot/Naturfreundehaus Haicot* zu gehen und auf der Terrasse bei einer Erfrischung den herrlichen Blick hinab ins Rau-

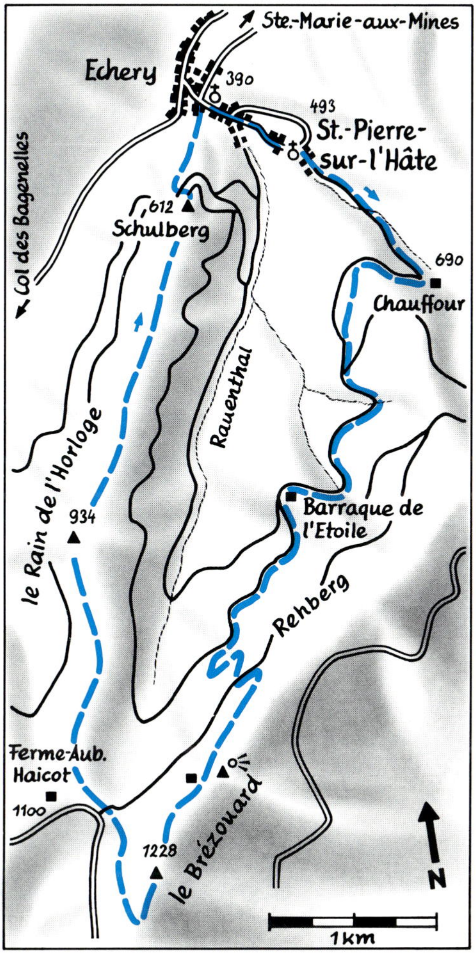

enthal zu genießen oder gleich hinabzulaufen zur *Ferme-Auberge Haicot* (1100 m). Dort sitzt man mitten in blühenden Wiesen und kann eine deftige Brotzeit machen.

Für den Rückweg nehmen wir den sogenannten Uhrturmweg, der so benannt wurde, weil er unten in Echery direkt beim berühmten Uhrturm herauskommt. Er führt über le Rain de l'Horloge, den Uhrturmbuckel, bleibt die ganze Zeit am obersten Kammweg und bringt uns, sanft abfallend, hinunter in das Tal der Leber.

Der Abstieg von Haicot beginnt in der nordöstlichsten Ecke des weitflächigen Wiesengeländes; an einer Buche finden wir den Wegweiser Rain de l'Horloge (blaues Kreuz). Wir wandern nun immer auf dem Bergkamm, der das Rauenthal nach Westen abschließt, überqueren einige andere Waldwege und erreichen in einer guten halben Stunde den Gipfel des *Rain de l'Horloge* (934 m). Auf einem breiten Pfad marschieren wir hinab zum *Schulberg* (612 m), von dem wir rasch nach *Echery* (390 m) absteigen. Nach Besichtigung des sehenswerten Uhrturmes gehen wir nun in südöstlicher Richtung auf dem schmalen Sträßchen in einer knappen Viertelstunde zum etwas höher gelegenen Ort *St.-Pierre-sur-l'Hâte* (493 m), unserem Ausgangspunkt, zurück.

Nützliche Informationen

Ausgangspunkt: *St.-Pierre-sur-l'Hâte* (493 m).
Anfahrt: Ab Lapoutroie auf der N 415 über le Bonhomme zum Col des Bagenelles und von dort auf der D 48 nach St.-Pierre-sur-l'Hâte. Von Ribeauvillé an der Route du Vin auf der D 416 westlich durch das Strengbachtal über Ste.-Marie-aux-Mines nach St.-Pierre-sur-l'Hâte. Die Bahngesellschaft TER unterhält eine Busverbindung zwischen Schlettstadt und St.-Dié. Auf dieser Strecke hält der Bus in Ste.-Marie-aux-Mines.
Parkplatz: In der Ortsmitte von St.-Pierre-sur-l'Hâte beim Rathaus.
Gehzeiten: Insgesamt 5 Std.; St.-Pierre-sur-l'Hâte – Chauffour: 25 Min. – Barraque de l'Etoile: 50 Min. – Le Brézouard: 1 Std. 35 Min. – Ferme-Auberge Haicot: 30 Min. – Rain de l'Horloge: 35 Min. – Schulberg: 35 Min. – Echery: 17 Min. – St.-Pierre-sur-l'Hâte: 13 Min.
Länge der Tour: 13,2 km.
Höhendifferenzen: Aufstieg: St.-Pierre-sur-l'Hâte – Brézouard: 735m; Abstiege: Brézouard – Ferme-Auberge Haicot: 128 m, Ferme-Auberge Haicot – Echery: 710 m.
Übernachtungsmöglichkeiten: In *Lapoutroie* Hôtel Faude, in *Saint-Hippolyte* Hôtel Aux Ducs de Lorraine, in *Ribeauvillé* Hôtels Des Vosges und Seigneur de Ribeaupierre, in *Dieffenthal* bei Dambach-la-Ville Hôtel Les Châteaux.
Einkehrmöglichkeiten: Unterwegs Naturfreundehaus Haicot mit schöner Aussichtsterrasse oder Ferme-Auberge Haicot (nur in der Hauptsaison geöffnet), in *Lapoutroie* Restaurant Faude, in *Saint-Hippolyte* Restaurants Aux Ducs de Lorraine, Parc und Aux Vieux Remparts oder in *Ribeauvillé* Restaurants Au Relais des Ménétriers und Des Vosges.
Karte: Carte des Vosges 1:50000, Colmar, Munster, Gérardmer, St.-Dié.
Sehenswürdigkeiten: In *Ste.-Marie-aux-Mines* das Musée Minéralogique et Minier/ Mineralienmuseum und die alte Silbermine St.-Barthelmy (vom 1.7. bis 31.8. zu besichtigen). In *Echery* der malerische Zeitglockenturm aus dem 17. Jahrhundert und in *St.-Pierre-sur-l'Hâte* das Kirchlein St. Peter auf Zillhardt.
Weiterer Tourenvorschlag: Anfahrt zum Col des Bagenelles (905 m), großer Parkplatz vorhanden. 3stündige Wanderung über Ferme-Auberge Haicot (rotes Rechteck) zum Brézouard und über Le Plat (rot-weiß-rotes Rechteck), Faurupt (gelbes Rechteck, später rotes Rechteck) zurück zum Col des Bagenelles.

11 Zur Vogesenrundschau vom Buchenkopf

Lapoutroie – Hexenweiher –
Buchenkopf/Tête des Faux –
Chapel du Maire – Le Bonhomme

Tourencharakter: Bergtour durch Hochmoore und Heide, mit einigen Steigungen. Meist offenes Gelände, deshalb im Hochsommer nicht so angenehm. Empfehlenswert im Frühling, wenn die Kirschen und der Ginster blühen.
Beste Jahreszeit: Frühjahr und Herbst.
Reine Gehzeit: 4½ Stunden.
Markierungen: Rot-weiß-rotes Rechteck bis Hexenweiher, rotes Rechteck zum Tête des Faux und zum Soldatenfriedhof, gelbes Rechteck nach Le Bonhomme.

Der *Tête des Faux/Buchenkopf* (1220 m) beherrscht die Bergwelt südlich Le Bonhomme, wo das Kaysersberger Tal, durchflossen von Weiss und Béhine, in den Vogesen ausläuft.

Steht man auf der kahlen Bergkuppe des Buchenkopfes, kann man hinübersehen zum Brézouard, den wir bei der letzten Tour bestiegen hatten. Er liegt in nur fünf Kilometer Luftlinie entfernt, in leicht nordöstlicher Richtung, dominierend auf der anderen Seite des Tales. Auch der Tête des Faux war im Ersten Weltkrieg Schauplatz heftiger Kämpfe. Die Deutschen hatten die Bergkuppe mit vielen Unterständen, Schützengräben und unterirdischen Gängen in eine Festung verwandelt. Der Nachschub kam über eine Seilbahn von Lapoutroie zum Rocher du Corbeau/Rabenbühl (1145 m), wo eine unterirdische Bahn zu den vordersten Stellungen führte. Unterhalb des Rabenbühl liegt der Etang du Devin/Hexenweiher (929 m), ein altes Gletscherbecken, das von hohen Felswänden umschlossen ist und sich nur nach Norden öffnet. Der Name Etang du Devin kommt wohl von seinem früheren Bewohner, dem Wahrsager Colin le Devin.

Ausgangspunkt für den Aufstieg zum Tête des Faux ist *Lapoutroie/Schnierlach* (422 m). Es liegt im oberen Wiesental der Weiss, kurz hinter Hachimette, auf der Strecke zum Col du Bonhomme. Das Ziel dieser Tour ist der Luftkurort *Le Bonhomme/Diedolshausen* (670 m), dessen Name im Zusammenhang mit dem heiligen Déodat, dem Gründer der

Beim Aufstieg zum Buchenkopf Blick zurück auf Lapoutroie.

Stadt Saint-Dié steht. Der Ort liegt am Beginn der Route des Crêtes, der Fahrstraße über den Vogesenkamm. Über dem Bergdorf erhebt sich die Ruine Gutenberg.

Der Wegverlauf

Vom Parkplatz an der Kirche in *Lapoutroie* (422 m) gehen wir das schmale Sträßchen (rot-weiß-rot) bergauf, vorbei an den Häusern von Altenbach, immer weiter den offenen Hang hinauf, mit Sicht auf Lapoutroie. Nach einer guten Viertelstunde gabelt sich der Weg, wir halten uns links und wandern über die Bergnase Barischire weiter bis zur Straßenkreuzung Kermodé. Dort überqueren wir ein anderes Sträßchen und gehen in mehreren Windungen hinauf zur *Ferme Mongé* (782 m), die wir in einer guten Stunde erreichen. Die rot-weiß-rote Markierung kennzeichnet unseren Weg noch bis hinauf zum Hexenweiher.

Von Mongé müssen wir nochmals weiter über den freien Hang aufsteigen, genießen die schöne Aussicht und gelangen nach etwa 25 Minuten wieder an eine Kreuzung von zwei Straßen. Dort befindet sich der Einstieg in einen angenehmen Weg, der durch Tannenwald, nun fast eben, in nördlicher Richtung, bald ins Gehölz hineinführt und nach einer guten halben Stunde am *Etang du Devin/Hexenweiher* (929 m) herauskommt. Jetzt wechselt die Markierung, das rote Rechteck ist nun bis hinauf zum Tête des Faux für uns maßgebend. Ein Zickzack-Pfad geht in südliche Richtung ab, der durch einen naturbelassenen Wald, ein Naturschutzgebiet, hinaufführt zum *Rocher du Corbeau/Rabenbühl* (1145 m).

Der Rabenfelsen, ein bizarres Steingebilde, überragt die ausgedehnte, unbewaldete Senke. Wir stoßen auf einen mächtigen Betonunterstand, zu dem einst die Drahtseilbahn von Lapoutroie hinaufging. Es war der Eingang zu dem langen, heute zugeschütteten Bergtunnel. Wir steigen jetzt am Rand des freien Hanges leicht bergab, nehmen aber schon nach wenigen Minuten wieder einen nach rechts abzweigenden Weg ziemlich direkt hinauf zum *Tête des Faux/Buchenkopf* (1220 m). Ein Bergkreuz ziert die Kuppe des grandiosen Aussichtsberges, an dessen östlichem Ende die tief gemauerten Laufgräben der deutschen Stellungen liegen, kaum mehr als 200 Meter von den französischen Bastionen entfernt.

Der Abstieg, immer noch mit dem roten Rechteck markiert, führt uns in einer knap-

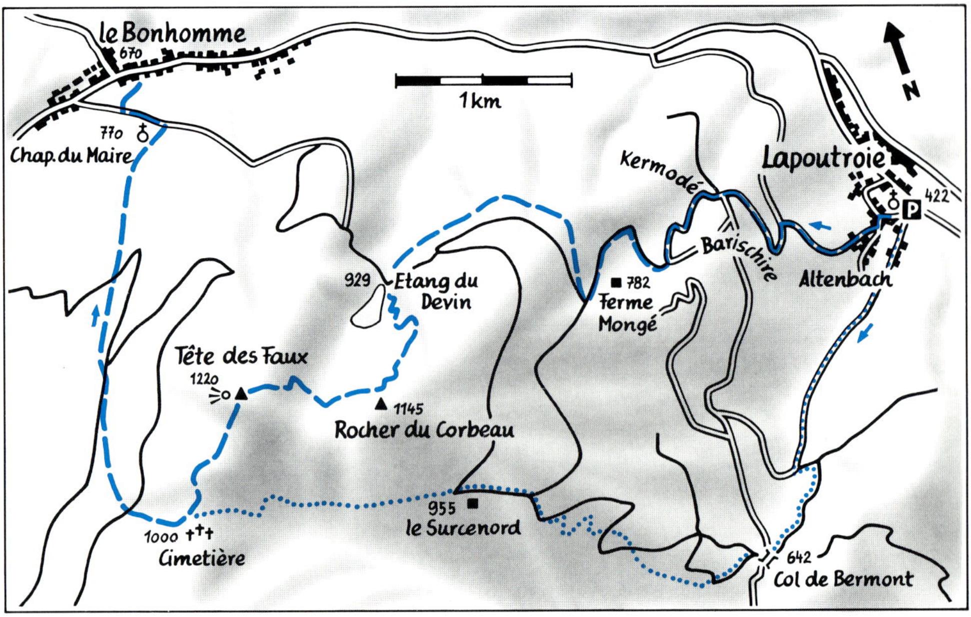

pen halben Stunde zum *Soldatenfriedhof* (1000 m). Nach dem Gottesacker geht der Weg nordwestlich bergab, wir überqueren bald zwei Fahrstraßen und orientieren uns am gelben Rechteck. Wir wandern nun durch Wald, kommen nach 500 Metern erneut auf ein Sträßchen, dem wir etwa 200 Meter folgen, bis wir wieder links in unseren Pfad einbiegen, der uns in vielen Windungen zur *Chapel du Maire* (770 m) talwärts bringt. Bald verlassen wir den Wald und kommen zu den Viehweiden oberhalb von *Le Bonhomme/Diedolshausen* (670 m). Bis hinab in die Ortsmitte müssen wir nochmals mit einer Stunde Gehzeit rechnen. Um unseren Ausgangspunkt Lapoutroie wieder zu erreichen, benützen wir den Autobus Linie 13 der Gesellschaft S.T.A.H.V. Bis zur Abfahrt können wir uns im Restaurant »Au Lion d'Or« in Bonhomme von der erlebnisreichen Tour erholen.

Nützliche Informationen

Ausgangspunkt: Kirche in *Lapoutroie* (422 m).
Anfahrt: Von Kaysersberg auf der N 415 in Richtung Col du Bonhomme nach Lapoutroie (6,5 km). Autobusverbindung Linie 13 der Gesellschaft S.T.A.H.V., Strecke Colmar – Saint-Dié, Haltestelle Lapoutroie.
Parkplatz: An der Kirche in Lapoutroie.
Rückfahrt: Von Le Bonhomme nach Lapoutroie mit dem Autobus Linie 13 der S.T.A.H.V. Aktuelle Fahrpläne beim Verkehrsbüro Kaysersberg. Fahrzeiten 1992 ab Le Bonhomme 12.10, 14.20, 18.08 Uhr.
Gehzeiten: Insgesamt 4½ Std.; Lapoutroie – Altenbach 5 Min. – Ferme Mongé: 1 Std. – Hexenweiher: 1 Std. – Rabenbühl: 40 Min. – Tête des Faux: 20 Min. – Soldatenfriedhof: 20 Min. – Chapel du Maire: 55 Min. – Le Bonhomme: 10 Min.
Länge der Tour: 11,7 km.
Höhendifferenzen: Aufstiege: Lapoutroie – Mongé: 360 m, Mongé – Hexenweiher: 147 m, Hexenweiher – Tête des Faux: 291 m; Abstiege: Tête des Faux – Soldatenfriedhof: 220 m, Soldatenfriedhof – Le Bonhomme: 330 m.
Übernachtungsmöglichkeiten: In *Kaysersberg* Hôtel les Remparts, in *Riquewihr* Hôtel A l'Oriel oder in *Hunawihr* gute Privatquartiere.
Einkehrmöglichkeiten: In *Lapoutroie* Restaurant Faude, in *Bonhomme* Restaurant Au Lion d'Or, in *Kaysersberg* die Restaurants A l'Arbre Vert und Au Lion d'Or, in *Riquewihr* Restaurant A l'Arbalétrier oder in *Hunawihr* Auberge du Tonnelier.
Karte: Carte des Vosges 1:50000, Colmar, Munster, Gérardmer, St.-Dié.
Weitere Tourenvorschläge: a) Fünfstündige Rundtour von Lapoutroie: Aufstieg auf den Tête des Faux in 3 Std. über den Col de Bermont (642 m), le Surcenord (955 m) und Soldatenfriedhof. Abstieg in 2 Std. über Rabenbühl (1145 m), Hexenweiher (929 m) und Mongé (782 m) zum Ausgangspunkt an der Kirche in Lapoutroie.
b) Dreistündige Rundtour von Le Bonhomme (rotes Rechteck) über den Etang du Devin und den Rocher du Corbeau zum Tête des Faux. Abstieg nach Le Bonhomme wie Tour 11.

12 Zum Schwarzen und Weißen See

Col du Calvaire – Soultzeren Eck – Lac Noir – Lac Blanc

Tourencharakter: Unschwierige Rundwanderung über den höchsten Vogesenkamm, mit geringen Höhenunterschieden. Zu empfehlen sind Bergstiefel.
Beste Jahreszeit: Wer die schöne Bergflora erleben möchte, sollte diese Wanderung im Juni oder Juli unternehmen.
Reine Gehzeit: 3 Stunden.
Markierungen: Rotes Rechteck vom Col du Calvaire über die Haute Chaumes bis zum Soultzeren Eck, rot-weiß-rotes Rechteck zum Lac Noir, gelbes Rechteck ab Lac Noir zum Col du Calvaire.

Die dritte Wanderung in den Südvogesen führt uns auf die *Hautes Chaumes/Kammweiden* (etwa 1300 m). Ein einzigartig schönes, manchmal wild anmutendes Höhengebiet von einigen hundert Hektar Größe, unbewaldet und nach Osten steil abfallend zu den

Kesseln des Weißen und Schwarzen Sees. Dieser höchste Vogesenkamm liegt zwischen den beiden Tälern, die von Kaysersberg zum Col du Bonhomme und von Munster zum Col de la Schlucht hinaufführen. Wir kommen dort oben noch an Marksteinen der alten deutsch-französischen Grenze von 1871–1918 vorbei.

In einem ehemaligen Gletschertal liegen der *Lac Blanc/Weißer See* (1058 m) und der *Lac Noir/Schwarzer See* (950 m), beide nach Westen zu von hohen Felswänden umgeben. Der kleinere Lac Noir hat etwa 16 Hektar und der größere Lac Blanc etwa 29 Hektar Wasseroberfläche. Die Wasser des Schwarzen Sees werden zum höher gelegenen Weißen See hinaufgepumpt, um die Turbinen des tiefer liegenden Elektrizitätswerks am Schwarzen See zu speisen. Am Südufer des Weißen Sees erhebt sich der Rocher Château Hans, auf dem einst das sagenumwobene Schloß des Hans von Felsenstein stand. Eine Sage berichtet, daß der Burgherr wegen seiner Untaten samt Schloß von der Erde verschlungen wurde.

Der Wegverlauf

Vom *Col du Calvaire* (1144 m) müssen wir etwa 150 Meter auf der Straße gegen den Lac Blanc gehen, bis wir auf der rechten Seite in den Europäischen Fernwanderweg Nr. 2 (rotes Rechteck) Richtung Hautes Chaumes eingewiesen werden. Durch Tannenwald geht's in gut 20 Minuten hinauf zur Anhöhe 1234. Bei dem alten Grenzstein Nr. 2770 sind wir schon auf dem *Gipfel des Reisberges,* wo uns ein Hinweisschild auf den »Point de vue«, einen prächtigen Aussichtspunkt hinunter auf den See, verweist. Die inzwischen recht groß gewordenen Latschen versperren den Ausblick, deshalb sind ab und zu gegen Osten Wegschneisen freigemacht, von deren Ende man den Weißen See sieht.

Wir wandern nun auf dem Kamm durch die *Hautes Chaumes* in etwa 1300 Metern Höhe. Den Weg, der bald links hinab zum Schwarzen See führt, lassen wir unbeachtet. Wir bleiben auf dem Kammweg in Richtung Soultzeren Eck (rotes Rechteck). Nach Westen hin senkt sich die Hochweide nur leicht ab, so daß wir die endlose Weite genießen können. In nicht allzu großer Ferne reihen sich Berg an Berg, Tal an Tal, bis die letzte Reihe ganz hinten im Dunst verblaßt. Nach einer guten halben Stunde erreichen wir den höchsten Punkt der Hautes Chaumes mit 1306 Metern. Es ist ein traumhaft schöner Weg hinüber zum etwas tiefer liegenden Gazon du Faing/Taubenklangkopf. Der Grenzstein 2779 zeigt uns an, daß wir am *Soultzeren Eck* (1302 m) angekommen sind. Die kleine Felsanhöhe ist nach dem Ort Soultzeren/Sulzern benannt.

Vom Soultzeren Eck nehmen wir den Pfad (rot-weiß-rot) in östlicher Richtung gegen den Lac Noir, durch den Latschenkiefernwald, und gelangen in etwa 5 Minuten auf die nächste Anhöhe. Dort teilt sich der Weg zum Col du Wettstein, wir behalten den linken bei, der in Serpentinen zum See hinabführt. Bald ist das Rauschen eines Wasserfalles zu hören, dann erblicken wir auch schon den *Lac Noir* (950 m), den wir in einer knappen ¾ Stunde erreichen.

Am Schwarzen See (950 m). Über dem See der 1300 Meter hohe Vogesenkamm, der auf dieser Tour überschritten wird.

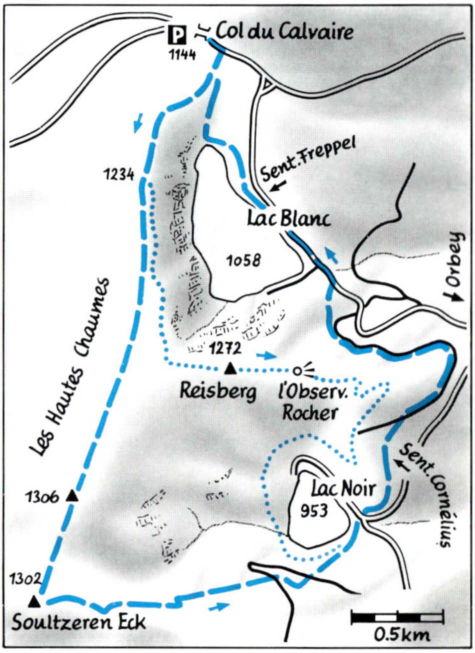

Wenn wir unten am See, bei der Informationstafel, verweilen, können wir erst die ganze Großartigkeit des gewaltigen Vogesenkammes ermessen, über den wir gewandert sind. Es ist ein dunkler, tief in den Bergkessel eingegrabener See, mit einer ansprechenden Steinbrüstung. Rechts hinten liegt das Elektrizitätswerk. Links von der Autostraße setzen wir unsere Rundwanderung auf dem *Sentier Cornélius* (gelbes Rechteck) fort, der zu den schönsten Wanderwegen in den Vogesen zählt. Fast eben führt der Waldweg in einer guten halben Stunde hinüber zum *Lac Blanc* (1058 m). Die 100 Meter Steigung merkt man kaum. Dann liegt er vor uns, der viel größere, hellere See, hinter dem der hohe Vogesenkamm eindrucksvoll steht.

Ein kurzes Stück auf der Straße, leicht bergauf und wir sind am *Sentier Freppel*. Auf dem gepflegten Waldweg wandern wir, immer am See entlang, etwas ansteigend, in einer guten halben Stunde hinauf zum Ausgangspunkt, dem *Col du Calvaire* (1144 m).

Nützliche Informationen

Ausgangspunkt: *Col du Calvaire* (1144 m).
Anfahrt: Von Colmar nach Kaysersberg und auf der N 415 durch das Tal der Weiss und der Béhine Richtung Col du Bonhomme bis Hachimette, dann links auf die D 48 über Orbey, Pairis zum Col du Calvaire. Busverbindung Linie 13 und 30 der Gesellschaft S.T.A.H.V., Strecke Colmar – Saint-Dié, Haltestelle Orbey.
Parkplatz: Parkmöglichkeiten sind am Col du Calvaire oder dem Hôtel du Lac ausreichend vorhanden.
Gehzeiten: Insgesamt 3 Std.; Col du Calvaire – Höhe 1234: 25 Min. – Soultzeren Eck: 45 Min. – Lac Noir: 45 Min. – Lac Blanc: 35 Min. – Col du Calvaire: 30 Min.
Länge der Tour: 9,1 km.
Höhendifferenzen: Aufstieg: Col du Calvaire – Soultzeren Eck: 158 m; Abstieg: Soultzeren Eck – Lac Noir: 349 m; Aufstieg: Lac Noir – Col du Calvaire: 191 m.

Am rechten Ufer des Weißen Sees (1058 m) führt der Sentier Freppel hinauf zum Col du Calvaire.

Übernachtungsmöglichkeiten: In *Lapoutroie* Hôtel Faude, in *Kaysersberg* Hôtel Les Remparts oder in *Riquewihr* Hôtel A l'Oriel.
Einkehrmöglichkeiten: Restaurant am *Col du Calvaire*, in *Bonhomme* Restaurant Au Lion d'Or, in *Lapoutroie* Restaurant Faude, in *Kaysersberg* Restaurants A l'Arbre Vert, Au Lion d'Or und Chambard oder in *Riquewihr* Restaurant A l'Arbalétrier.
Karte: Carte des Vosges 1:25 000, Hohneck, Petit Ballon, Trois Épis.
Variante: Von den Hautes Chaumes, Anhöhe 1234, wandert man gemäß weiß-rot-weißer Markierung Richtung Lac Noir. Man bleibt etwa ½ Stunde auf dem etwas tiefer als der Europäische Fernwanderweg Nr. 2 verlaufenden Höhenweg und biegt dann östlich in den halbrechten Pfad, hinüber zum Reisberg (1272 m), ab, um dann zum Observatoire Rocher abzusteigen. In Serpentinen geht's weiter, hinunter zum Lac Noir, den man an seiner Westseite (gelbes Kreuz) umrundet, um dann in den Sentier Cornélius, wie im regulären Tourenverlauf vorgesehen, zum Col du Calvaire zurückzuwandern. Für die gesamte Strecke dieser Variante benötigt man ebenfalls 3 Stunden.

13 Auf aussichtsreichem Bergrücken zum Hohneck

Col de la Schlucht – Le Hohneck – Lac de Schiessrothried

Tourencharakter: Höhenwanderung am Hauptkamm der Vogesen mit relativ geringen Höhenunterschieden. Mit einem Klettersteig als Variante.
Beste Jahreszeit: Mai, Juni, September und Oktober.
Reine Gehzeit: Knapp 4 Stunden.
Markierungen: Rotes Rechteck vom Schluchtpaß bis zum Lac de Schiessrothried. Blaues Dreieck zurück zum Hohneck.

Das Münstertal, auch Fecht- oder Gregoriental genannt, zieht sich von Turckheim in westlicher Richtung hinauf zum *Col de la Schlucht* am Vogesenkamm. Hier verlief zwischen 1871 und 1918 die deutsch-französische Grenze. Die Paßstraße führt hinüber ins Lothringische nach Gérardmer und Epinal. Der Gebirgszug, unter dem die Route des

Blühende Bergwiesen am Weg zum Hohneck.

Crêtes entlangläuft, reicht vom Schluchtpaß (1139 m) zum Hohneck (1363 m) und weiter über den Rainkopf (1304 m) und den Batteriekopf (1311 m) hinab zum Col du Herrenberg (1191 m).

Besonders reizvoll ist es, vom Col de la Schlucht über Haut de Falimont zum Hohneck hinüberzuwandern; die Hautes Chaumes sind im Frühsommer ein einziges Blütenmeer. Wenn man dann auf dem mächtigen Felsmassiv der Martinswand steht und in die steil nach Osten abfallende Schlucht blickt, kann man die Schönheit dieser Berge erst voll ermessen. Der tiefe Bergeinschnitt, der dem Paß seinen Namen gab, reicht vom Ludenbühl bis hinüber zum Spitzenfels. Bergerfahrene können direkt vom Schluchtpaß den 1910 ausgebauten Felspfad Sentier des Roches nehmen, der direkt an den Wänden entlangführt und an gefährlichen Stellen durch Drahtseile oder Eisengeländer gesichert ist. Er gilt als der schönste alpine Steig der Vogesen.

In der 120 Kilometer langen Gipfelreihe der Vogesen, die von der Zaberner Steige bis zur Burgundischen Pforte reicht, ist der *Hohneck* die zweithöchste Erhebung, die nur vom Grand Ballon übertroffen wird. Von seinem Gipfel, einer breiten Bergkuppe, kann man ein überwältigendes Panorama genießen, das vom Donon bis zum Grand Ballon reicht und östlich die Rheinebene, den Schwarzwald und bei klarer Sicht sogar die Alpen erfaßt. Eine Orientierungstafel informiert ausführlich über die gesamte Rundsicht. Oben, am Gipfel, erwartet uns ein einfaches, aber gutes Bergrestaurant. Dieser grüne Berg hat noch etwas Urtümliches, menschliche Ansiedlungen liegen tief unter ihm, der ganze Bereich ist ein Naturschutzgebiet.

Der Wegverlauf

Östlich des *Col de la Schlucht* (1139 m), in der Nähe des Hôtel des Roches, beginnt die Grand' Randonnée 5 mit der Markierung rotes Rechteck, die wir hinüber zum Hohneck einschlagen. Noch etwas weiter östlich liegt der Einstieg in den Felspfad für Bergerfahrene. Wir aber wandern, zunächst durch schönen Mischwald, leicht ansteigend in südlicher Richtung und erreichen in einer guten Viertelstunde die *Anhöhe 1241*. Von dort gehen wir auf dem nach Osten völlig offenen Höhenweg nun fast eben und gelangen schon nach 10 Minuten zur Höhe 1226. Dann folgt wieder ein kurzes Waldstück, bis wir uns direkt über den schroffen *Felshängen der Martinswand* befinden. Von hier haben wir eine phantastische Sicht hinunter auf die tiefe Schlucht und rundherum auf die Bergwelt der Vogesen.

Schon gute 15 Minuten später sind wir am *Col de Falimont* (1239 m), wo sich mehrere Wege kreuzen. Wir bleiben auf dem Hauptweg (rotes Rechteck) und erreichen den *Hohneck* (1363 m) nach einem leichten Anstieg in einer weiteren Viertelstunde. Hier oben, auf der grünen Kuppe des Berges, genießen wir das großartige Panorama und können uns bei Bedarf im Restaurant in der Nähe des Gipfels stärken.

Wir setzen unsere gut gekennzeichnete

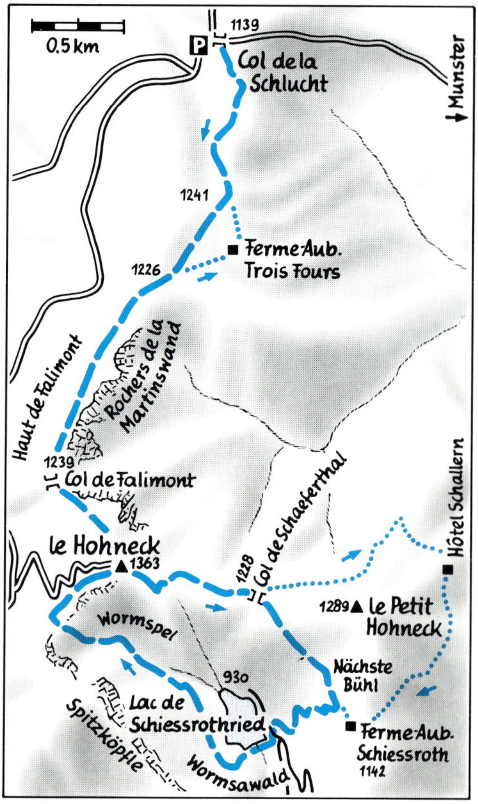

Überwältigendes Vogesenpanorama vom Hohneck (1363 m): die Sicht reicht vom Donon bis zum Grand Ballon.

Wanderung nun hinüber zum *Col de Schaeferthal* (1228 m) fort. Auf steinigem Weg, entlang den Hängen, vorbei an Himbeerstauden und Fingerhüten, steigen wir hinab zum Schiessroth-Hof. Auf dem Weg dorthin können wir ab und zu einen Blick auf die Felsen der Spitzköpfe werfen, die wie riesige Sägezähne über dem Lac de Schiessrothried stehen.

In vielen Windungen geht's nun durch den Wald (rotes Rechteck) hinunter zum großen Gletscherkessel, dem *Lac de Schiessrothried* (930 m), der 1887 bis 1891 angelegt wurde. Wir überqueren den Damm, kommen in den Wormsawald und halten uns bei der Wegverzweigung geradeaus, zuerst blaues Rechteck, bald danach in nordwestlicher Richtung abzweigend, dem blauen Dreieck folgend, hinauf zum *Wormspel*. Einen knappen Kilometer gehen wir westlich des Sees unter den Kletterfelsen des Spitzköpfle durch Tannenwald, später immer mehr ansteigend, zuletzt durch den offenen Hang des Wormspel hinauf zur Anhöhe. Oben treffen wir auf die Zufahrtsstraße, die von der Route des Crêtes zum Restaurant Hohneck führt. Wir steigen nun nordwestlich (rot-weiß-rot) in unmittelbarer Nähe des Sträßchens bergauf, vorbei an einem schönen Aussichtspunkt und sind bald wieder auf dem *Hohneck* (1363 m). Auf schon bekannten Wegen, die aber in umgekehrter Richtung wieder völlig neue Ausblikke eröffnen, wandern wir über den Col de Falimont (1239 m) und die Ferme-Auberge

Trois Fours in einer guten Stunde zurück zum *Col de la Schlucht* (1139 m).

Nützliche Informationen

Ausgangspunkt: *Col de la Schlucht* (1139 m).
Anfahrt: Von Colmar über Wintzenheim oder Turckheim durch das Münstertal zum Col de la Schlucht. Busverbindung Linie 1 der Gesellschaft S.T.A.H.V., Strecke Colmar – Epinal ab Colmar Bahnhof über Turckheim zum Col de la Schlucht.
Rückfahrt: Vom Col de la Schlucht über die Route des Crêtes, le Markstein, Lautenbach, Guebwiller, Rouffach nach Wettolsheim, Turckheim oder Colmar.
Parkplatz: Am Col de la Schlucht oder direkt am Hôtel des Roches.
Gehzeiten: Insgesamt 3¾ Std. ; Col de la Schlucht – Col de Falimont: 55 Min. – Le Hohneck: 15 Min. – Col de Schaeferthal: 15 Min. – Lac de Schiessrothried: 35 Min. – Le Hohneck: 45 Min. – Col de la Schlucht: 1 Std.
Länge der Tour: 13 km.
Höhendifferenzen: Aufstieg: Col de la Schlucht – Hohneck: 224 m;
Abstieg: Hohneck – Lac de Schiessrothried: 433 m.
Übernachtungsmöglichkeiten: In *Turckheim* Hôtel Les Deux Clefs, in *Wettolsheim* Auberge du Père Floranc oder in *Colmar* Hôtel Le Maréchal.
Einkehrmöglichkeiten: Unterwegs Ferme-Auberge Trois Fours und Bergrestaurant am Hohneck, in *Turckheim* Restaurant Les Deux Clefs oder in *Colmar* Restaurants Maison des Têtes, Le Maréchal, Schillinger und Au Fer Rouge.
Karte: Carte des Vosges: 1:25000, Hohneck, Petit Ballon, Trois Épis.
Variante: Anstelle des Abstiegs zum Lac de Schiessrothried bietet sich als Alternative die Umrundung des Petit Hohneck/Kleinen Hohneck an. Man zweigt am Col de Schaeferthal vom regulären Tourenverlauf östlich ab (blaues Dreieck) und geht über das Hôtel Schallern und die Ferme-Auberge Schiessroth zurück zum Col de Schaeferthal. Von dort steigt man wieder auf den Hohneck hinauf. Für die gesamte Alternative benötigt man 3 Stunden und 50 Minuten.

14 Auf dem Sentier de Crête zum Aussichtsberg Le Grand Ventron

Col d'Oderen – Katzenkopf – Petit Ventron – Grand Ventron

Tourencharakter: Unschwieriger Kammweg durch Wiesen und Heideflächen mit geringen Höhenunterschieden. Stellenweise steinig, deshalb Bergschuhe empfehlenswert.
Beste Jahreszeit: Vom Frühsommer bis zum Herbst.
Reine Gehzeit: 3½ Stunden.
Markierungen: Der gesamte Kammweg »Sentier de Crête« ist mit blauem Rechteck auf weißem Grund markiert. Für den Rückweg von der Ferme-Auberge Chaume du Ventron sind für die ersten zwei Kilometer der rot-weiß-rote Balken, dann der gelbe Strich und im letzten Drittel ein gelbes Rechteck wegweisend.

Das *Tal der Thur* zieht sich von Thann (340 m) über St.-Amarin und Kruth hinauf zum Col de Bramont (967 m), von wo in südlicher Richtung ein mächtiger Gebirgszug über den Hasenlochkopf (1119 m), den Bocklochkopf (1132 m) und den Grand Ventron (1204 m) hinab zum Col d'Oderen (883 m) verläuft. Wandert man über diesen Höhenrücken, so trifft man noch ab und zu auf einen der alten Grenzsteine, die auf der Ostseite den Buchstaben »D« und gegenüber »F« tragen; sie weisen darauf hin, daß sich hier zwischen 1871 und 1918 die deutsch-französische Grenze entlangzog, die auch Frankfurter Grenze genannt wird.

Höchste Erhebung dieses westlichsten Vogesenkammes ist der *Grand Ventron/Große Winterung*. Von der weiten, offenen Kuppe dieses schönen Berges wird eine eindrucksvolle Höhenschau geboten. Gegenüber sieht man in greifbarer Nähe eine Bergkette, die sich vom Rainkopf (1304 m) bis hinab zum Grand Ballon (1424 m) erstreckt. Der Tête de Fellering (1222 m), unser nächstes Ziel, steht dominierend im Süden. Darunter liegt das schöne St.-Amarintal mit dem Kruther Stausee, benannt nach dem Ort St.-Amarin, einer schon im Mittelalter bedeutenden Ansiedlung. Es ist ein weiter, von Bergen gesäumter Gletschergraben, der sich erst oben bei Kruth und Wildenstein wieder verengt.

Thann, das 1360 die Stadtrechte erhielt, liegt am Eingang zum *Thurtal*. Über der Stadt liegt die *Ruine Engelsburg*, ein ehemals habsburgisches Schloß, in dem einst die Pfirter residierten. 1673 wurde die Burg gesprengt, wobei ein Teil des runden Bergfriedes zur Seite kippte, dessen Öffnung nun wie ein mächtiges Auge der Stadt zugewandt ist. Daher auch der Name *Hexenauge*. Hier endet die Südliche Weinstraße. An den Berghängen rundherum gedeiht ein besonders guter und beliebter Wein. Bekannt geworden ist Thann aber wegen seines berühmten Münsters, das als das schönste im Elsaß gilt.

Am Platz einer früheren Wallfahrtskirche begann man Anfang des 14. Jahrhunderts mit dem Bau des gotischen Münsters *St.-Thiébaut/St. Theobald*, der 200 Jahre dauerte. Die künstlerisch überragende *Westfassade* der Stiftskirche wird fast völlig vom Portal beherrscht, das in fünf große Register aufgeteilt ist. Hauptthema des Figurenschmuckes ist das Leben Marias. Das *Chorgestühl* aus dem 15. Jahrhundert ist ein Meisterwerk einfallsreicher Schnitzkunst; Blattwerk, Fabeltiere und Fratzen machen die hervorragende Arbeit so vielgestaltig. Sehenswert sind auch die vergoldete *Sitzfigur des St. Theobaldus* (um 1520) und zahlreiche andere bedeutende Kunstwerke.

Die Gründung Thanns umgibt eine besondere Legende. Der italienische Bischof Theobaldus von Gubbio vermachte seinem treuen Diener den Bischofsring. Nach dessen Tod nahm dieser das Erbstück an sich, wobei sich auch das Fingerglied mit löste. Der Diener packte die Reliquie samt Ring in ein Tuch, band dies an seinen Wanderstab und machte sich auf den Weg in seine lothringische Heimat. Müde geworden, steckte er den Wanderstab in den Boden und legte sich unter einer Tanne zur Ruhe. Als er wieder erwachte, ließ sich der Stab trotz aller Mühe nicht mehr aus dem Boden ziehen, und ein Licht erschien über dem Baum. Zur selben Zeit erblickte der Schloßherr der Engelsburg im Tal

Hoch über Thann das sogenannte »Hexenauge«, ein Stück des umgekippten Bergfrieds der alten Engelsburg.

diesen hellen Schein, begab sich dorthin und sah eine brennende Tanne, die sich trotz des Feuers nicht verzehrte. Burgherr und Diener verstanden das Wunder so, daß an dieser Stelle eine Wallfahrtskirche errichtet werden sollte. Seither findet hier jedes Jahr am 30. Juni vor dem Münster das große Fest der Tannenverbrennung statt, durch das die Legende bis heute weiterlebt.

Durch Thann fließt die Thur, an deren romantischen Ufern der runde *Hexenturm* zu bewundern ist. Rund um die Stadt ist ein Netz gut markierter Wanderwege angelegt. Die schönsten Touren führen südwestlich in den Hundsrück, über den sich die Route de Joffre hinüber ins liebliche Tal der Doller zieht.

Der Wegverlauf

Um den Ausgangspunkt dieser Wanderung zu erreichen, fahren wir von Thann auf der N 66 durch das Tal der Thur nordwestlich über St.-Amarin bis Husseren-Wesserling und von dort auf der D 13 weiter nach *Kruth*, wo wir an der Kirche links hinauf zum *Col d'Oderen* (883 m) abbiegen. Am großen Parkplatz dieses Bergsattels liegt der Einstieg in den schönen Forstweg (blaues Rechteck), der uns in raschem Anstieg, später in Serpentinen, in einer knappen halben Stunde hinauf zur *Ferme-Auberge Felsach* (1080 m) bringt. Danach steigt der Bergpfad durch das Gelände der hohen Felsach (1180 m) nochmals 10 Minuten an, bis wir aus dem Wald herauskommen und nun fast eben über dem offenen Hang von Winterges wandern. Bald sind wir auf der freien Weidefläche unter dem *Wintergeskopf* (1120 m), an einer Weggabelung, wo rechts der Weg von Bourbach heraufkommt. Wir marschieren auf dem mittleren Kammweg (blaues Rechteck) über den Chaume de Winterges, dann kommen wir durch ein bizarres Waldstück und wandern im Zickzack zum *Tête du Chat Sauvage/Wilden Katzenkopf* (1152 m) hinauf. Bis hierher haben wir von der Ferme-Auberge Felsach eine weitere knappe Dreiviertelstunde gebraucht. Vom Katzenkopf öffnet sich durch die Bäume ein herrlicher Blick hinab ins Tal.

Jetzt folgt eine ebene Strecke über den offenen Hang, später geht's in einigen Serpentinen hinüber zum *Petit Ventron* (1142 m). Der Weg, der durch Wiesen und Heideflächen des freien Bergrückens führt, ist streckenweise auch steinig und felsig. Zerzauste, knorrige, niedrige Buchen, umgefallene Bäume und bemooste Steine am Sentier de Crête, er-

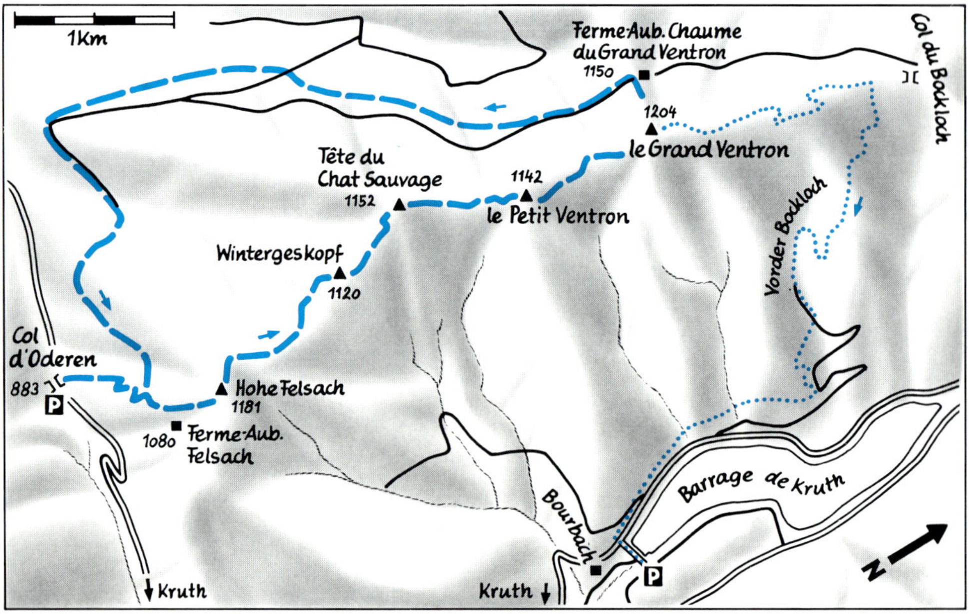

Die Westfassade des gotischen Münsters St. Theobald in Thann wird völlig vom großen Portal beherrscht, das in fünf Register aufgeteilt ist.

wecken den Eindruck eines Zauberwaldes. Wir sehen nun schon die Graskuppe des Ventron-Gipfels vor uns. Immer entlang der alten deutsch-französischen Grenzmauer, heute der elsässisch-lothringischen Départementsbegrenzung, wandern wir auf dem nun völlig offenen Höhenrücken durch Heidekrautfelder, vorbei an einzelnen Ebereschen, in knappen 10 Minuten hinauf zum *Grand Ventron/Winterung* (1204 m). Der Name dieses grandiosen Aussichtsberges kommt wohl von der einstigen Winterweide. Der Berg wurde früher auch Winterau und in alten Dokumenten sogar Wyntervee genannt. Vom Col d'Oderen bis hier herauf haben wir 1 Stunde und 40 Minuten gebraucht. Vom Gipfel führt ein Grasweg nach Westen über den Bergbuckel in knapp 10 Minuten hinunter zur *Ferme-Auberge Chaume du Grand Ventron* (1150 m), wo wir uns vom Aufstieg erholen können.

Von der Gaststätte treten wir den Rückweg auf dem Fahrsträßchen in südlicher Richtung an. Am Anfang des Waldes geht links ein Forstweg ab, den wir aber nicht benutzen. Wir bleiben noch für etwa 200 Meter auf der nun bergab führenden Sandstraße und biegen dann in den rechts abzweigenden Waldweg ein (rot-weiß-rotes Rechteck), der uns sanft fallend in einer guten Viertelstunde in eine Senke hinunterführt, wo wir das Bergsträßchen überqueren. Dort halten wir uns nicht rechts, sondern gehen geradeaus weiter. Ab hier ist für unseren Weg der gelbe Senkrechtstrich maßgebend. Wir laufen auch nicht hinunter zur Ferme du Pré Mangin, sondern gehen etwa 80 Meter oberhalb der Ferme weiter, teils geradeaus, teils bergab, bis wir, hoch über der Bergsiedlung Le Gros Pré, wieder auf ein Sträßchen stoßen, das bald östlich abschwenkt. Auf diesem wandern wir weiter, bis es nach 300 Metern ausläuft und in einen nun mit gelbem Rechteck markierten Waldweg übergeht. Wir queren einen von Winterges herabkommenden Pfad in östlicher Richtung und gehen hinüber zur *Ferme-Auberge Felsach* (1080 m). Von dort geht's auf dem schon bekannten Serpentinenpfad in 20 Minuten hinunter zum Ausgangspunkt am *Col d'Oderen* (883 m).

Nützliche Informationen

Ausgangspunkt: *Col d'Oderen* (883 m).
Anfahrt: Von Thann durch das Tal der Thur auf der N 66 über St. Amarin nach Wesserling und von dort auf der D 13 über Oderen nach Kruth und westlich weiter zum Col d'Oderen.
Busverbindung der Gesellschaft STR oder TER-Schienenbus existiert von Thann nach Kruth.
Parkplatz: Am Seitenstreifen des Col d'Oderen.
Gehzeiten: Insgesamt 3½ Std.; Col d'Oderen – Ferme-Auberge Felsach: 30 Min. – Wintergeskopf: 25 Min. – Tête du Chat Sauvage: 15 Min. – Petit Ventron: 20 Min. – Grand Ventron: 10 Min. – Ferme-Auberge Chaume du Grand Ventron: 10 Min. – Ferme-Auberge Felsach: 1 Std. 20 Min. – Col d'Oderen: 20 Min.
Länge der Tour: 11, 8 km.
Höhendifferenzen: Col d'Oderen – Grand Ventron: 321 m.

Dieser schöne Wanderweg verläuft am Höhenrücken zwischen Petit und Grand Ventron, direkt neben der deutsch-französischen Grenzmauer von 1871.

Der romantische Stausee, hinter dem sich der schroffe Schloßberg mit der Burgruine Wildenstein (666 m) erhebt, liegt am Ende des Thurtales bei Kruth.

Übernachtungsmöglichkeiten: In *Thann* Hôtel Kléber.
Einkehrmöglichkeiten: *Unterwegs* Ferme-Auberge Felsach, Ferme-Auberge Chaume du Grand Ventron und unterhalb des *Col d'Oderen* Auberge des Cascades St.-Nicolas.
Karte: Carte des Vosges 1:50000, Thann, Guebwiller.
Sehenswürdigkeiten: In *Thann* die Ruine Engelsburg, das Münster St.-Thiébaut und der Hexenturm.
Variante: Falls zwei Autos zur Verfügung stehen, fährt man mit dem zweiten PKW an das nördliche Stadtende von Kruth, biegt links ab in das Sträßchen nach Bourbach und Barrage de Kruth (Stausee). Parkplatz jenseits der Staumauer.
Die Tour wird bis zum Grand Ventron wie beschrieben durchgeführt. Von dort erfolgt der Rückweg zunächst durch Fortsetzung des Kammweges in gleicher Richtung (blaues Rechteck), bis kurz vor dem Col du Bockloch ein Weg nach rechts abzweigt. Von dort mit der Markierung »rotes Dreieck« über Vorder Bockloch, entlang dem Kruther Stausee bis zum Parkplatz an der Staumauer. Einschließlich Aufstieg vom Col d'Oderen zum Grand Ventron benötigt man insgesamt 4 Std.

15 Vom Drumont zum Tête de Fellering

Col d'Oderen – Ferme-Auberge Drumont – Drumont – Tête de Fellering

Tourencharakter: Botanisch interessante Bergwanderung im Drumontmassiv, auf weichen Wiesenwegen und Waldpfaden. Wegen der Steilstücke sind Bergschuhe empfehlenswert.
Beste Jahreszeit: Frühsommer bis zum Herbst.
Reine Gehzeit: Ca. 2¼ Stunden.
Markierungen: Blaues Rechteck vom Col d'Oderen bis zur ersten Weggabelung, dann gelbes Dreieck bis Ferme-Auberge du Drumont. Blaues Rechteck am Sentier de Crête über den Tête de Fellering zurück zum Col d'Oderen.

Der *Drumont* (1200 m) ist einer der großartigsten Aussichtsberge in den Südvogesen. 1540 wird der Drumont als Trummerkopf zitiert. Der französische Name Troumont wird mit »Lochberg« übersetzt, was wiederum eine Abwandlung von »Lohberg« sein könnte. Nicht allzuoft erschließt eine Vogesenwanderung solch eine markante, abwechslungsreiche Berglandschaft wilder Schönheit. Die vollkommen offene Graskuppe dieses Berges liegt direkt über Fellering im Tal der Thur, wo die Autostraße hinüber zum Col de Bussang abzweigt.

Nach diesem Ort ist der *Tête de Fellering/Felleringkopf* (1222 m) benannt, der auch Grand Drumont heißt. Obwohl er 22 Meter höher als der Drumont ist, läßt er wegen seiner Bewaldung an der Südwestseite nur den halben Rundblick zu. Der Gipfel wird durch den Grenzstein Nummer 3141 gekennzeichnet. Zwischen dem Drumont und dem Tête de Fellering verläuft der mit Heidekraut und vereinzelten Mehlbeerbäumen und Ebereschen bewachsene Chaume Drumont, ein großartiger Höhenrücken.

Wenn wir von Kruth zum Col d'Oderen hinauffahren, liegen links der Bergstraße die Kaskaden und die Kapelle St.-Nicolas, zu denen ein markierter Wanderpfad führt. Der Abstecher lohnt sich jedoch nur, wenn genug Wasser von den Bergen herunterkommt.

Der Wegverlauf

Vom *Col d'Oderen* (883 m) nehmen wir zuerst den breiten Forstweg in südlicher Richtung, von dem nach wenigen Minuten ein schmäler werdender steiler Waldweg abzweigt. Bei der nächsten *Weggabelung* (990 m) wählen wir den etwas versteckt hinter den

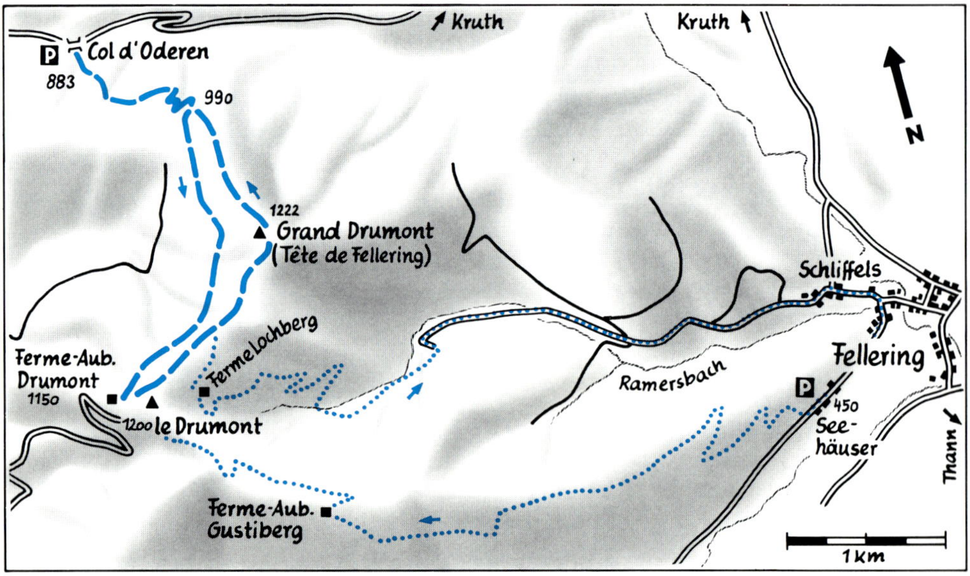

Bäumen beginnenden unteren, stets gleichmäßig ansteigenden Waldweg (gelbes Dreieck), der uns bequem in insgesamt 1 Stunde zur Ferme-Auberge Drumont hinaufbringt. Der angenehme Weg führt durch hochstämmigen Buchenwald. Nach etwa 55 Minuten gelangen wir auf einen freien Hang und sind in wenigen Minuten an der *Ferme-Auberge Drumont* (1150 m), die direkt unter dem gleichnamigen Berggipfel liegt. Das Gasthaus ist auch mit dem PKW erreichbar.

In knappen 10 Minuten steigen wir auf den Gipfel des *Drumont* (1200 m), wo uns die grandiose Vogesenrundsicht gefangenhält. Auf der umlaufenden Stahltafel wird die schier endlose Reihe der Berggipfel erklärt. Sie reicht vom Hohneck über den Grand Ballon bis zum Ballon d'Alsace.

Nachdem wir uns am großartigen Panorama sattgesehen haben, steigen wir auf weichen Wiesenpfaden über den freien Höhenrücken in 10 Minuten hinab in eine Mulde mit spärlichem Baumbewuchs. Wir wandern hier auf dem gut markierten *Sentier de Crête*

Aufstieg zum Felleringkopf. Im Hintergrund der Drumont (1200 m), von dem dieser botanisch interessante Höhenweg herüberkommt.

Vom Felleringkopf (1222 m) hat man grandiose Ausblicke auf das St.-Amarintal und das Panorama der Südvogesen.

(blaues Rechteck) immer an den Überresten der ehemaligen deutsch-französischen Grenzmauer entlang, wo wir vereinzelt noch auf alte Granitsteine stoßen, die auf der einen Seite das große »D«, auf der anderen das große »F« tragen. Nach etwa 20 Minuten kommen wir zu einem Felsvorsprung, der uns nochmals einen herrlichen Blick hinab in das St.-Amarintal gewährt. Bald schon erreichen wir nach leichtem Anstieg den Gipfel des *Tête de Fellering (*1222 m). Von dort ist rückblickend der Höhenrücken bis hinüber zum Drumont gut zu übersehen. Weit hinter dem Drumont ragt der breite Bergrücken des Elsässer Belchen auf, etwas links davon der Rouge Gazon und der Tête des Perches (1224 m), die wir noch besteigen werden.

Der Abstieg führt an so manchem von Wind und Sturm zerzausten Baumveteranen vorbei, ab und zu durch ein Farnfeld und bald in vielen Serpentinen ins Tal hinab. Der Pfad ist jetzt schmal und auch etwas steinig, aber gut begehbar. 25 Minuten nach dem Abmarsch am Tête de Fellering endet der

Waldpfad und geht in einen breiteren Forstweg über, der uns schon 10 Minuten später zur *Weggabelung unterer Waldweg* (990 m) an den Ausgangspunkt der Rundstrecke zurückbringt.

Von dort steigen wir auf der vom Herweg schon bekannten Strecke in einer Viertelstunde hinab zum *Col d'Oderen* (883 m). Gleich unterhalb des Bergsattels liegt die schöne Auberge des Cascades St.-Nicolas, die zum Verweilen einlädt.

Nützliche Informationen

Ausgangspunkt: *Col d'Oderen* (883 m).
Anfahrt: Von Thann auf der N 66 durch das Tal der Thur über St.-Amarin nach Wesserling und von dort auf der D 13 über Oderen nach Kruth und westlich weiter auf der D 13 zum Col d'Oderen. Busverbindung der Gesellschaft STR oder TER-Schienenbus von Thann nach Kruth.
Parkplatz: Großer Parkstreifen am Col d'Oderen.
Gehzeiten: Insgesamt 2 Std. und 20 Min.; Col d'Oderen – Abzweigung unterer Waldweg, markiert mit gelbem Dreieck: 25 Min. – Ferme- Auberge du Drumont: 35 Min. – Drumont: 10 Min. – Tête de Fellering: 25 Min. – Wegkreuzung unterer Forstweg: 30 Min. – Col d'Oderen: 15 Min.
Länge der Tour: 6,9 km.
Höhendifferenz: Col d'Oderen – Grand Drumont: 340 m.
Übernachtungsmöglichkeit: In *Thann* Hôtel Kléber.
Einkehrmöglichkeiten: Unterwegs Ferme-Auberge Drumont und unterhalb des Col d'Oderen Auberge des Cascades St.-Nicolas oder in *Thann* Restaurant Kléber.
Karte: Carte des Vosges 1:50000, Thann, Guebwiller.
Variante: In 3 Stunden Aufstieg vom Parkplatz Seehäuser (450 m) kurz hinter Fellering zum Tête de Fellering. Gemäß Markierung von Seehäuser (blaues Dreieck) über Ferme-Auberge Gustiberg, Ferme-Auberge du Drumont und Drumont zum Tête de Fellering. Rückweg über den Drumont zur Ferme Lochberg (gelber Punkt) durch das Ramersbachtal, Schliffels, Fellering zurück nach Seehäuser.

16 Grand Ballon, höchster Gipfel der Vogesen

Col du Haag – Grand Ballon – Lac du Ballon

Tourencharakter: Wenig anstrengende Wanderung auf blumenreichen Wiesenpfaden über den offenen Bergrücken des Grand Ballon. Auch im Sommer angenehm zu gehen.
Beste Jahreszeit: Spätes Frühjahr bis Herbst.
Reine Gehzeit: Knapp 2¾ Stunden.
Markierungen: Rotes Rechteck vom Col du Haag zum Belchenhotel, rot-weiß-rotes Rechteck vom Belchenhotel nach Gustiberg, blaues Kreuz von Gustiberg zum Lac du Ballon, rot-weiß-rotes Rechteck vom Lac du Ballon zum Col du Haag. Ausgezeichnete Beschilderung!

Dort, wo die Weinstraße langsam ausläuft, steht im Westen dominierend der Guebwiller oder Soultzer Belchen über den beiden gleichnamigen Talorten. Dieser alle anderen Gipfel des elsässisch-lothringischen Gebirges überragende Berg ist jedoch als *Grand Ballon/Großer Belchen* (1424 m) bekannt. Etwa 500 Jahre vor Christus wurde hier oben der Sonnengott Belenus, die oberste Gottheit der Kelten, verehrt, von dem der Name Belchen abgeleitet sein könnte.

Die siebte Wanderung in den Südvogesen führt uns endlich hinauf zum höchsten Gipfel dieser Bergwelt. Von seiner durch Gletscher und Erosion ziemlich abgerundeten Bergspitze hat man einen einzigartigen Panoramablick, der vom Schwarzwald über den Jura bis zu den Alpen reicht. Nordwestlich liegt die Gipfelreihe des längsten Vogesenkammes, die sich über der Route des Crêtes hinaufzieht zum Col de la Schlucht. Gegenüber im Westen beeindrucken Drumont und Ventron, zu denen wir schon gewandert sind. Noch vor uns liegt die Besteigung des Tête des Perches und des Ballon d'Alsace, die im Südwesten aufragen.

Wir erreichen den Ausgangspunkt dieser Wanderung, den *Col du Haag* (1250 m), am besten von Guebwiller an der Weinstraße durch das Tal der Lauch. Wir fahren bis zum Kreuzungspunkt le Markstein (1266 m) und dann noch 7 Kilometer südostwärts auf der aussichtsreichen Kammstraße entlang. Direkt unter dem Paß liegt in einem engen, bewaldeten Gletscherkessel auf 990 Meter Höhe der künstlich angelegte *Lac du Ballon/Belchensee*. Nach einer Legende soll er keinen Grund haben, denn alles, was in den See fällt, wird unten im Rheintal in der Nähe von Issenheim wieder angeschwemmt.

190 Meter über dem See liegt der stolze *Berghof Roedelen,* um den sich, wie bei vielen anderen traditionsreichen Vogesenhöfen auch, eine Legende rankt. Am St.-Michaels-Tag nähert sich der Geist Redle dem Gehöft mit schweren Schritten bis auf wenige Meter; noch an mehreren Tagen danach hört man dort dieses unheimliche Schlurfen, als ob jemand mit Holzschuhen über Steinplatten geht und dabei ein Bein nachzieht.

Der Wegverlauf

Diese Tour zum höchsten Vogesenberg beginnt am *Col du Haag* (1250 m). Direkt an der großen Kreuzung der Paßstraßen stehen ausführliche Hinweistafeln für Wanderer. Wir gehen in südöstlicher Richtung auf einem Wiesenpfad (rot-weiß-rotes Rechteck), zunächst einige Minuten rechts von der Route des Crêtes, bis wir uns an einer Weggabelung für den bequemeren Weg entscheiden, der wieder rechts abzweigt. Nun wandern wir um den Südhang des Bergmassivs und steigen dann durch die blühenden Wiesen voll Nelken, Arnika und Fingerhut den Hang hinauf, vorbei am Monument des Diables Bleus zum Gipfel des *Grand Ballon* (1424 m) und genießen die herrliche Rundumsicht auf die ausgedehnte Gebirgslandschaft der Vogesen. Der wesentlich kürzere Abstieg führt auf einem breiten Weg (rot-weiß-rotes Rechteck) hinab zum *Belchenhotel* (1350 m). Jetzt schon stärkungsbedürftige Wanderer werden hier durch eine zum Hotel gehörige Schenke versorgt.

Ab dem Hotel laufen wir etwa 300 Meter auf der Kammstraße Richtung Norden leicht abwärts, bis wir an der großen Kurve den Einstieg in einen Weg in Richtung Roedelen (rot-weiß-rotes Rechteck) finden. Wir wandern nun bergab, westlich um den Judenhut herum und sind in etwa 20 Minuten an der *Ferme-Auberge Roedelen* (1180 m), wo man sich stärken und etwas erholen kann. Dann geht's wieder hinab durch die Bergwiesen, bei einem rechts hereinkommenden Weg geradeaus weiter. Wir durchqueren einen Tannenwald, an dessen Ende wir die Feriensiedlung *Gustiberg* (977 m) liegen sehen. Auf einem angenehmen Fahrweg (blaues Kreuz) gelangen wir jetzt in einer knappen halben Stunde zum *Lac du Ballon/Belchensee.*

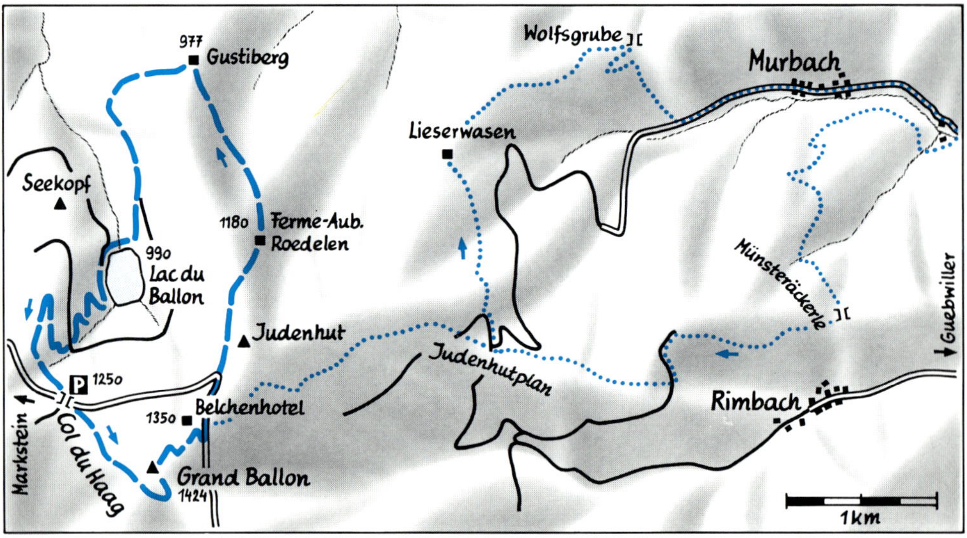

Hier, am Col du Haag (1250 m), teilen sich die Wanderwege zum Lac du Ballon und Grand Ballon. Im Hintergrund die höchste Erhebung der Vogesen, der Große Belchen (1424 m).

Dort angekommen, biegen wir rechts ab, gehen zuerst am Nord- und dann am Westufer des Bergsees entlang, bis wir kurz vor seinem Ende auf der rechten Seite den Einstieg in einen Bergpfad (rot-weiß-rotes Rechteck) finden. Hier steigen wir durch den Wald im Zickzack steil bergauf, überqueren auf halber Höhe eine Forststraße und setzen den Serpentinenweg weiter aufwärts fort. Nach etwa 40 Minuten stoßen wir auf einen schmalen Weg, der vom Seekopf herabkommt, dort müssen wir scharf links herum. Wir bleiben nun ständig in südlicher Richtung, halten uns auch an den beiden folgenden Weggabelungen geradeaus und sind in einer Viertelstunde wieder oben am Ausgangspunkt, dem *Col du Haag* (1250 m).

Nützliche Informationen

Ausgangspunkt: *Col du Haag* an der Route des Crêtes (1250 m).
Anfahrt: Von Murbach über Buhl, Lautenbach, Sengern auf der D 430 nach Markstein und auf der Route des Crêtes südöstlich zum Col du Haag. Anreise von Thann auf der N 66 nach Willer und dort rechts ab in die D 13 über Goldbach auf die Route des Crêtes und nordöstlich weiter bis zum Col du Haag. Nächste Bahnstation ist Cernay auf der Strecke Mulhouse–Colmar. Busverbindungen zum Grand Ballon von Cernay und Guebwiller.
Parkplatz: Am Col du Haag auf der Route des Crêtes.
Gehzeiten: Insgesamt 2¾ Std.; Col du Haag – Grand Ballon: 30 Min. – Belchenhotel: 10 Min. – Ferme-Auberge Roedelen: 20 Min. – Auberge Gustiberg: 20 Min. – Lac du Ballon: 30 Min. – Col du Haag: 55 Min.
Länge der Tour: 8 km.
Höhendifferenzen: Aufstieg: Col du Haag – Grand Ballon: 174 m; Abstieg: Grand Ballon – Auberge Gustiberg: 447 m; Aufstieg: Auberge Gustiberg – Col du Haag: 273 m.
Übernachtungsmöglichkeiten: Am *Grand Ballon* Hôtel Goldenmatt, in *Murbach* Domaine Langmatt oder in *Thann* Hôtel Kléber.

Einkehrmöglichkeiten: Unterwegs Belchenhotel, Ferme-Auberge Roedelen, Auberge Gustiberg und Restaurant Goldenmatt, in *Murbach* Restaurant Domaine Langmatt oder in *Thann* Restaurant Kléber.
Karte: Carte des Vosges 1:50000, Thann, Guebwiller.
Variante: Aufstieg von Murbach über Münsteräckerle, Judenhutplan, Belchenhotel zum Belchengipfel in 3½ Std. Abstieg über Judenhutplan, Lieserwasen, Wolfsgrube nach Murbach in 2½ Std.

17 Vom Rotwasen zum Sternsee

Rouge Gazon – Lac des Perches – Vert Gazon

Tourencharakter: Kurze Bergwanderung im südwestlichen Elsaß. Schmale Hangwege durch den Riesenwald unter dem Tête des Perches. Der steile, steinige Abstieg zum Sternsee erfordert gute Bergschuhe mit griffigen Sohlen.
Beste Jahreszeit: Frühsommer bis Herbst.
Reine Gehzeit: Knapp 1½ Stunden.
Markierungen: Blaues Rechteck vom Parkplatz zum Sternsee, rot-weiß-rotes Rechteck vom Col du Sternsee über Vert Gazon zurück zum Rouge Gazon.

Bei unserer vorletzten Tour in den Süd- oder Hochvogesen besuchen wir den schönsten See dieses Gebirges, den *Lac des Perches/ Sternsee* (984 m). In seinem blau-grünen Wasser spiegeln sich Bäume und Berge. Seinen Zauber kann man erst voll spüren, wenn man zu ihm hinuntersteigt. Der Sternsee ist umgeben von der Hohen Bers (1249 m), der Mittleren Bers (1120 m) und der Unteren Bers (895 m). Von ihnen erhielt er seinen Namen, der sich im Laufe der Zeit von Lac de Bers in Lac de la Perche und schließlich in Lac des Perches wandelte. Das in einem Gletscherkessel liegende Gewässer, das 4,5 Hektar groß und 17 Meter tief ist, entstand schon im 16. Jahrhundert durch Errichtung einer Staumauer. Der See faßt durchschnittlich 500000 Kubikmeter Wasser, das von Bergwerksbetrieben genutzt wurde und nach Auflösung der Hütten bis 1960 einer Textilfabrik zugute kam.

Ausgangspunkt dieser beeindruckenden Wanderung ist der Rouge Gazon. Mit diesem Namen soll an die Schlacht von 1648 erinnert werden, die der Marschall Turenne hier schlagen ließ, als er die Vogesen überschritt. Die Kämpfe waren so heftig, daß sich die Weideflächen mit Blut rot färbten.

Der Wegverlauf

Vom *Chaume du Rouge Gazon/Rotwasen* (1071 m) nehmen wir den schmalen Waldweg (blaues Rechteck) in Richtung Sternsee. Wir wandern einen schmäler werdenden Hangpfad, durch großartigen Hochwald, über einige Felsplatten, völlig eben und problemlos in gut 20 Minuten hinüber zum *Col du Sternsee* (1070). Hier kreuzen sich mehrere Wege. Wir folgen dem breiteren, sandigen Waldweg, der sehr steil abwärts führt. Nach wenigen Minuten sieht man schon den blaugrünen See durchs Geäst, und schnell sind die Strapazen des Abstiegs vergessen. Unten angekommen, gehen wir links noch einige Minuten über dem *Lac des Perches* (984 m) weiter. Wir überqueren die Staumauer und kommen drüben zu einer großen Informationstafel, die über mögliche Wanderziele und den See informiert. Bevor wir uns auf gleichem Weg zurück zum *Col du Sternsee* (1070 m) begeben, genießen wir die Schönheit des Berggewässers.

Nun nehmen wir den mittleren Weg in nordwestlicher Richtung (rot-weiß-rotes Rechteck), der uns in einer guten Viertelstunde hinab zum *Vert Gazon* (830 m) bringt. Wo sich die einstigen Viehweiden befanden, wachsen heute Bäume, die alte Grünwasensennerei wird nicht mehr betrieben. Durch den lichten Wald sehen wir eine Berghütte, hoch darüber liegt der Rimbachkopf (1195 m). Hier nimmt uns halbrechts ein fast alpiner Pfad auf, der in vielen Windungen durch den Osthang des Rouge Gazon über Schuttkare, vorbei an verwitterten Tannen, steil bergan führt. Schon nach 20 Minuten biegen wir wieder auf den Waldsteig ein, den wir vom Herweg kennen, und sind bald am Aus-

Der blau-grüne Sternsee (984 m) liegt in einem Kessel, den drei Berge bilden. Ihm wird nachgesagt, er sei der schönste aller Vogesenseen.

gangspunkt, dem *Chaume du Rouge Gazon* (1071 m). Bevor wir wieder ins Moseltal hinabfahren, lädt uns der große Berggasthof mit guter Küche und Aussichtsterrasse noch etwas zum Verweilen ein. Vom Rotwasen sehen wir im Südwesten den Ballon d'Alsace liegen: er ist das Ziel unserer nächsten Tour.

Nützliche Informationen

Ausgangspunkt: Hôtel Restaurant *Chaume du Rouge Gazon* (1071 m).
Anfahrt: Von Thann 31 Kilometer auf der N 66 über St.-Amarin, Ranspach, Col de Bussang nach St.-Maurice-sur-Moselle (Lothringen). Von dort fahren wir links ab über les Charbonniers auf sehr gut ausgebauter Bergstraße hinauf zum Chaume du Rouge Gazon. Busverbindung der Gesellschaft STR von Thann nach Mollau.
Parkplatz: Viele Abstellplätze am Chaume du Rouge Gazon.
Gehzeiten: Insgesamt 1½ Std.; Chaume du Rouge Gazon – Col du Sternsee: 20 Min. – Lac des Perches: 15 Min. – Col du Sternsee: 20 Min. – Vert Gazon: 15 Min. – Chaume du Rouge Gazon: 20 Min.
Länge der Tour: 3 km.
Höhendifferenzen: Col du Sternsee – Sternsee: 86 m; Abstieg: Col du Sternsee – Vert Gazon: 240 m; Aufstieg: Vert Gazon – Chaume du Rouge Gazon: 241 m.
Übernachtungsmöglichkeit: In *Thann* Hôtel Kléber.

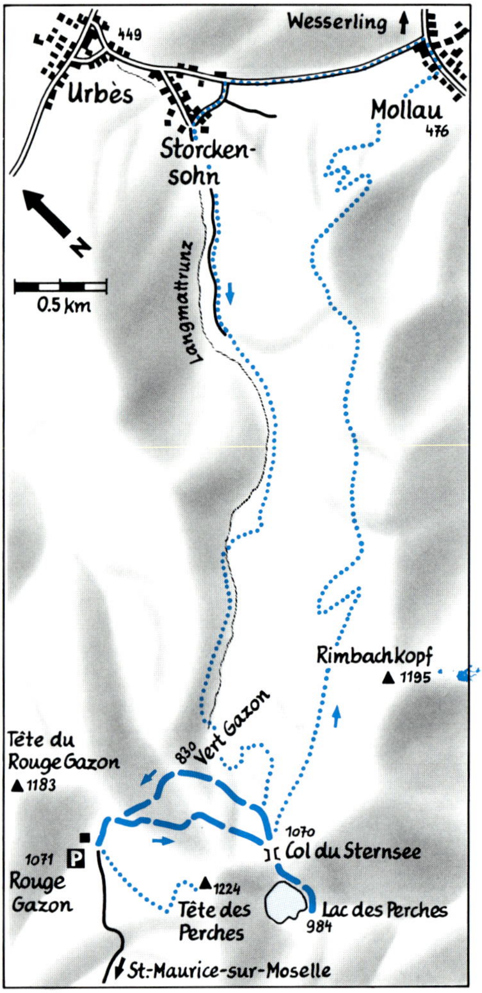

Einkehrmöglichkeiten: Unterwegs Bergrestaurant Chaume du Rouge Gazon oder in *Thann* Restaurant Kléber.
Karte: Carte des Vosges 1:50000, Thann, Guebwiller.
Zusatzmöglichkeit: Aufstieg vom Rouge Gazon auf den Tête des Perches (1224 m) mit schöner Aussicht. Für den Hin- und Rückweg benötigt man eine Dreiviertelstunde.
Variante: Anfahrt von Thann über St.-Amarin und Husseren/Wesserling nach Mollau. Rundtour von Mollau (476 m) in knapp 4 Stunden zum Sternsee. Aufstieg über Storckensohn, Vert Gazon zum Sternsee. Rückweg über Rimbachkopf nach Mollau.

18 Auf den Elsässer Belchen

Lac d'Alfeld – Grand Langenberg – Ballon d'Alsace – Cascade d'Alfeld

Tourencharakter: Unschwierige Bergwanderung durch Wälder mit reicher Bergflora. Feuchte Wege und steile Pfade erfordern Bergstiefel mit Profilsohlen.
Beste Jahreszeit: Sommer.
Reine Gehzeit: 3¾ Stunden.
Markierungen: Roter Punkt vom Lac d'Alfeld bis Abzweigung Langenberg, rot-weiß-rotes Rechteck zum Hôtel du Ballon, dann rotes Rechteck zum Col du Rundkopf, rotes X zum Lac d'Alfeld.

Die letzte Tour in den Südvogesen führt in den Südwesten des Elsaß, auf den *Ballon d'Alsace/Elsässer Belchen* (1247 m). Hier befindet sich das Grenzdreieck zwischen Elsaß, Lothringen und dem Territoire-de-Belfort, das einzige französische Gebiet, das keine Départment-Bezeichnung hat. Der Elsässer Belchen, der auch Welscher Belchen genannt wird, ist zwar niedriger als der Grand Ballon, übertrifft seinen großen Bruder aber ohne Frage an landschaftlicher Schönheit. Der Name Ballon wird übrigens von dem keltischen Wort Bal abgeleitet, was soviel wie Bergspitze bedeutet. Auf diesem Berg wird der Wanderer von der großartigen Gipfelschau überwältigt, die im Westen bis weit ins Lothringische und im Süden bis zu den Bergketten der Haute Saône reicht. Vom Gipfel hat man vor allem im Osten einen imposanten Ausblick hinunter in das Dollertal zum Sewensee. Am Ballon d'Alsace finden wir eine reiche Flora vor, dort wächst unter anderem der Gelbe Enzian *(Gentiana Lutea)*, aus dessen bis zu einem Meter langen Wurzeln der klare Schnaps gewonnen wird. Die geschützte Pflanze benötigt zehn Jahre, bis sie das erste Mal zum Blühen kommt.

Vom höchsten Punkt der Route Joffre, dem Hundsrücksattel (748 m), ein weitschweifender Blick zurück gegen das Thurtal.

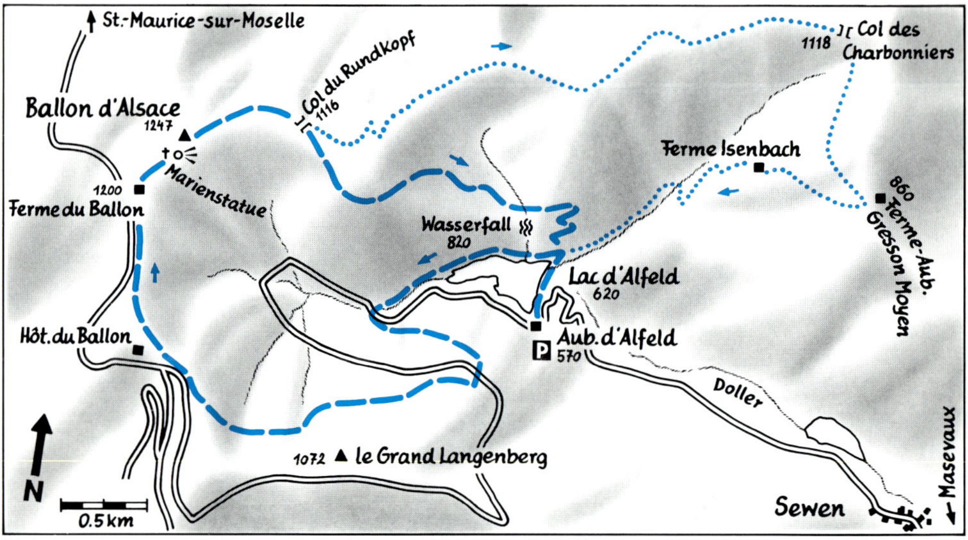

Das Bergmassiv des Elsässer Belchen ist ein Quellgebiet von großer Ergiebigkeit. Hier entspringen die Savoureuse, die Prelle und ein Dutzend Bäche, die die Mosel und den Alfeldsee speisen. Der reizvolle *Lac d'Alfeld/ Alfeldsee* (620 m), der am Auslauf des Dollertales unter den mächtigen Abhängen des Ballonmassivs liegt, gilt als einer der schönsten Vogesenseen. Mit 9,2 Hektar Wasseroberfläche und 22 Meter Tiefe ist der Alfeldsee ein Gewässer mittlerer Größe, das der riesige Gletscher schuf, der einst bis Kirchberg vordrang. Bei der Fahrt vom Lac Sewen zum Lac d'Alfeld kommt man über einen großen Moränenhügel, den dieser Eisriese zurückließ. Der Lac d'Alfeld ist einer der größten Wasserspeicher im südlichen Elsaß, seine Hauptaufgabe aber ist die Regulierung des Wasserstandes der Doller.

Der Wegverlauf

Vom Parkplatz an der *Auberge d'Alfeld* (570 m) gehen wir in wenigen Minuten hinauf zum südlichen Ende des Sees. Bereits von hier aus haben wir einen traumhaft schönen Blick auf den *Lac d'Alfeld* (620 m). Vor uns liegt der 337 Meter lange Staudamm, über den wir nun ans andere Seeufer gehen. Ein kleiner Obelisk am Weg erinnert an die Bauzeit (1884–1887) der Staumauer. Drüben halten wir uns links (roter Punkt), wandern nun auf einem romantischen Pfad über Felsen und Brücklein bis zur nordwestlichen Ekke des Sees. Dann gehen wir ein Stückchen die Doller entlang, überqueren die Straße, schwenken links ein und halten uns auch an der nächsten Weggabelung noch geradeaus. Der Pfad steigt nun immer stärker an, bis wir bald wieder auf die Autostraße stoßen, die hinauf zum Ballon führt. Nach Überquerung der Bergstraße gelangen wir auf den von Sewen heraufkommenden Hangweg (rot-weißrotes Rechteck). Wir biegen rechts ab und steigen nochmals 50 Meter höher hinauf, bis der Fußpfad allmählich eben wird und uns nach insgesamt 1¼ Stunden zum *Grand Langenberg* (1072 m) bringt.

Jetzt haben wir die größte Steigung überwunden und wandern (rotes Rechteck) gemächlich hinüber zum *Hôtel du Ballon*, wo die von Belfort und vom Dollertal heraufkommenden Autostraßen zusammengeführt werden. Nun noch etwas ansteigend, sind wir bald oben an dem offenen Höhenrücken, der unter dem Elsässer Belchen entlangläuft. Wiesenwege führen neben der Fahrstraße zur *Ferme du Ballon* (1200 m), hinter der bei der großen Wandertafel der Pfad zum Belchengipfel beginnt. Wir steigen zuerst zur *Vierge du Ballon* (rotes Rechteck) hoch, wo eine großartige Aussicht auf das Tal der Doller und den Sewensee geboten wird. Dann gehen wir nordwestlich hinüber zum Gipfel

Blühende Wiesen am Weg zum Elsässer Belchen.

des *Ballon d'Alsace* (1247 m). Bis jetzt haben wir insgesamt gut 2 Stunden gebraucht.

Nördlich der Marienstatue führt ein alpiner Pfad (rotes Rechteck) hinab zum Rundkopfsattel mit nochmals herrlicher Sicht auf das Tal des Ruisseau des Charbonniers, einem Seitental der Mosel. Am *Col du Rundkopf*, südlich des gleichnamigen Berges (1116 m), steht wieder eine Wegweisertafel, bei der wir entscheiden müssen, ob wir schnell und steil oder gemütlich, aber etwas länger hinab zum Alfeldsee wandern wollen. Welchen Weg wir auch wählen, wir laufen nun auf feuchten Pfaden durch das Quellgebiet des Belchenmassivs. Der reguläre Wegverlauf *»Sewen par Lac d'Alfeld«* sieht den kürzeren Weg vor (rotes X), der in östlicher Richtung in 25 Minuten zur *Cascade d'Alfeld* (820 m) führt, dann folgt das letzte Steilstück im Zickzack hinab zum See. Erst ziemlich weit unten erblicken wir durch die Bäume den *Lac d'Alfeld* (620 m), den wir nach einer guten halben Stunde erreichen. Drunten gehen wir wieder über den Staudamm zum Ausgangspunkt, dem Parkplatz an der *Auberge d'Alfeld* (570 m), zurück.

Nützliche Informationen

Ausgangspunkt: *Lac d'Alfeld* (620).
Anfahrt: Von Thann auf der N 66 bis Bitschwiller, dann links ab in die Route Joffre (D 14) über den Col du Hundsrück (748 m) nach Masevaux/Masmünster, dort auf die D 466 und in nordwestlicher Richtung durch das Tal der Doller und Sewen zum Lac d'Alfeld.

Von Cernay fährt eine nostalgische Bahn nach Sentheim im Dollertal. Nächste Bahnstation ist St.-Maurice-sur-Moselle. Zum Ballon d'Alsace gibt es aber auch eine Busverbindung.
Parkplatz: Zahlreiche Autoabstellplätze in der Nähe der Auberge d'Alfeld.
Gehzeit: Insgesamt 3¾ Std.; Parkplatz Auberge d'Alfeld – Lac d'Alfeld: 10 Min. – Grand Langenberg: 1 Std. 5 Min. – Ferme du Ballon: 35 Min. – Ballon d'Alsace: 15 Min. – Col du Rundkopf: 25 Min. – Cascade d'Alfeld: 25 Min. – Lac d'Alfeld: 40 Min. – Auberge d'Alfeld: 10 Min.
Länge der Tour: 9,4 km.
Höhendifferenzen: Aufstiege: Lac d'Alfeld – Grand Langenberg: 450 m, Grand Langenberg – Ballon d'Alsace: 175 m; Abstiege: Ballon d'Alsace – Col du Rundkopf: 130 m, Col du Rundkopf – Lac d'Alfeld: 500 m.
Übernachtungsmöglichkeiten: In *Thann* Hôtel Kléber.
Einkehrmöglichkeiten: Unterwegs am Ballon d'Alsace zwei Bergrestaurants, in *Sewen* Restaurant Au Relais des Lacs oder in *Thann* Restaurant Kléber.
Karten: Carte des Vosges 1:50000, Thann, Guebwiller.
Sehenswürdigkeiten: In *Sewen* Wallfahrtskirche mit Turm aus dem 13. Jahrhundert und stark verändertem Mittelschiff aus dem 15. Jahrhundert. Der Altar von P. Sayer und die gotische Sakramentsnische sind beachtenswert. In *Kirchberg* auf einer Anhöhe romanische Kirche.
Variante: Wer den steilen Abstieg zum Lac d'Alfeld scheut, geht vom Col du Rundkopf auf der kleinen Hochstraße des hinteren Sewentales (rotes Rechteck) in einer Stunde hinüber zum Col des Charbonniers (1118 m). Von dort (blaues Kreuz) in 20 Minuten hinunter zur Ferme-Auberge Gresson Moyen (860 m) und über Ferme Isenbach in einer Dreiviertelstunde zum Lac d'Alfeld. Die gesamte Wegstrecke verlängert sich dabei auf 13,2 km und die Gehzeit auf 4½ Std.

Itterswiller, an einem Hang über Andlau gelegen, ist ein schmuckes Dorf an der Nördlichen Weinstraße.

Restaurant

Unterelsaß (Bas-Rhin)

Das historische Land Elsaß ist heute in zwei Verwaltungseinheiten aufgeteilt. Die nördliche Landeshälfte, das *Unterelsaß,* entspricht dem *Département Bas-Rhin* mit der Hauptstadt *Strasbourg/Straßburg.* Die südliche Grenze zum Oberelsaß ist der Landgraben, der sich hinter Schlettstadt an der Hohkönigsburg vorbei zum Col de Saales hinaufzieht. Der oberste Vogesenkamm, der im Unterelsaß bis nach Saverne/Zabern reicht, bildet die Begrenzung zu Lothringen. Von dort greift die Grenzlinie über die Vogesen hinaus ins Buckelige Elsaß weit nach Westen bis ins Tal der Sarre/Saar hinüber. Östlich ist das Unterelsaß vom Rhein und im Norden von der Pfalz begrenzt.

Den gewichtigsten Platz nimmt in diesem Landesteil selbstverständlich die Europastadt Straßburg ein, in der viele Sehenswürdigkeiten und Kunstschätze zu bewundern sind, die überragende Bedeutung für das ganze Abendland haben.

Ganz unten in *Sélestat/Schlettstadt* sind es gleich zwei bedeutende Bauwerke, die zur Besichtigung einladen. Zum einen die großartige romanische Kirche Ste.-Foy, die Ende des 12. Jahrhunderts erbaut wurde, und zum anderen das mehr als ebenbürtige Gotteshaus St.-Georges, das zwischen dem 13. und 15. Jahrhundert entstand. Vor allem der spätgotische Chor der gewaltigen, dem heiligen Georg geweihten Kirche und die drei im ursprünglichen Zustand erhaltenen Fenster beeindrucken den Kunstfreund. Peter Hemmel aus Andlau schuf 1470 das erste Südfenster mit der Agneslegende; die ältesten Scheiben mit der Helenensage (1420) stammen von einem Ulmer Meister.

Ebenso bedeutend ist das frühgotische Münster St.-Pierre-et-St.-Paul (1262–1293) in *Wissembourg/Weißenburg.* Von der romanischen Kirche der im 7. Jahrhundert gegründeten Benediktinerabtei ist nur noch der Westturm erhalten. Der unvollendete gotische Kreuzgang an der Nordseite gilt als schönster des ganzen Rheintals. In der romantischen Altstadt an der Lauter datiert das älteste der sehenswerten Fachwerkhäuser in das Jahr 1484 zurück.

Fast ebenbürtig erhebt sich in *Andlau* die Abteikirche des hier schon 880 von Richardis, der Gemahlin Kaiser Karls des Dicken, gegründeten Klosters. Der älteste Teil des romanischen Gotteshauses ist die Krypta aus dem 11. Jahrhundert. Beachtung sollte vor allem der romanische Figurenfries über dem Westportal finden.

Ein weiteres Kleinod des Elsaß steht in *Rosheim*: es ist die Basilika St. Peter und Paul aus dem 12. Jahrhundert mit schönem Portal, figürlichen Säulenkapitellen und interessanten Dachreitern. Eine seltsame Form hat die dreischiffige Basilika Dompeter bei *Avolsheim,* die 1049 zu Ehren des Papstes Leo IX. gebaut wurde. Die einzige bedeutende Barockkirche im Elsaß gehört zur Benediktinerabtei von *Ebersmünster,* die 1725 von dem Österreicher Peter Thumb errichtet wurde.

Auch profane Kunstwerke besonderer Art, wie die alten Ziehbrunnen, die auch *Sechseimerbrunnen* genannt werden, begegnen uns bei der Reise durch das Unterelsaß. Drei schöne Säulen mit sehenswertem Aufsatz in filigraner Sandsteinarbeit sind das Besondere daran. Die schönsten sind in Rosheim, in Boersch und in Obernai zu besichtigen.

Der Ort *Molsheim,* der das Breuschtal öffnet, hat ebenfalls ein großartiges profanes Bauwerk: es ist die Alte Metzig von 1554, ein ehemaliges Zunftgebäude der Metzgerinnung, das auf dem Marktplatz der Stadt dominiert.

Mitten im Unterelsaß liegt an der Zaberner Steige, jenem Durchlaß der Vogesen, der von altersher die kürzeste Verbindung zu Zentralfrankreich war, die alte Stadt *Saverne/Zabern.* Dort erwartet den Besucher der prachtvolle Rohan-Palast, der anstelle des alten Fürstenbergschlosses (1779) von dem Architekten Salins de Montfort für den Kardinal Louis-René von Rohan Guéménée erbaut worden ist. In der malerischen Altstadt Zaberns dominiert das weltberühmte Haus Katz.

Ganz in der Nähe liegt das 1090 errichtete Schloß Hohbarr, das wegen seiner prächtigen Aussicht »Auge des Elsaß« genannt wird. Am Ende des Dreißigjährigen Krieges (1648), als das Elsaß im Westfälischen Frieden an Frankreich angeschlossen wurde, stand der Sonnenkönig Ludwig XIV. auf den Höhen Saverns, betrachtete sein neu hinzugekommenes Land und rief aus: »Welch herrlicher Garten.« Treffender kann die Schönheit dieses Gebietes wohl nicht gerühmt werden.

Nicht unerwähnt bleiben dürfen die beiden größten Landesheiligtümer des Elsaß, die auf den Bergen der heiligen Odilia und des Papstes Leo IX. stehen. Den *Mont-Ste.-Odile/Odilienberg* (764 m) findet man westlich von Barr und Ottrott. Um 700 gründete Odilia, die blindgeborene Tochter des Herzogs Eticho, die erst bei der Taufe ihr Augenlicht gewann, hier oben auf der einstigen Hohenburg ein Kloster, das bis heute als Wallfahrtsort berühmt ist.

Ebenso bekannt ist das exakt im Westen von Straßburg liegende *Dabo/Dagsburg,* wo auf dem Rocher de Dabo (650 m) heute anstelle der früheren Burg die Kapelle des heiligen Leo IX. (1002–54) steht.

Es ist die landschaftliche Schönheit des Unterelsaß, die neben dem Kunstreichtum den Besucher so fasziniert. Ein Naturschutzgebiet von einzigartiger Schönheit ist der *Naturpark Nordvogesen.* Im Zentrum dieser wald- und wasserreichen Landschaft liegt auf einem Hügel das Städtchen La Petite-Pierre, das alte Lützelstein. Die wesentlich niedrigeren Nordvogesen übertreffen dafür mancher-

Auf dem Marktplatz in Rosheim steht dieser schöne Sechseimerbrunnen von 1605 mit schwungvollem dreiseitigen Aufsatz.

Im spätgotischen Chor der Kathedrale St. Georg in Schlettstadt sind noch drei der außergewöhnlichen gotischen Fenster mit der Katharinen-, Helenen- und Agnes-Legende erhalten (1420–1470).

orts die Südvogesen an landschaftlichem Reiz. Der Buntsandstein dieses nördlichen Gebirges war Lieferant für das Baumaterial vieler Schlösser und Kirchen. Von den weit über 500 Burgen dieses Landes liegen die meisten im Unterelsaß.

Entlang der nördlichen Grenze zieht westlich Weißenburg und Lembach die *Route des Châteaux (Burgenstraße)* durch den Naturpark der Nordvogesen. Dort liegen auf hohen Felsen geschichtsträchtige Schloßruinen, wie Fleckenstein und Wasigenstein. Weiter durch den Nordpark nach Südwesten stoßen wir auf Windstein, Falkenstein und Wasenbourg sowie die Festung Lichtenberg aus dem 13. Jahrhundert, die als Inbegriff einer Burg gelten kann. Aus dem Adelsgeschlecht der Lichtenberger gingen allein drei Straßburger Bischöfe hervor. Noch weiter südlich liegen Greifenstein, Geroldseck, Nideck, Andlau, Hageneck und Landsberg.

Cleebourg, in der Nähe von Weißenburg, ist das nordöstlichste Weinbaugebiet des Elsaß. Nur wenige Kilometer südlich davon kommt man zu den Dörfern Seebach und Hunspach mit den besterhaltenen Fachwerkhäusern des Landes. Bei Marlenheim, südlich von Saverne, beginnt die Weinstraße mit zahlreichen hübschen Städtchen und Dörfern sowie interessanten Burgen. Die nördliche Weinstraße des Unterelsaß erschließt wunderschöne Täler, die in die Nordvogesen hinaufführen. So gelangt man von Molsheim ins Tal der Breusch, von Obernai ins Tal der Ehn oder von Châtenois ins Val-de-Villé. Die Wandergebiete im Unterelsaß liegen im Bereich der Nördlichen Weinstraße und ihren Seitentälern, in den Nordvogesen selbst sowie im Naturpark Nordvogesen. Aus jedem dieser Gebiete wurden die schönsten Touren ausgewählt, die nachfolgend vorgestellt werden.

19 Die Europastadt Straßburg

Eine Stadtführung

Straßburg, Hauptstadt des Département Bas-Rhin/Unterelsaß, ist seit Jahrhunderten kultureller und wirtschaftlicher Mittelpunkt dieses oberrheinischen Landes. Seit Mai 1949 hat sich der Europarat hier niedergelassen, dann kamen das Europäische Parlament und der Europäische Gerichtshof hinzu. Straßburg ist Universitäts-, Kongreß- und Bischofsstadt, besitzt angesehene Theater, das reizvolle Inselviertel, wo früher die Gerber, Fischer und Müller werkelten, und wird beherrscht vom berühmten Münster, dem Wahrzeichen der Stadt.

Geographisch liegt Straßburg in der elsässischen Tiefebene am Zusammenfluß von Bruche, Ill, Rhein-Marne- und Rhein-Rhône-Kanal. Um in die Anfänge der Straßburger

Hervorstechende Details der Westfassade des Straßburger Münsters (1277–1298) sind die von Meister Erwin von Steinbach ausgeführte Portalzone und die filigrane Fensterrose mit einem Durchmesser von 15 Metern.

Geschichte zu kommen, muß man wohl bis in die Jungsteinzeit zurückgehen. Man nimmt an, daß auf der Insel zwischen den beiden Armen der Ill, wo heute die Altstadt liegt, ein kleines Fischerdorf existierte, dessen Bewohner germanische Triboker waren. Danach folgte eine keltische Besiedlung, bis der römische Kaiser Augustus um 12 n. Chr. das *Castrum Argentoratum* als Militärbasis aufbauen ließ. Nachdem die Römer im Jahre 407 dieses Gebiet verlassen hatten, zerstörten Attilas Hunnen 451 den Ort völlig. Unter dem merowingischen König Chlodwig (466–511) wurde die Stadt neu aufgebaut. Mitte des 4. Jahrhunderts wird der heilige Amandus erster Bischof von Straßburg. Der heutige Name ist von *Strateburgum* (Ort an der Straße) abgeleitet. Von 962 bis 1681 ge-

Die zwei Türme zwischen den Illbrücken gehörten zu Straßburgs Stadtbefestigung im 14. Jahrhundert.

hörte die Stadt zum Heiligen Römischen Reich Deutscher Nation. 1205 wird Straßburg freie Reichsstadt, gelangt im Mittelalter zu großem Wohlstand und ist gegen Ende des 16. Jahrhunderts eine blühende Stadt. 1434 lebte Johannes Gutenberg in Straßburg und entwickelte hier das Verfahren des Buchdrucks. 1697 marschierten die Truppen Ludwigs XIV. in der Stadt ein, Vauban errichtet die neuen Befestigungsanlagen und Kardinal Rohan baut seinen prachtvollen bischöflichen Palast. Als die Französische Revolution ausbricht, steht Straßburg in Flammen. 1792 wude hier zum ersten Mal die Marseillaise gesungen. 1870 wird es nach fünfzigtägiger Belagerung von den Deutschen zurückerobert. Zerstörte Stadtviertel baute man im Stil deutscher Städte wieder auf. Nach dem Ersten Weltkrieg kehrten die Franzosen zurück.

Stadtrundgang

Straßburg ist eine Stadt mit besonderem Charme, der zum einen aus der geografischen Lage an mehreren Flüssen kommt, zum anderen aus seiner langen Geschichte, die an der Stadtarchitektur abzulesen ist. Begeben wir uns auf die Entdeckung dieser einzigartigen Stadt. Das weithin sichtbare und berühmte Münster ist eine der schönsten Schöpfungen abendländischer Baukunst: dort wollen wir den Rundgang beginnen. Der ideale Parkplatz dafür ist die Tiefgarage am *Gutenbergplatz* in unmittelbarer Nähe des Münsters. Wir gehen durch die Rue Mercière direkt auf die Kathedrale zu, sehen beim Anmarsch nur einen Ausschnitt des riesigen Gebäudes und erst beim Näherkommen die herrliche Westfassade.

Der Bau der *Cathédrale Notre-Dame/Kathedrale Unserer Lieben Frau* **(1)** wurde 1015 durch Bischof Wernher von Habsburg eingeleitet. Von diesem romanischen Kirchenbau sind die Krypta, der Chor und das Querschiff mit dem Südportal erhalten geblieben. Nach mehreren Bränden begann man 1176 mit der Erneuerung des Münsters. 1277 veranlaßte Bischof Konrad von Lichtenberg den Bau der *Westfassade,* die Erwin von Steinbach von 1284 bis 1298 ausführte. Das Besondere an dieser Fassade, die im Stil französischer Kathedralen gegliedert ist, sind die Portalzonen und die Fensterrose mit 15 Metern Durchmesser. Das Mittelportal mit doppeltem

Wimperg ist am reichsten geschmückt. An beiden Seiten dominieren fast lebensgroße Propheten und Sibyllen. Berühmt sind im rechten Seitenportal die »Törichten Jungfrauen«, denen der Verführer einen Apfel anbietet. Ulrich Ensinger aus Ulm begann 1399 mit dem Bau des Nordturmes, der 1439 durch Johannes Hültz aus Köln fertiggestellt wurde. Der 142 Meter hohe Kirchturm war bis zum 19. Jahrhundert der höchste Europas. Wer sich die Mühe macht, den Turm zu ersteigen (328 Stufen), dem liegt die Stadt zu Füßen. Die Aussicht reicht vom Schwarzwald über die Vogesen bis zu den Alpen.

Das Innere des Münsters ist 103 Meter lang und 32 Meter hoch. Farbenprächtige *Glasmalereien* aus dem 12. bis 14. Jahrhundert geben dem Kirchenraum seine besondere Wirkung. Die Salvatorscheiben (um 1200) im nördlichen Querschiff sind die ältesten der Fenster. Das Gewölbe der südlichen Querhalle ruht auf dem *Engelspfeiler* (1220–30), der auch Weltgerichtspfeiler genannt wird und von dem Ekklesia-Meister aus Chartres geschaffen wurde. Gleich daneben die *Astronomische Uhr,* eine der beliebtesten Sehenswürdigkeiten des Münsters. Sehr interessant sind auch die phantasievollen figürlichen Darstellungen der Kapitelle in der Krypta.

Nach Besichtigung des Münsters beginnen wir mit dem Stadtrundgang. Wenn wir vor der Westfassade des Münsters stehen, fällt uns linker Hand ein schwarzes, reichgeschnitztes Fachwerkhaus auf: es ist das *Haus Kammerzell* **(2)** von 1589. Über einem älteren Laubengeschoß liegen drei vorkragende Stockwerke, deren Pfosten reich geschnitzt sind. Westlich des Münsters mehrere interessante Bürgerhäuser, darunter die sehr alte *Pharmacie du Cerf/Hirschapotheke* **(3)**, die

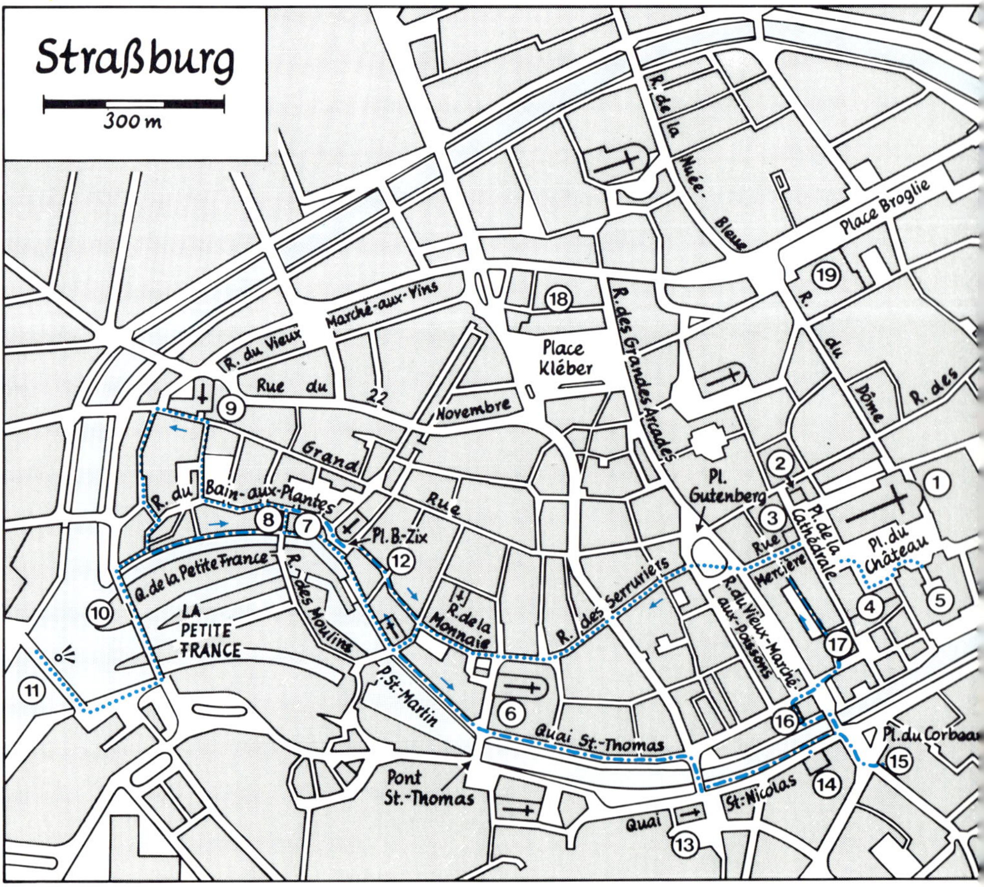

seit 1268 besteht. Das heutige Gebäude ist allerdings ein Bau von 1567. Wir gehen nun auf die Südseite des Münsters zur Place du Château, wo wir das rundbogige Doppelportal der Kathedrale (um 1230) bewundern können, zu seiten der beiden Einlässe die Ekklesia und die Synagoge, in der Mitte König Salomo, darüber Christus mit der Weltkugel.

Auf der linken Seite Haus Nummer 3, Place du Château, das *Musée de l'Œuvre Notre-Dame/Frauenhausmuseum* **(4)**, das in zwei parallelen Giebelhäusern untergebracht ist. Im östlichen Gebäude mit gotischem Treppengiebel von 1347 war einst die Münsterbauhütte einquartiert. Das westliche Haus mit geschwungenem Giebel und Treppenturm (1578–85) ist ein Fachwerkhaus des früheren Gasthofes zum Hirschen. Das Museum beherbergt unter anderem wertvolle Zeugnisse oberrheinischer Kunst des Mittelalters und der Renaissance, wie vorromanische Skulpturen, die Säulen der Burg von Guirbaden, Kreuzgangflügel, das Kaiserfenster (um 1200) und Fenster von St. Thomas und dem Münster (13. Jahrhundert), einen Christuskopf (um 1070) aus Weißenburg und die übriggebliebenen Originale der berühmtesten Münsterfiguren; 200 davon sind allein während der Französischen Revolution zerstört worden.

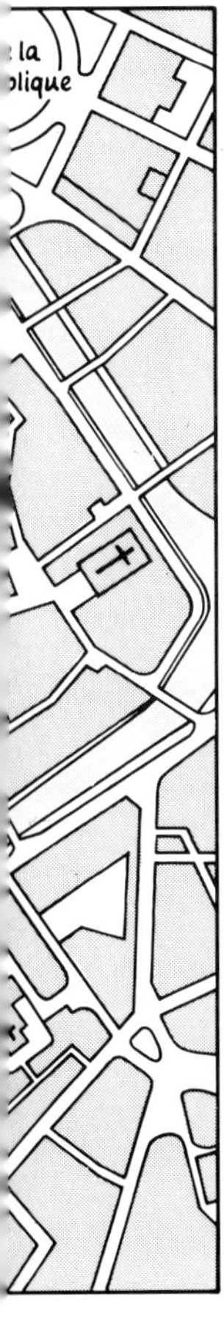

① ***Kathedrale Unserer Lieben Frau (Münster)***
② ***Haus Kammerzell***
③ ***Hirschapotheke***
④ ***Frauenhausmuseum***
⑤ ***Rohan-Schloß***
⑥ ***St.-Thomas***
⑦ ***Gerberstube***
⑧ ***Gerberhäuser von 1566***
⑨ ***St.-Pierre-le-Vieux***
⑩ ***Gedeckte Brücken***
⑪ ***Vauban-Wehr***
⑫ ***Spitzengasse Nr. 9/10***
⑬ ***Nikolauskirche***
⑭ ***Musée Alsacien***
⑮ ***Rabenhof***
⑯ ***Ancienne Douane***
⑰ ***Ferkelmarkt***
⑱ ***Hauptwache***
⑲ ***Rathaus***
⑳ ***Opéra du Rhin***

Zwischen dem Münster und der Ill ließ Fürstbischof Kardinal Armand de Rohan-Soubise das *Rohan-Schloß* **(5)**, ein typisches Pariser Palais erbauen (1728–41). Robert de Cotte, Architekt des französischen Hofes, hat es entworfen, Joseph Massol führte es aus. Cotte war ein Hauptvertreter des Régence-Stils, der Übergangsperiode vom Barock zum Rokoko. Der Rohan-Palast beeinflußte zunehmend die Straßburger Neubauten des 18. Jahrhunderts. Im Schloß befinden sich eine Gemäldegalerie, ein archäologisches Museum der Vor- und Frühgeschichte sowie ein Museum des Kunsthandwerks, in dem u.a. die Keramiksammlung der Straßburger Manufaktur (1721–1782) gezeigt wird.

Vom Münsterplatz gehen wir durch die Rue Mercière über die Place Gutenberg und die Rue des Serruriers/Schlossergasse zur gotischen Hallenkirche des heiligen Thomas. Neben dem Münster zählt *St.-Thomas* **(6)** zu den wichtigsten und ältesten Gotteshäusern Straßburgs. Die Urkirche wurde vom heiligen Florentius im Jahre 1002 erbaut, ist aber schon 1144 abgebrannt. Das heutige Bauwerk, ein Schmuckstück Elsässer Baukunst, wurde im 12. und 13. Jahrhundert errichtet und im 14. Jahrhundert zur großräumigen Halle umgebaut. Fünf Schiffe gleicher Höhe ruhen auf schlanken Pfeilern. Auf der Silbermann-Orgel von 1740 gab Albert Schweitzer seine berühmten Bachkonzerte. Das auffallendste Werk in der Thomaskirche ist sicher das Grabmal des Marschalls Moritz von Sachsen (1696–1750), eines illegitimen Sohnes Augusts des Starken. Der Pariser Bildhauer Jean-Baptiste Pigalle schuf das monumentale Mausoleum im Auftrag Ludwigs XV. für den seit 1720 in französischen Diensten stehenden Marschall.

Unser nächstes Ziel ist La Petite France. Um dorthin zu kommen, gehen wir zunächst ein kurzes Stück auf der Rue de la Monnaie/Münzgasse weiter, biegen dann links zum Pont St. Martin ein und schon vor der Brücke in den Uferweg nach rechts ab. So erreichen wir das alte Viertel der Fischer, Gerber und Müller, einen außerordentlich malerischen Stadtbezirk mit mittelalterlichem Gepräge. *La Petite France* ist das ansprechendste Altstadtviertel Straßburgs. Es soll seinen Namen dem Umstand verdanken, daß die französischen Soldaten Franz' I. (1515–47), die sich auf ihren Kriegszügen eine Geschlechtskrankheit zugezogen hatten, im »Blatterhüs«, einem Krankenhaus jener Zeit, Heilung suchten. Der von mehreren Illarmen durchzogene Stadtteil ist mit Fachwerkhäusern aus dem 16. und 17. Jahrhundert gesäumt, in denen die Gerber ihr Gewerbe am Wasser ausübten. An der Place Benjamin-Zix, die nach einem Straßburger Maler benannt ist, stoßen wir auf das Haus Nummer 42, die *Maison des Tanneurs/Gerberstube* **(7)** von 1572. Das Fachwerkhaus mit seinen zweistöckigen Renaissance-Galerien und interessant gebautem Dach gehört sicher zu den meistbewunderten Häusern an den Ufern der Ill. Heute ist darin ein ausgezeichnetes Restaurant untergebracht.

Wir befinden uns jetzt in der Rue du Bain-aux-Plantes/Pflanzbad, wo in unmittelbarer Nähe der Drehbrücke ein fünfstöckiges Fachwerkhaus steht, dessen Fenster flache Korbbögen aufweisen. Es ist eines der *Gerberhäuser* von 1566 **(8)**, in dem jetzt das Goethe-Institut untergebracht ist. In dieser Straße sind die ältesten Häuser der Stadt, mit steilen Dächern und den für die Gerberei so typischen Trockengalerien zu besichtigen. Bei der Rue des Lentilles gehen wir rechts und machen einen kleinen Abstecher hinüber zur ältesten Kirche der Stadt, *St.-Pierre-le-Vieux* **(9)**. Sie besteht heute aus zwei Kirchenbauten, Alt-St. Peter im Westen, 1382 neu gebaut, evangelisch, und Jung-St. Peter im Norden, das 1031 als Schottenkloster gegründet und 1290 zur dreischiffigen Basilika umgebaut wurde. An der Nordseite ein Kreuzgang aus dem 11. Jahrhundert. Der Chor der alten Kirche wurde abgerissen und 1869 bis 1923 durch eine neue Kirche ersetzt. Im linken Querflügel der katholischen Kirche steht der geschnitzte Altarflügel mit der Kreuzigung Petri von Veit Wagner (1501). Im rechten Querschiff findet man Altartafeln zum Thema Auferstehung Christi, die von Künstlern des Schongauer-Kreises (15. Jahrhundert) gemalt wurden.

Wieder zurück durch die Rue Seyboth, kommen wir nun zu den *Ponts Couverts/Gedeckte Brücken* **(10)**, die so genannt werden, weil sie von vier mächtigen quadratischen Wachttürmen beschirmt werden. Von Turm zu Turm waren die Illarme einst mit gedeckten Holzbrücken überspannt, die im 14. Jahrhundert als Teil der Befestigungsanlage errichtet und im 19. Jahrhundert durch Steinbrücken ersetzt wurden.

Wir überqueren den Fluß und folgen am anderen Ufer dem Quai de l'Ill zum Vauban-Wehr. Ende des 17. Jahrhunderts sollten die Verteidigungsanlagen der Stadt erweitert werden. Sébastian Vauban (1633–1707), französischer Marschall, Erfinder der Statistik und Einkommensteuer und Generalkommissar des Festungswesens, baute zahlreiche neue Festungsanlagen, unter anderem auch die *Barrage Vauban/Vauban-Wehr* **(11)** von Straßburg. Das gewaltige Bauwerk ist eine 13bogige Brücke mit eingebauten Schleusentoren, durch die das Wasser aufgestaut und um den südlichen Verteidigungsgürtel der Stadt geleitet werden konnte. Über breite Treppen gelangt man auf die Aussichtsterrasse mit Orientierungstafel. Von der hohen Plattform des Brückenbauwerkes hat man einen ausgezeichneten Blick auf die gedeckten Brücken, die Altstadt, La Petite France, die drei alten Mühlen, die dahinter liegende Stadt und die Kathedrale.

Man geht nun wieder zurück über die Ponts Couverts und biegt gleich danach rechts in den Quai de la Petite France ein, dem man bis zur Rue des Moulins folgt, dort wieder links in die Rue du Bain-aux-Plantes, wieder rechts über die Place Benjamin-Zix, wo man auch heute noch Maler vor ihren Staffeleien antreffen kann. Von dort folgt man der Rue des Dentelles/Spitzengasse, in der die *Häuser Nummer 9 und 10* mit ihrem In-

Die Fachwerkhäuser des Altstadtviertels La Petite France stammen überwiegend aus dem 17. und 18. Jahrhundert.

nenhof **(12)** Beachtung verdienen. Ein Stück vor der Thomaskirche biegen wir rechts ein, gehen am Quai Saint-Martin links der Ill entlang weiter zum Quai St.-Thomas bis zum Pont St.-Nicolas. Wir überqueren dort die Brücke, vor uns liegt *St.-Nicolas/Nikolauskirche* **(13)**, die Ende des 14. Jahrhunderts gebaut wurde. Am Quai St.-Nicolas stehen malerische Häuser mit schönen Fassaden. Nun gelangen wir bald zum Renaissance-Komplex (Haus Nr. 23) des *Musée Alsacien* **(14)**. Drei Patrizierhäuser aus der Zeit um 1600 bilden den Rahmen für das Volkskunde-Museum.

Gleich daneben befindet sich an der Place du Corbeau/Rabenkopfplatz der *Cour du Corbeau/Rabenhof* **(15)**. Er war früher Gasthof und Postkutschen-Station und beherbergte einst Friedrich den Großen und Kaiser Joseph II. Am Rabenkopfplatz stehen wir vor einer imposanten Kulisse. Vor uns das alles überragende Münster, davor die große Metzig mit elsässischem Giebeldach. Am anderen Ufer der Ill steht auf der linken Seite die *Ancienne Douane/der Alte Zoll* **(16)** aus dem 14. Jahrhundert. Einst wichtigstes Handelszentrum der Stadt, ist es heute Restaurant und Museum für Moderne Kunst. Von hier sind es nur ein paar Schritte bis zur *Place du Marché-aux-Cochons-de-Lait/Ferkelmarkt* **(17)**. Um den Platz sind Häuser mehrerer Epochen gruppiert. Ein Fachwerkhaus mit

Die »Maison des Tanneurs« von 1572 ist eines der typischen Häuser des Gerberviertels mit Trockengalerien im steilen Dach.

Galerien und Wetterfahne von 1414 fällt auf, es erinnert an den Besuch Kaiser Sigismunds. Von hier gelangen wir schnell wieder in die Rue Mercière und zum Gutenbergplatz.

Die Reihe der Besichtigungen in Straßburg ließe sich noch beliebig fortsetzen. Zu empfehlen ist auch eine Hafenrundfahrt, die zwei bis drei Stunden in Anspruch nimmt. Abfahrt an der Promenade Dauphine am Rohan-Schloß. Es geht durch mehrere Schleusen rund um die Stadt bis ins Europa-Viertel.

Außerhalb der hier vorgeschlagenen Route für einen Stadtrundgang ist noch sehenswert die Place Kléber, der verkehrsreichste Platz im Mittelpunkt des Geschäftsviertels von Straßburg.

Eine der Längszeilen wird von dem großen rötlichen Gebäude der *Aubette/Hauptwache* **(18)** eingenommen, dem einstigen Schauplatz der Wachablösungen. An der Place Broglie steht das Straßburger *Hôtel de Ville/Rathaus* **(19)** aus dem 18. Jahrhundert, am gleichen Platz die *Opéra du Rhin* **(20)**.

Nordöstlich der Stadt liegt das Europa-Viertel. Am schönsten ist dort sicher die *Orangerie*, ein entzückender, etwa 25 Hektar großer Park, der nach den Plänen des Gartenbaumeisters André Le Nôtre angelegt wurde. Nach seinen Entwürfen wurde auch der Park von Versailles gestaltet. Im südlichen Teil der Orangerie liegt ein See, an dem das hübsche und gute Restaurant Buerehiesel (1607) steht. Gegenüber der Orangerie wurde 1977 an der Avenue de l'Europe das neue Palais de l'Europe, der Sitz des Europarats, errichtet.

Nützliche Informationen

Ausgangspunkt: Gutenbergplatz bzw. das nahe Münster. Bahnreisende benutzen den Stadtautobus (CTS) Linie 10 vom Bahnhof zur Place Gutenberg.

Anfahrt: Von Karlsruhe oder Freiburg auf der A 5 bis Ausfahrt Kehl. Gut beschilderte Zufahrt zum Stadtzentrum. Von der Ringstraße Quai des Bateliers auf dem Pont du Corbeau über die Ill zur Place Gutenberg.

Parkplatz: Ideal ist es, in der Tiefgarage am Gutenbergplatz zu parken.

Gehzeit: Für den vorgeschlagenen Rundgang durch Straßburg (Nummern 1–17) sind je nach Intensität der Besichtigung etwa fünf Stunden Zeit einzuplanen.

Übernachtungsmöglichkeiten: In *Straßburg* Hôtel de l'Europe, 38, rue du Fossé des Tanneurs, Tel. 88 32 17 88; Hôtel des Rohan, 17–19, rue du Maroquin, Tel. 88 32 85 11; Jugendherberge, 24, rue du Macon, Tel. 88 39 69 01, oder in *Wantzenau* Moulin de la Wantzenau.

Einkehrmöglichkeiten: In *Straßburg* Restaurants Kammerzell, Buerehiesel, Valentin Sorg, Au Gourmet Sans Chique und Maison des Tanneurs; elsässische Spezialitäten (preiswert): De la Lorraine, 9–11, rue du Vieux-Marché-aux-Poissons, Tel. 88 32 07 31; McDonald's, 33, rue des Grandes Arcades, Tel. 88 32 36 56, oder in *Wantzenau* Restaurants Moulin de la Wantzenau und A la Barrière.

Verkehrsmöglichkeiten: Dichtes Netz von Stadtbussen der CTS (Compagnie des Transports). Busrundfahrten ab Place de la Gare (jeden Sonntag um 9.30 Uhr). Minizug für Touristen alle 30 Minuten ab Schloßplatz, Nähe Münster (täglich ab 16. Mai bis 18. Oktober, 9.30 Uhr bis abends, Vorbestellung Tel. 88 28 90 80). Bootsfahrten auf der Ill, Abfahrt beim Rohanschloß (täglich ab 1. März bis 6. Dezember). Nächtliche Rundfahrten auf der Ill, Abfahrt beim Rohanschloß um 21.30 Uhr (ab 1. Mai bis 27. September, Vorbestellung Tel. 88 84 13 13).

Auskunft: Verkehrsbüros von Straßburg: 10, place Gutenberg, Tel. 88 32 57 07; Place de la Gare, Tel. 88 32 51 49; Pont de l'Europe, Tel. 88 61 39 23.

Sehenswürdigkeiten und Angebote: Außer den im Text beschriebenen Sehenswürdigkeiten gibt es in Straßburg noch viele Entdekkungen zu machen: das Planetarium, den Europapalast, eine Besteigung der Münsterplattform, die Astronomische Uhr des Münsters (täglich um 12.30 Uhr), Ton- und Lichtschauspiel im Inneren des Münsters, Sommernächte in der beleuchteten Orangerie sowie viele Ausstellungen.

Öffnungszeiten der Museen: Vom 1. April bis 30. September täglich außer dienstags von 10 bis 12 und 14 bis 18 Uhr. In den übrigen Monaten sonntags 10 bis 12 und 14 bis 18 Uhr, montags sowie mittwochs bis samstags nur von 14 bis 18 Uhr.

Nördliche Weinstraße und Nordvogesen

In vielen Windungen schlängelt sich die Nördliche Weinstraße des Unterelsaß über das hügelige Vogesenvorland. Sie führt von Marlenheim durch blumengeschmückte Dörfer bis zum knapp 60 Kilometer weiter südlich gelegenen Saint-Hippolyte. Bei der Fahrt sieht man die blauen Konturen der Nordvogesen hinter den Weinbergen aufragen, man entdeckt Spitz- oder Zwiebeltürme und geheimnisumwitterte Burgruinen. Zwischen Fachwerk und alten Türrahmen hängen die Rebmesser der Winzer, die Schlegel des Küfers und die Hufeisen des Schmieds. In den Talmulden liegen Marktflecken, umgeben von Ringmauern mit Türmen, Storchennestern und einladenden Restaurants. Kühle, gastliche Weinprobierstuben und Keller laden den Gast ein, von dem hier produzierten köstlichen Naß zu versuchen. An den sonnenverwöhnten Hängen reifen vollmundige Rebsorten, darunter der König der Elsässer Weine, der fruchtige Riesling, mit seinem einzigartig zarten Bukett, gefolgt vom eleganten Gewürztraminer. Der Muscat d'Alsace besticht durch sein zartes, köstliches Aroma. Ganz anders wieder der opulente, kräftige Tokay Pinot Gris und schließlich der ausgewogene, weiche Pinot Blanc. Rotweinliebhaber bevorzugen den unvergleichlich guten, herzhaften Pinot Noir.

Um die Route du Vin kennenzulernen, startet man am besten in *Marlenheim*, einem Winzerort mit fränkischer Königspfalz. Man kommt durch das typische Weinstädtchen Westhoffen in die mittelalterliche Stadt *Molsheim* am Eingang des *Breuschtals*. Mit *Rosheim* (in der Ferne taucht die Burg Landsberg, Tour 26, auf) setzen wir die Reise fort. Jetzt wird die Landschaft hügelig, die Straße steigt an, und wir erblicken die Burgen von Ottrott, Ortenburg und Ramstein, dann der typisch elsässische Ort *Boersch,* den man noch durch Stadttore betritt. Sehenswert der Hauptplatz und das Renaissance-Rathaus (16. Jahrhundert) mit angebautem Erker und Treppenturm. Das nächste Ziel ist *Ottrott,* inmitten von Weinbergen, wo ein guter Rotwein reift. Hoch darüber die drei Burgruinen Koepfel, Rathsamhausen-Lutzelbourg und Hagelschloß (Tour 27). Vom nahen Klingenthal sollte man einen Abstecher hinauf auf den *Odilienberg* oder in das schöne Mageltal zum Luftkurort Grendelbruch machen (Tour 29).

Drei Türme empfangen uns in *Obernai,* einer alten Stadt der Dekapole, der 70 Meter hohe Rathausturm der ehemaligen mittelalterlichen Kirche, der von St. Peter und Paul und zuletzt der einstige Gefängnisturm. Obernai ist nach Straßburg die meistbesuchte Stadt im Unterelsaß, mit einem Gewirr von Gäßchen, gesäumt von alten Fachwerkhäusern mit schmucken Balkonen, geschnitzten Portalen, schönen Innenhöfen und Brunnen.

Wir fahren weiter nach *Barr* mit ebenfalls interessanter Altstadt. Hier, wo sich das *Tal der Kirneck* öffnet, kommt man über das malerische Mittelbergheim nach *Andlau.* Der schöne alte Weinort mit der ehrwürdigen Abteikirche ist besonders sehenswert. Die Spesburg und die Burg Hohandlau erheben sich über dem legendenumwobenen romantischen Ort (Tour 28). Kurz nach Andlau das schmucke Weindorf Itterswiller, bevor wir nach *Dambach-la-Ville* kommen, das nicht nur wegen seines guten Weines, sondern auch wegen seines malerischen alten Stadtkernes, seiner historischen Fachwerkhäuser und Brunnen bekannt ist. Mitten in den ausgedehnten Weinbergen liegt die Sebastianskapelle mit reichgeschnitztem barocken Altaraufsatz, der den Einfluß Riemenschneiders verrät. Von dort führt eine schöne Wanderung (Tour 22) hinauf zur Burgruine Bernstein. Zum Schluß kommen wir nochmals durch eine Reihe typischer Weinorte, wie Scherwiller, Châtenois, Kintzheim und Orschwiller.

In *Châtenois* öffnen sich das *Weilertal* und das *Lebertal.* Sie sind Ausgangspunkt zu lohnenden Wanderzielen, wie dem Ungersberg (Tour 25), der Grande Bellevue (Tour 23), dem Climont (Tour 20) und dem Hochfeld (Tour 24). Stolz steht über dem Lebertal die

Frankenburg (Tour 21). In *Kintzheim* kann man auf der Burg Ratsamhausen eine Adlerwarte besuchen, bevor in *Saint-Hippolyte* die Nördliche Weinstraße ausläuft.

Durch zauberhafte Täler gelangt man von der Nördlichen Weinstraße schnell zu den *Nordvogesen*. Hier dominiert der Buntsandstein, aus dem viele Burgen, Kirchen und Paläste gebaut sind, deshalb auch die Bezeichnung *Vosges des gréseuses*. Es ist eine sanfte Hügellandschaft, aus der einige Bergkuppen prägnant herausragen, wie etwa der Donon mit 1009 Metern. Diese viel niedrigere Bergregion erhielt deshalb auch den Beinamen »Kleine Vogesen«.

Die südliche Begrenzung der Nordvogesen verläuft von der Hohkönigsburg über Lièpvre im Lebertal hinauf zum Aussichtspaß Col de Fouchy (603 m) vorbei am Climont, hinüber zum *Col de Saales* (556 m) im Südwesten. In den herrlichen Mischwäldern dieses Gebirges ist das Wandern ein Vergnügen. Die erste Tour in diesem Gebiet führt deshalb auf den aussichtsreichen Tafelberg *Climont* (966 m). An seinem nördlichen Fuß liegt der *Col de Steige* (534 m). Von hier auf einer Panoramastraße schnell hinauf zum *Champ du Feu/Hochfeld* (1100 m), das wir ebenfalls umwandern werden. Weiter im Norden liegen die *Täler der Andlau, der Kirneck, der Ehn und der Magel*, mit ebenfalls sehr ansprechenden Wanderzielen.

Die direkte Verbindung zwischen Straßburg und St.-Dié bildet das große *Breuschtal*, das über Schirmeck hinauf zum Col de Saales führt. Schon kurz nach Weissenberg zweigt rechts das Tal der Hasel ab, das Zubringer zu Schloß und Kaskade von Nideck ist. Von dort geht es durchs *Engenthal* über Wangenbourg weiter nach Obersteigen und Dabo. Die Wanderungen 30 und 31 führen in dieses Bergtal und seine Seitenarme.

Zuletzt gelangen wir in das *Zorntal*, das von *Saverne/Zabern* aus nach Westen verläuft. Hier sind die Vogesen nur noch vier Kilometer breit. Der Col de Saverne/Zaberner Steige gilt deshalb schon seit Jahrhunderten als günstigstes Einfalltor ins Lothringische. Dieser natürliche Übergang öffnet auch der Eisenbahn den besten Weg zur Hauptstadt Frankreichs. Mitten durch das Tal fließt der Rhein-Marne-Kanal. Drei Touren (32 bis 34) machen uns mit diesem Gebiet bekannt, an das der Naturpark Nordvogesen angrenzt.

Mächtige Weinfässer und Fachwerkhäuser mit kräftigen Farben und hölzernen Loggien säumen die Straßen von Itterswiller.

20 Zum Tafelberg Climont

An der Grenze zwischen den Nord- und den Südvogesen

Tourencharakter: Leichte Bergwanderung durch Wälder, teilweise mit Steigungsstrecken. Im unteren Tourenabschnitt stellenweise feucht, deshalb gutes Schuhwerk erforderlich.
Beste Jahreszeit: Ganzjährig möglich.
Reine Gehzeit: 2¾ Stunden.
Markierungen: Gelbes Kreuz bis zum Climont-Turm, blauer Ring vom nördlichen Bergfuß über das Wegkreuz nahe der Ferme Caroline (jetzt auch gelbes Rechteck) zurück zum Dörfchen Climont. Gute Beschilderung.

Fährt man vom Hochfeld auf der Panoramastraße zum Col de Steige hinab, sieht man in einer ausgedehnten Talsenke eindrucksvoll den *Tafelberg Climont* liegen, das Ziel dieser Wanderung. Die Bezeichnung Tafelberg hat er seiner trapezartigen Form zu verdanken. Sein heutiger Name Climont ist wohl vom lateinischen *Clivus Mons* abgeleitet, was soviel wie Hügelberg bedeutet. Vom *Aussichtsturm* (966 m), der 1897 durch den Club Vosgien Strasbourg zu Ehren des ehemaligen Präsidenten Dr. Julius Euting errichtet wurde, hat man einen phantastischen Ausblick auf den Donon, Noll, Mutzigfelsen, Schneeberg, das Hochfeld, das Tal der Giessen, den Ungersberg, den Dambacher Berg und die Hohkönigsburg.

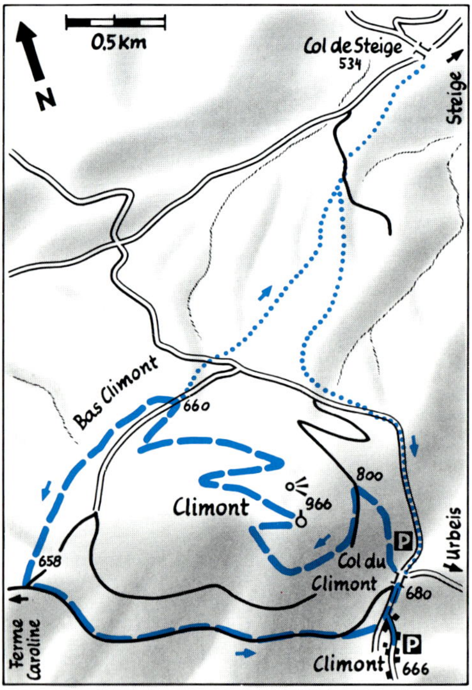

Ausgangspunkt für diese Wanderung ist der *Weiler Climont*, der aus alten Bauernhöfen hervorgegangen ist, von denen einer die Jahreszahl 1571 trägt. Er wurde von deutschsprachigen Mennoniten gegründet, Anhängern einer seit 1492 bestehenden evangelischen Religionsgemeinschaft. Sie waren tüchtige Landwirte, die aus dem Berner Oberland in den Sundgau, ins Unterelsaß, nach Baden und in die Pfalz übersiedelten. Die kleine protestantische Kirche des Ortes geht auf eine Stiftung der letzten deutschen Kaiserin Auguste Viktoria (1858–1921), der Gemahlin Kaiser Wilhelms II., zurück.

Der Wegverlauf

Von dem kleinen Weiler *Climont* (666 m) gehen wir in wenigen Minuten zum nordöstlich gelegenen *Col du Climont* (680 m), wo sich die Straßen D 156 und D 214 kreuzen. Dort beginnt bei einem Kilometerstein mit Höhenangabe ein Waldweg (gelbes Kreuz), der zum Gipfel des Tafelberges führt. Zunächst schlängelt sich der steile Pfad durch Tannenwald, bis er nach 25 Minuten auf einen gesandeten *Fahrweg* (800 m) stößt. Hier halten wir uns links. Etwa 10 Minuten bleiben wir auf diesem Sträßchen und biegen dann in einen rechts abzweigenden Pfad ein. Nun geht's in weitem Bogen aufwärts, bis wir zu einem Kahlschlag kommen, jetzt wieder rechts, das letzte Stück hinauf zum nördlichen Gipfel, zum *Juliusturm* (966 m). Die Besteigung der 71 Stufen der Wendeltreppe lohnt sich wegen der großartigen Rundsicht bis hinüber in die Rheinebene und den Schwarzwald.

Den Aufstieg haben wir in einer guten Stunde bewältigt, und in einer Dreiviertelstunde steigen wir drüben wieder zum Fuß

Eindrucksvoll ist das Landschaftsbild zwischen dem Col de Steige und dem Col de la Charbonnière. Gleich einem Tafelberg ragt am Ende des Weilertales der Climont empor.

des Climont hinab. Man geht vom Turm aus direkt am nordöstlichen Rand des Hochplateaus entlang, bis der Weg allmählich fällt. Von dort zuerst rechts, dann wieder links, nun längere Zeit in westlicher Richtung ständig talwärts. Kurz vor dem Talgrund biegt der Pfad nochmals rechts ab, und wir sind schnell an der *Wegkreuzung Bas Climont* (660 m).

Hier geht es rechts zum Col de Steige, wir überqueren aber den Fahrweg und halten uns halblinks in westlicher Richtung (blauer Punkt). Nun gehen wir um den Bergfuß herum, bis wir nach einer guten Stunde, vom Gipfel aus gerechnet, an eine weitere *Wegkreuzung nahe der Ferme Caroline* (658 m) kommen. Dort halten wir uns links in Richtung Climont (blauer Punkt und gelbes Rechteck). Achtung! Bei der nächsten Weggabelung beginnt links ein anderer Aufstieg zum Climont (rot-weiß-rotes Rechteck). Wir bleiben auf dem Talweg (blauer Punkt) und sind schon in einer halben Stunde wieder am Ausgangspunkt in *Climont* (666 m).

Nützliche Informationen

Ausgangspunkt: Climont (666 m).
Anfahrt: Von Châtenois an der Weinstraße westlich auf der D 424 nach Villé. In Villé links abbiegen in das Tal der Giessen auf der D 39 über Lalaye nach Urbeis. 1,8 Kilometer nach Urbeis von der D 39 abbiegen in die D 156 nach Climont. Busverbindung von Sélestat über Châtenois nach Val-de-Villé.
Parkplatz: Im Weiler Climont (666 m) oder nördlich am Col du Climont (680 m).
Gehzeiten: Insgesamt 2¾ Std.; Climont – Col du Climont : 5 Min. – Fahrweg (800 m): 25 Min. – Climont-Turm: 40 Min. – Wegkreuzung Bas Climont: 45 Min. – Wegkreuz nahe Ferme Caroline: 20 Min. – Climont: 30 Min.
Länge der Tour: 7,3 km.
Höhendifferenzen: Climont – Climont-Turm: 300 m.
Übernachtungsmöglichkeiten: In *Dieffenthal* bei Dambach-la-Ville Hôtel les Châteaux oder in *Saint-Hippolyte* Hôtel Aux Duc de Lorraine.

Einkehrmöglichkeiten: Im Gebiet des Climont keine Einkehrmöglichkeit, in *Steige* Restaurant Au Col du Steige, in *Villé* Restaurant Le Val Joli oder in *Saint-Hippolyte* die Restaurants Parc und Aux Vieux Remparts.
Karte: Carte des Vosges 1 : 25 000, Mont Sainte-Odile, Obernai.
Variante: Erweiterte Wanderung mit Ausgangspunkt Col de Steige (534 m). Zufahrt durch das Tal von Villé über Villé, St.-Martin, Steige, Haut de Steige zum Col de Steige mit großem Parkplatz. Von hier schöner Waldweg (blaues Rechteck) bis zum Weiler Climont. Für diesen 3,2 km langen Anmarsch benötigt man 50 Minuten. Dort Anschluß an den regulären Aufstieg zum Climont. Nach dem Abstieg auf der nordwestlichen Seite findet man unten den mit blauem Dreieck markierten Rückweg zum Col de Steige in nordöstlicher Richtung. Für diesen 2,2 km langen Weg benötigt man 35 Minuten. Insgesamt ist für diese abgewandelte Tour ein Zeitbedarf von 3¼ Stunden einzuplanen.

21 Zur Frankenburg und zum Kuckucksfelsen

La Vancelle – Frankenbourg – Kuckucksfelsen – Chalmont

Tourencharakter: Leichte Wanderung durch Mischwälder, vor allem im Herbst wegen der Laubfärbung attraktiv.
Beste Jahreszeit: Frühjahr und Herbst.
Reine Gehzeit: 4 Stunden.
Markierungen: Roter Punkt von La Vancelle zum Col du Frankenbourg, rotes Kreuz und Hinweistafeln am Burgsattel, blaues Kreuz Richtung Roches des Fées, gelbes Kreuz ab Wegkreuzung unter den Roches des Fées Richtung Chalmont, zuletzt gelbes Rechteck zum Chalmont und blaues Kreuz zurück nach La Vancelle.

Der *Altenberg* (703 m) liegt beherrschend über dem Leber- und Weilertal zwischen Hohkönigsburg und Schloß Ramstein. In vorchristlicher Zeit errichteten die Kelten hier oben eine Fliehburg. Ähnlich wie auf dem Odilienberg sind beim Aufstieg zur Burg noch heute die Steinwälle der Heidenmauer *(mur paien)* zu sehen. Während der Römerzeit entstand hier ein Kastell und schließlich baute der Frankenkönig Chlodwig (466–511) eine Burg; sein Name ist bis heute mit dem festungsartigen Bauwerk verbunden. Danach entstand um 1100 auf dem Altenberg, dem heutigen Schloßberg, die Stammburg der Grafen von Werd, die auch alle umliegenden Dörfer in Besitz nahmen. Mehrere Jahrhunderte später, als ihr Geschlecht ausgestorben war, ging die Burg in den Besitz der Bischöfe von Straßburg über.

1582 wurde die Burg durch einen Blitzschlag teilweise zerstört, war aber noch soweit brauchbar, daß während des Dreißigjährigen Krieges Straßburgs Schätze in den Kellergewölben eingelagert werden konnten. Erst am Ende dieses langen Krieges wurde sie restlos zerstört. Heute steht auf dem Schloßberg neben der Heidenmauer nur mehr die gewaltige Ruine der einst so stolzen *Frankenburg* mit dem 12 Meter hohen Stumpf des einstigen Bergfrieds. Geblieben ist jedoch der großartige Aussichtsplatz.

La Vancelle/Wanzel, das an den südlichen Waldhängen des Altenberges liegt, ist ein Luftkurort mit vielen Ferienhäusern. Hier beginnt der Aufstieg auf den Gipfel des Schloßberges. Ein besonderes Erlebnis ist es, die umliegenden Mischwälder mit ihren Kastanien, Buchen und Eichen im Herbst zu durchwandern, wenn sie ihre volle Farbenpracht entwickelt haben.

Der Wegverlauf

Mitten im Dörfchen *La Vancelle* (430 m) starten wir beim Hôtel Frankenbourg zu dieser schönen Burgenwanderung. Um das Hotel herum, leicht bergauf, noch etwa 300 Meter weiter, biegen wir in das erste Sträßchen rechts ein (roter Punkt). Vorbei an einigen Chalets geht es noch etwa 400 Meter leicht bergauf. Ein Sträßchen wird überquert, und ein Wegerl bringt uns schon nach weiteren 200 Metern zu einem von der kleinen Kapelle (Notre-Dame du la Forêt) heraufkommenden Weg; ihm folgen wir bergwärts, müssen aber schon nach 100 Metern halb links und nach 50 Metern gleich wieder rechts (roter

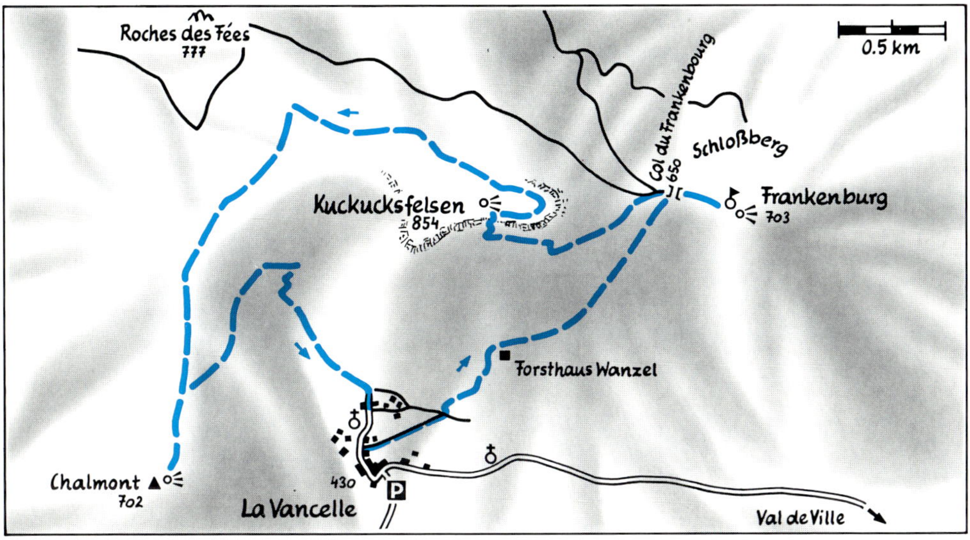

Punkt) abzweigen. Etwas gemächlicher, aber doch noch beständig ansteigend, am Forsthaus Wanzel vorbei, wandern wir durch Mischwald hinauf zu einem Waldsträßchen, das wir nach einer knappen Stunde erreichen. Dort wo es eine Linkskurve macht, nehmen wir die schmale Rechtsabzweigung eines Sandfahrweges und gelangen nach 150 Metern zum *Col du Frankenbourg* (650 m). Hier beginnt dann der zehnminütige Aufstieg zur Burgruine. Unterwegs stoßen wir schon bald auf die Überreste der mächtigen, mindestens 2000 Jahre alten Heidenmauer. Dann stehen wir auf dem Burghof vor den Überresten der einst so gewaltigen *Frankenburg* (703 m) mit dem großen runden Bergfried. Hier kann man nach allen Richtungen die schöne Aussicht genießen.

Auf gleichem Weg vom Schloßberg zurück zum *Col du Frankenbourg* (650 m). Wir schlagen von dort den mit gelbem Rechteck markierten und mit Hinweistafel ausgeschilderten Weg in Richtung Chalmont ein. Nach etwa 300 Metern verlassen wir ihn wieder und nehmen den steil bergauf führenden Pfad (blaues Kreuz), der in 20 Minuten am *Stangenplatz* (756 m) herauskommt und von dort im Zickzack hinaufführt auf das Hochplateau des Fernsehturmes, das von den *Kukkucksfelsen* (854 m) umgeben ist. Hier oben bietet sich eine grandiose Sicht, allein schon deshalb lohnt sich der 20minütige Aufstieg.

Vom Kuckucksfelsen gehen wir zurück bis zur ersten Wegkreuzung, folgen dort zunächst dem Wegweiser *»Roches des Fées/ Zauberfelsen«* (blaues Kreuz). Der breite Weg zieht sich auf der Hochebene entlang, wir bleiben die nächsten 20 Minuten auf dieser Höhe, bis wir auf den vom Zauberfelsen herabkommenden Weg stoßen. Dort gehen wir linksherum *Richtung Chalmont* (gelbes Kreuz) weiter. Wir kommen nun durch Hochwald, dann zu den schroff abfallenden Hängen des Altenberg-Plateaus und manchmal an mächtigen Felsbrocken vorbei. Dann beginnt der Waldpfad steil zu fallen, bei der nächsten Wegkreuzung nimmt uns die Grand' Randonnée 532 (gelbes Rechteck) auf, aber es geht weiter kräftig bergab.

Wir wandern an der Abzweigung nach La Vancelle vorbei, kommen nach fünf Minuten auf den Grat des Chalmonts und dann hinauf zur *Felsplatte des Chalmonts* (702 m). Hier sind wir auf einer über dem Ort Lièpvre thronenden Aussichtskanzel angelangt, die eine prächtige Rundsicht gewährt. Gegenüber liegt der breite Gürtel des Taennchel, das wir im Verlauf der Tour 9 schon besucht haben. Im Nordosten sehen wir den Climont (Tour 20) und links die Hohkönigsburg. Nun treten wir den Rückweg an. Dazu gehen wir wieder den gleichen Weg zurück, bis wir zum Wegweiser La Vancelle (blaues Kreuz) kommen. Wir steigen den Hangweg hinunter und sind

Die gewaltige Ruine der Frankenburg mit dem zwölf Meter hohen Stumpf des einstigen Bergfrieds.

bald auf einem neueren Forstweg. Unten im Tal sehen wir schon die Häuser von Wanzel durch den Wald schimmern. Diesem Fahrweg folgen wir nun durch eine Links- und später durch eine Rechtskurve. Vor dieser letzten Biegung zweigt links ein Waldweg ab, der uns direkt ins nahe Dörfchen hinunterbringt. Wir lassen die Kirche links liegen und gehen weiter hinunter zu unserem *Parkplatz am Hôtel Frankenbourg* (430 m).

Nützliche Informationen

Ausgangspunkt: *La Vancelle/Wanzel* (430 m).
Anfahrt: Von Sélestat/Schlettstadt über Châtenois westlich auf der N 59 ins Tal der Leber, bis 2,8 km nach Val de Villé die D 167 nach La Vancelle rechts abzweigt. TER-Busverbindung, Strecke: Sélestat – Saint-Dié, Haltestelle in La Vancelle.
Parken: Gegenüber dem Hôtel Frankenbourg am Ortsanfang von La Vancelle.
Gehzeiten: Insgesamt 4 Std.; La Vancelle – Col du Frankenbourg: 1 Std. – Ruine Frankenbourg: 10 Min. – Col du Frankenbourg: 10 Min. – Stangenplatz: 20 Min. – Rocher du Coucou: 20 Min. – Chalmont: 1 Std. 5 Min. – La Vancelle: 55 Min.
Länge der Tour: 10 km.
Höhendifferenzen: Aufstiege: La Vancelle – Frankenbourg: 273 m, Col du Frankenbourg – Rocher du Coucou: 204 m; Abstiege: Rocher du Coucou – Chalmont: 152 m, Chalmont – La Vancelle: 272 m.
Übernachtungsmöglichkeiten: In *Dieffenthal*

bei Dambach-la-Ville Hôtel Les Châteaux oder in *Saint-Hippolyte* Hôtel Aux Ducs de Lorraine.
Einkehrmöglichkeiten: Unterwegs keine, in *La Vancelle* Restaurant Le Frankenbourg oder in *Saint-Hippolyte* Restaurants Aux Vieux Remparts und Parc.
Karte: Carte des Vosges 1:50000, Colmar, Munster, Géradmer, St.-Dié.
Variante: Von La Vancelle 6 Kilometer ausgebaute, geteerte Forststraße bis Parkplatz am Col du Frankenbourg. Von dort in 10 Minuten Aufstieg zur Burgruine. Fortsetzung der Tour, wie vorgesehen, über den Kuckucksfelsen, das Hochplateau des Altenberges (zuerst blaues, dann gelbes Kreuz) bis hinüber zum Chalmont. Von dort über die Grand' Randonnée 532 (gelbes Rechteck) in 50 Minuten auf aussichtsreicher Strecke, fast eben, zurück zum Parkplatz am Col du Frankenbourg. Für diese Variante ist eine Gesamtzeit von knapp 3 Stunden einzuplanen.

22 Rebgärten und Aussichtsplätze rund um den Dambacher Hausberg

Dambach-la-Ville – Sebastianskapelle – Château Bernstein – Le Dachfirst – Hagelstein – Engelsfelsen

Tourencharakter: Wenig anstrengende, romantische Burgenwanderung über der Route du Vin, die durch Rebgärten zur sehenswerten Sebastianskapelle führt.
Beste Jahreszeit: Frühling und Herbst.
Reine Gehzeit: 3 Stunden und 20 Minuten.
Markierungen: Weißer Punkt von Dambach-la-Ville über Dachfirst zum Hagelstein, gelber Punkt für den Rückweg über den Engelsfelsen nach Dambach-la-Ville. Gute Beschilderung!

Zu Füßen ausgedehnter Rebhänge (etwa 450 Hektar) liegt inmitten der Route du Vin das malerische *Dambach-la-Ville,* das für seinen guten Wein bekannt ist. Das historische Stadtbild mit sehenswertem Rathaus von 1547 und gegenüberliegendem achteckigen Renaissance-Brunnen mit steinernem Bären, der Stadtsymbol ist, wird von vielen schönen Fachwerkhäusern des 16. und 17. Jahrhunderts geprägt. Eine gut erhaltene Stadtmauer mit drei Tortürmen umgibt den wegen seines Blumenschmuckes wiederholt ausgezeichneten Ort, der 1340 das Stadtrecht erhielt.

Den ganzen Charme des alten Städtchens überblickt man am besten bei einer Wanderung durch das ausgedehnte Rebland hinauf zur *Chapelle de St.-Sébastien/Sebastianskapelle,* die man in einer knappen Viertelstunde erreichen kann. Schaut man von dem 50 Meter hoch über den Weinbergen liegenden Kirchvorplatz hinab auf das alte Dambach-la-Ville, kann man einen unvergeßlichen Ausblick auch auf die Landschaft der Nördlichen Weinstraße und der Rheinischen Tiefebene genießen. Im Inneren des romanischen Kirchleins von 1285 mit gotischem Chor erwarten uns ein reichgeschnitzter barocker Altaraufsatz mit der Holzskulptur des heiligen Sebastian von 1690 und eine Marienstatue aus dem 15. Jahrhundert, die den Einfluß Tilman Riemenschneiders verrät.

Hauptziel dieser Tour, die von Dambach-la-Ville ausgeht, ist die *Burgruine Bernstein,* die auch Bärenstein genannt wird. Sie liegt 2,2 Kilometer westlich der Stadt auf einem 562 Meter hohen Felsen. Die im 11. Jahrhundert aus dem hellgrauen Granit dieses Felsrückens erbaute Burg gehörte den Grafen von Dagsburg-Egisheim. Nach dem Aussterben des Geschlechts erwarb der Bischof von Straßburg 1227 das Schloß und machte es zu seinem Amtssitz. Bis 1575 blieb es bischöflicher Besitz. Die mächtige Ruine der im Dreißigjährigen Krieg zerstörten Festung besteht aus einer Hauptburg mit 30 Meter langem Palas, romanischen Fenstern und freistehendem Wehrturm aus dem 11. Jahrhundert sowie einer 40 Meter langen Vorburg. Die vier Meter dicken Mauern lassen noch heute Ausmaß und Bedeutung dieser Burg erkennen. Der knapp einstündige Aufstieg wird durch den herrlichen Blick auf das Rheintal und die großartige Landschaft der Route du Vin belohnt.

Dambachs Hausberg ist der Doppelgipfel Le Dachfirst (663 m) und Le Schild (657 m).

Beim Aufstieg von Dambach-la-Ville zur Burgruine Bernstein kommt man an der Sebastianskapelle vorbei, die einen sehenswerten barocken Altaraufsatz besitzt.

Seine dominierende Lage, gleich hinter der Ruine Bernstein, macht ihn zu einem viel besuchten Ausflugsziel.

Der Wegverlauf

Wir gehen vom Rathausplatz in *Dambach-la-Ville* (225 m) die Rue Général de Gaulle hinauf zum oberen Tor. Knapp 100 Meter dahinter führt links ein schmales Sträßchen durch die Weinberge zur *Sebastianskapelle* (275 m). Am Forsthaus vorbei steigen wir hinter der Kapelle auf breitem Weg (weißer Punkt) langsam aufwärts. Bald beginnt der Mischwald, der zunächst noch durch unseren Weg vom Rebgelände getrennt wird, dann stoßen wir auf den Wegweiser »Bernstein«, halten uns bei einer Gabelung halbrechts, an einer Felsgruppe vorbei (weißer Punkt), überschreiten einen Fahrweg und gehen halbrechts bergwärts. Der Pfad wird steiler, aber schon sehen wir den hellgrauen Granit der hohen Mauern der *Ruine Bernstein* (562 m) durchs Laub des Buchenwaldes. Vom Bergfried aus genießen wir den weiten Blick, im Nordwesten zum Ungersberg (901 m) und im Osten auf das Rheintal.

Von Bernstein nehmen wir den Bergpfad, der zunächst in Serpentinen (weißer Punkt), bald in ein neueres Forststräßchen einmündet, das wir aber schon nach 200 Metern am Ende eines weiten Bogens wieder verlassen, um rechts abzubiegen und auf einem schmalen Wegerl, an einigen Felsen vorbei, zum Dambacher Hausberg, dem *Dachfirst* (663 m), hinaufzugelangen. Eine großartige Rundsicht ist die Belohnung für den Aufstieg.

Vom Gipfel wandern wir in gleicher Richtung auf schmalem waldigen Kamm (weißer Punkt) hinab zur *Weggabelung Stangenberg* (575 m). Wir gehen nun völlig eben geradeaus weiter, bis wir zu einem linker Hand aufwachsenden Jungwald kommen, wo unser Weg endet. Rechts geht ein markierter Pfad abwärts, wir aber wandern zunächst noch einige Meter geradeaus weiter und suchen einen nicht gekennzeichneten Pfad, der durch die niedrigen Bäume hinaufführt zum Felsmassiv des *Hagelsteins* (640 m). Dort oben öffnet sich wiederum ein phantastischer Ausblick auf das Weilertal und das im Südwesten nebeneinanderstehende Gipfelpaar des Dambacher Hausberges. In gleicher Richtung sehen wir den Schloßberg mit der Frankenburg (703 m), darüber liegt der Kukkucksfelsen (854 m): beide sind uns durch die Tour 21 bekannt. Halblinks ragt die Ruine Ortenberg und im Süden die Hohkönigsburg auf.

Vom Hagelstein gehen wir auf gleichem Weg zurück bis zur *Weggabelung Stangen-*

berg (575 m). Dort stehen mehrere Schilder, die eine Dreiteilung der Wege kennzeichnen. Wir folgen dem Wegweiser »Engelsfelsen«. Der nun mit gelbem Punkt markierte Pfad führt uns in einer knappen Viertelstunde fast eben hinüber zu einem neuen, großartigen Aussichtsplatz, dem *Engelsfelsen* (568 m). Die Hohkönigsburg liegt direkt gegenüber, und darunter erkennt man die Ruine Ortenberg. Einige Meter nach dem Engelsfelsen teilt sich bei einer Bank der Weg. Geradeaus weist das Schild zur Ruine Bergstein, wir aber nehmen den leicht rechts abwärts führenden Waldpfad. Nach 30 Metern finden wir auf einem Stein unseren gelben Punkt wieder.

Nach einer guten Viertelstunde gelangen wir zum Waldrastplatz *Kriegshurst* (525 m). Von dort rechts, immer noch mit gelbem Punkt gekennzeichnet, aber schon nach knappen 100 Metern wieder eine Wegkreuzung. Wir schlagen den rechts abzweigenden Pfad ein. Nur noch ein kurzes Stück durch den Laubwald bis zu einem freien Hang über den Weinbergen mit Sicht aufs Rheintal. Zuletzt geht's hinab ins Wiebachtal, zwischen Wald und Rebgärten wandern wir nach *Dambach* (225 m) zurück. Wir kommen am ehemaligen Wehrgraben heraus, wo noch Reste der einst so hohen Stadtmauer zu sehen sind. Beim Gang durch die schmalen Gäßchen können wir durch die al-

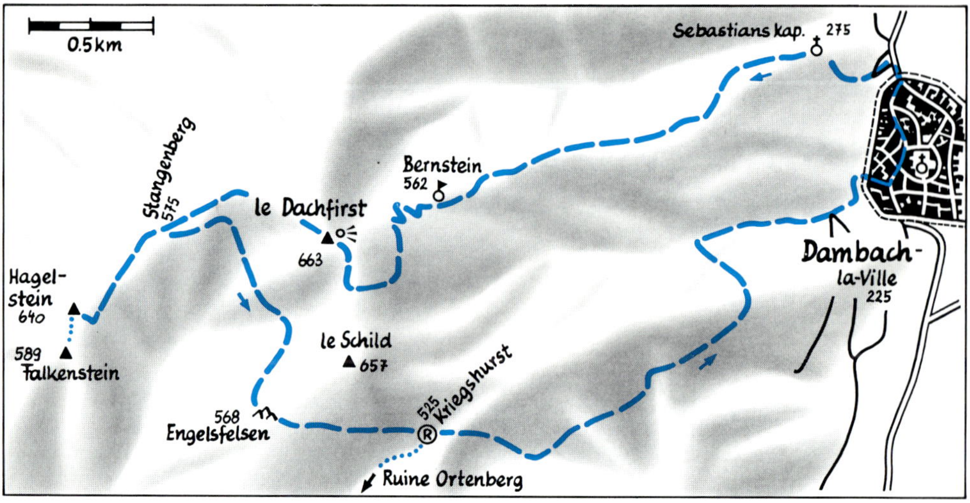

ten Torbogen in die Innenhöfe der Winzerhäuser schauen. Ab und zu laden Weinstuben ein, die köstlichen Dambacher Weine und einen elsässischen Zwiebelkuchen zu probieren.

Nützliche Informationen

Ausgangspunkt: *Dambach-la-Ville* (225 m).
Anfahrt: Von Straßburg auf der N 83 südlich bis Ausfahrt Sélestat/Schlettstadt Richtung Châtenois; dann noch 7 Kilometer auf der Weinstraße nordwärts bis Dambach-la-Ville. Ab Colmar ebenfalls auf der N 83 nördlich bis Sélestat. Von Saint-Hippolyte auf der Weinstraße nördlich über Châtenois nach Dambach-la-Ville. Itterswiller liegt ebenfalls direkt an der Weinstraße etwa 8 Kilometer nördlich vom Wanderausgangspunkt. TER-Bahnverbindung von Sélestat nach Dambach-la-Ville oder von Molsheim, Rosheim, Obernai, Barr nach Dambach-la-Ville.
Parkplatz: Im Ortszentrum von Dambach-la-Ville, in der Nähe des Rathauses.
Gehzeiten: Insgesamt ca. 3 Std. 20 Min.; Dambach-la-Ville – Sebastianskapelle: 12 Min. – Château Bernstein: 50 Min. – Le Dachfirst: 35 Min. – Weggabelung Stangenberg:13 Min. – Hagelstein: 9 Min. – Weggabelung Stangenberg : 6 Min. – Engelsfelsen: 15 Min. – Kriegshurst : 10 Min. – Dambach-la-Ville: 50 Min.
Länge der Tour: 9,8 km.
Höhendifferenzen: Aufstiege: Dambach-la-Ville – Château Bernstein: 337 m, Château Bernstein – Le Dachfirst: 101 m; Abstiege: Le Dachfirst – Weggabelung Stangenberg: 88 m, Hagelstein – Engelsfelsen: 72 m, Engelsfelsen – Dambach-la-Ville: 343 m.
Übernachtungsmöglichkeiten: In *Dieffenthal* bei Dambach-la-Ville Hôtel Les Châteaux, in *Itterswiller* Hôtel Arnold, in *Dambach-la-Ville* Hôtel Au Raisin d'Or oder in *Saint-Hippolyte* Hôtel Aux Ducs de Lorraine.
Einkehrmöglichkeiten: Unterwegs keine, in *Itterswiller* Restaurant Arnold, in *Dambach-la-Ville* mehrere Restaurants oder in *Saint-Hippolyte* Restaurants Parc und Aux Vieux Remparts.
Karte: Carte des Vosges 1:25000, Mont Sainte-Odile, Obernai.
Zusatzmöglichkeiten:
1. Steiler Abstieg vom Hagelstein (640 m) auf den mächtigen Aussichtsfelsen Falkenstein (589 m), mit anschließendem Wiederaufstieg. Für diesen lohnenden Abstecher ist eine Viertelstunde einzuplanen.
2. Erweiterung des Rückweges von der Wegkreuzung Kriegshurst (525 m) gemäß rotem Rechteck über die Ruine Ortenberg (490 m), die Tannelkreuzkapelle und Dieffenthal nach Dambach. Kriegshurst – Ortenberg : 1 Std., Ortenberg – Dieffenthal: 45 Min., Dieffenthal – Dambach: 30 Min. Die gesamte Gehzeit verlängert sich unter Einbeziehung dieses Rückweges auf 4 Std. 45 Min.

23 Auf der Schönen Leite

Col du Kreuzweg – La Grande Bellevue – Col de Bellevue

Tourencharakter: Erholsame Wanderung über dem Weilertal. Breite, gepflegte Waldwege ohne größere Steigungen.
Beste Jahreszeit: Frühjahr bis Herbst. Am schönsten zur Blütezeit von Kirschen, Schlehen und Ginster.
Reine Gehzeit: 1¾ Stunden.
Markierungen: Durchgehend roter Kreis.

Die *Grande Bellevue/Schöne Leite* (857 m) liegt auf dem Bergkamm, der sich vom Ungersberg, hoch über dem Weilertal, nach Westen hinüber zum Champ du Feu/Hochfeld erstreckt. Wie schon der Name dieses Tourenzieles verrät, wird dort schöne Aussicht geboten. Ganz nahe ragt im Osten der mächtige Ungersberg (901 m) auf, den wir im Verlaufe der Tour 25 besteigen werden. Der Männelstein mit der Burg Landsberg liegt im Norden, im Süden die Hohkönigsburg. Rechts davon die Ruine Frankenberg, im Südosten der Dachfirst (Tour 22) sowie die Ruinen Ortenberg und Ramstein. Am höchsten Punkt von La Grande Bellevue finden wir einen Markierungsstein, daneben eine Aussichtsbank. Der langgestreckte Bergrükken der Schönen Leite ist von Ginsterbüschen gesäumt, zwischen denen einzelne Ebereschen stehen. Drüben, am *Col de la Bellevue* (748 m), ist es besonders romantisch, wenn die unzähligen Schlehenbüsche blühen. In der nördlichen Senke liegt der Bergort le Hohwald, wo im Rathaus noch einer der Riesenschlitten zu besichtigen ist, mit dem man früher das geschlagene Holz zu Tal gefahren hat.

Der *Col du Kreuzweg* (768 m) ist ein prägnanter Bergsattel zwischen dem Tal der Kirneck und dem Weilertal; im Westen öffnet er das Champ du Feu/Hochfeld. Wenn man vom Col du Kreuzweg ein Stück in Richtung le Hohwald hinabfährt, findet man links oben das Berggasthaus Zundelkopf, wo dem Gast einheimische Spezialitäten angeboten werden.

Ein ausgedehntes Netz schöner Wanderwege erwartet den Besucher am Col du Kreuzweg.

Der Wegverlauf

Nach einer herrlichen Anfahrt sowohl vom Weilertal als auch vom Tal der Kirneck aus hinauf zum *Col du Kreuzweg* (768 m) stellen wir dort unser Auto ab und beginnen diesen schönen, waldreichen Rundweg. Vorbei an der Villa Mathis gehen wir in östlicher Richtung über das freie Feld zum Wald hinüber. Gleich danach kommt von rechts der Weg von Breitenbach herauf, wir aber gehen geradeaus. Kaum 20 Meter weiter biegt links die Strecke nach le Hohwald ab. Wir halten uns halbrechts und wandern, leicht ansteigend, in den Wald hinein (roter Punkt und Wegweiser Col de la Bellevue sowie Ungersberg).

Wir bleiben für die nächsten 20 Minuten auf diesem breiten Forstweg, der ständig leicht bergauf führt, und lassen die vielen, rechts in den Wald hineinführenden Wege völlig unbeachtet. Nach der Einmündung eines breiteren Weges, der auf der linken Seite von le Hohwald heraufkommt, sind es nur noch knapp 200 Meter, bis wir auf der rechten Seite die Holztafel »La Grande Bellevue« und einen schmalen Wiesenpfad entdecken, der hinaufführt zum Höhenrücken der Schönen Leite. Oben angekommen, halten wir uns rechts und sind schon nach etwa 100 Metern bei dem Markierungszeichen für die höchste Stelle der Grande Bellevue. Bei einer Rast auf der Bank hat man einen herrlichen Rundblick auf den Ungersberg, die umliegende Landschaft des Weilertales und eine ganze Reihe von Burgen.

Wir gehen auf der gleichen Strecke wieder zum Hauptweg zurück. Dort setzen wir unsere Wanderung hinüber zum Col de Bellevue fort. 200 Meter danach halten wir uns dort rechts, wo erneut eine Forststraße von le Hohwald heraufführt. Es geht nun beständig bergab, durch schönen Wald, und wir erreichen nach einer weiteren halben Stunde den Bergsattel und Aussichtsplatz *Col de la Bellevue* (748 m). Hier, am östlichsten Punkt unserer Rundtour, genießen wir wieder die herrliche Sicht. Verschiedene Wegweiser zeigen die Richtungen zum Ungersberg, über den Eselspfad nach Albé und nach le Hohwald an. Zunächst gehen wir auf gleichem Weg 250 Meter weit zurück, bis zur ersten Gabelung. Hier nehmen wir den linken Weg, der nun völlig eben am Waldhang unter der Schönen Leite (roter Punkt) durch einige Kurven zurückführt zum *Col du Kreuzweg* (768 m).

Auf der Grande Bellevue (857 m), dem höchsten Punkt der Schönen Leite, liegt der Ungersberg direkt vor uns.

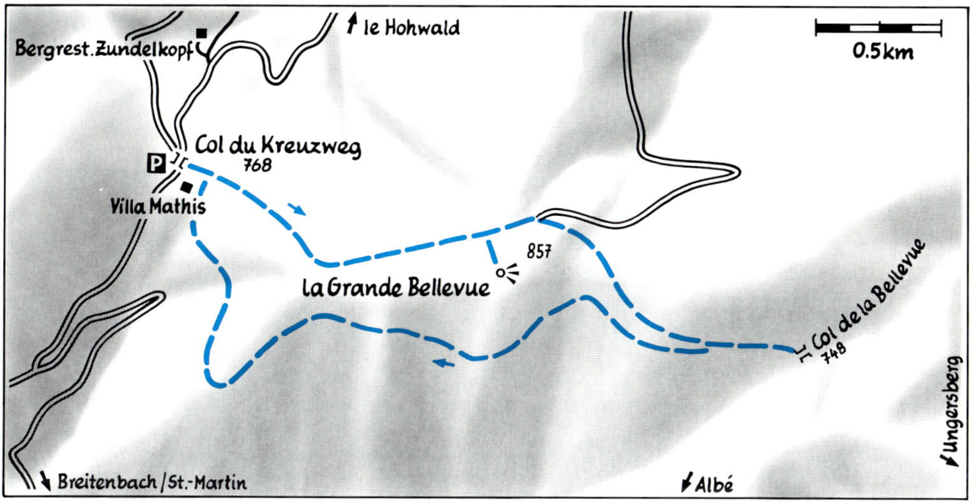

Nützliche Informationen

Ausgangspunkt: *Col du Kreuzweg* (768 m).
Anfahrt: Von Barr westlich auf der D 854 durchs Tal der Kirneck in Richtung Mont Ste.-Odile und auf der D 426 weiter über le Hohwald zum Ausgangspunkt am Col du Kreuzweg. Ab Châtenois an der Weinstraße in westlicher Richtung auf der D 424 ins Weilertal über St.-Maurice und Villé nach St.-Martin. Dort rechts ab auf der D 425 zum Col du Kreuzweg. TER-Busverbindung von Sélestat über Châtenois nach Val-de-Villé.
Parken: Direkt am Col du Kreuzweg (großer Parkplatz).
Gehzeiten: Insgesamt 1¾ Std.; Col du Kreuzweg – La Grande Bellevue/Schöne Leite: 30 Min. – Col de la Bellevue: 25 Min. – Col du Kreuzweg: 50 Min.
Länge der Tour: 6,6 km.
Höhendifferenzen: Col du Kreuzweg – La Grande Bellevue: 89 m.
Übernachtungsmöglichkeiten: In *Barr* Domaine St. Ulrich, in *Dieffenthal* bei Dambach-la-Ville Hôtel des Châteaux, in *Saint-Hippolyte* Hôtel Aux Ducs de Lorraine.
Einkehrmöglichkeiten: *Unter dem Col du Kreuzweg* Bergrestaurant Zundelkopf, in *Villé* Restaurant Le Val Joli, in *Barr* Restaurant Maison Rouge oder in *Saint-Hippolyte* Restaurants Parc und Aux Vieux Remparts.
Karte: Carte des Vosges 1:25 000, Mont Sainte-Odile, Obernai.

24 Über das mächtige Massiv des Hochfeldes

Col de la Charbonnière – Col du Champ du Feu

Tourencharakter: Wenig anstrengende Vogesenwanderung über baumloses Gelände, ohne große Steigungen. Wegen des feuchten Quellgebietes am Westabhang des Champ du Feu ist festes Schuhwerk empfehlenswert.
Beste Jahreszeit: Frühling, Sommer und Herbst.
Reine Gehzeit: 2 Stunden und 40 Minuten.
Markierungen: Gelbes Kreuz vom Col de la Charbonnière bis la Serva, gelber Kreis zur Anhöhe 1058, rotes Rechteck über Col du Champ du Feu zum Aussichtsturm, blaues Rechteck zurück zum Col de la Charbonnière.

Das *Champ du Feu/Hochfeld* ist die höchste Erhebung zwischen dem Breuschtal und dem Lebertal (durchschnittlich 1075 m). Es ist ein viele Hektar großes freies Plateau, das zum Teil moorig und zum Teil von Heidelbeersträuchern überzogen ist. Rundherum liegen schöne Mischwälder. Der Name hat sich aus der alten Bezeichnung *Champ do fé* entwikkelt und bedeutet Hochweide.

An der höchsten Stelle des Champ du Feu (1100 m) steht der 20 Meter hohe *Aussichtsturm,* der 1898 anläßlich des 25jährigen Gründungsjubiläums des Vogesenclubs erbaut wurde. Oben hat man einen herrlichen Rundblick, den eine Orientierungstafel erklärt. Am östlichen Rand des Hochfeldes führt die vom Weilertal heraufkommende Straße hinüber ins Tal der Andlau. Unmittelbare Anfahrten bestehen von den Tälern der Ehn, der Kirneck, der Andlau und der Giessen sowie über die Pässe Col de Steige und Col du Kreuzweg.

Ausgangspunkt für diese Wanderung ist der *Col de la Charbonnière/Köhlerplatz* (961 m), eine große Straßenkreuzung, wo heute anstelle des alten Forsthauses ein Hotel steht. Wir gehen von hier auf dem sogenannten Edelweißpfad zum Hochfeld. Hier hat man versucht, auf einem Felsen Edelweiß anzupflanzen, was aber nicht gelang.

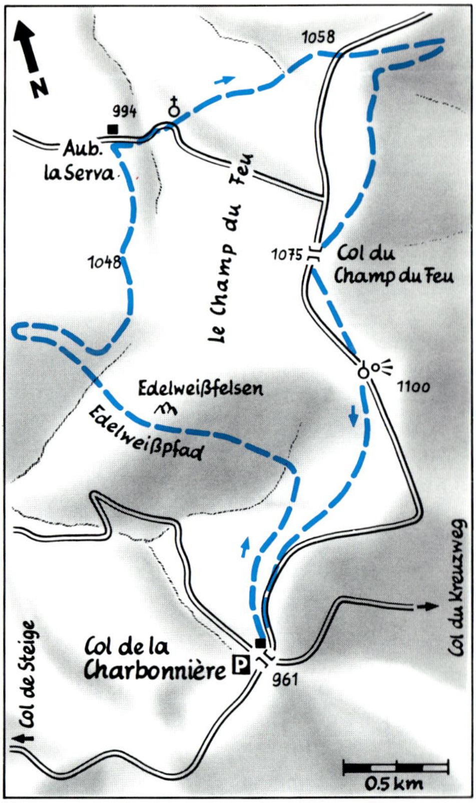

Der Wegverlauf

Vom Parkplatz am *Col de la Charbonnière* (961 m) wandern wir links der Autoroute auf dem Waldfahrweg, der nach etwa 600 Metern bei einer Wiese am Kilometerstein 17 wieder an der Bergstraße herauskommt. Dort beginnt der mit gelbem Kreuz markierte Waldweg, der uns völlig eben schon nach einer Viertelstunde zu einer Kreuzung mit mehreren Wegweisern bringt. Rechts geht's zum Tour du Feu hinauf, wir nehmen den geradeaus weiterführenden Edelweißpfad. Der weitgehend ebene, manchmal leicht ansteigende *Sentier Edelweiß* (gelbes Kreuz) überquert einige abwärts führende Waldwege und bleibt immer auf gleicher Höhe. Nach einer knappen halben Stunde passieren wir den verwachsenen Edelweißfelsen ohne Aussicht. Der Wald ist hier sich selbst überlassen, umgefallene Bäume vermodern, verschiedene Bäche berühren unseren Weg, so daß er manchmal etwas feucht und sumpfig wird, dann folgt eine Schleife, danach eine große Hangwiese, bevor es endgültig hinaufgeht an den Rand des freien Hochfeldes. Oben wird ein weiterer Weg überquert, dann sind wir auf der *Anhöhe 1048.* Dort gabelt sich der Pfad, wir bleiben rechts, überschreiten nochmals einen vom Hochfeld herabkommenden Weg und kommen nach einer Stunde und zehn Minuten zur *Auberge la Serva* (994 m).

Von hier gehen wir rechts herum ein Stück auf der Straße weiter, bis uns vor einer Rechtskurve bei einer kleinen Kapelle ein Pfad aufnimmt, der geradeaus zur Ostseite des Champ du Feu (gelber Ring, Wegweiser Ruine Rathsamhausen/Rothlach) hinüberführt. Von la Serva brauchen wir 20 Minuten, um zur *Anhöhe 1058* zu kommen. Kurz davor zweigt rechts ein Weg ab, der schon nach etwa 80 Metern die von Rothlach heraufkommende Straße D 214 überquert und nach weiteren 10 Minuten auf die *Grand' Randonnée 5* stößt. Rechts herum wandern wir auf diesem Weg (rotes Rechteck) in mäßigem Anstieg durch schönen Wald den Berg hinauf. Bei einer Wegteilung in einem Buchenwäldchen halten wir uns geradeaus und kommen in einer guten halben Stunde zum *Col du Champ du Feu* (1075 m), von wo wir am Latschenkiefernwald entlang parallel zur Straße nach 10 Minuten die höchste Stelle des Champ du Feu mit *Aussichtsturm* (1100 m) erreichen. Für den Rückweg weist uns das blaue Rechteck in den Wald hinab, und wir sind in 25 Minuten am Ausgangspunkt *Col de la Charbonnière* (961 m).

Nützliche Informationen

Ausgangspunkt: *Col de la Charbonnière/ Köhlerplatz* (961 m).
Anfahrt: Von Châtenois an der Weinstraße westlich auf der D 424 durch das Weilertal über Villé nach St.-Martin. Dort rechts ab in die D 425 Richtung Col du Kreuzweg, wo kurz vorher links die D 57 zum Champ du Feu abzweigt. Anfahrt von Barr durch le Hohwald und über den Col du Kreuzweg hinüber, rechts ab zum Champ du Feu. TER-Busverbindung von Sélestat über Chatenois nach Val-de-Villé.
Parkplatz: Am Col de la Charbonnière bei der dortigen Auberge.
Gehzeiten: Insgesamt 2 Std. 40 Min.; Col de la Charbonnière – Edelweißfelsen: 25 Min. – Anhöhe 1048: 35 Min. – la Serva: 10 Min. – Anhöhe 1058/Ostseite des Champ du Feu: 20 Min. – Col du Champ du Feu: 35 Min. – Aussichtsturm: 10 Min. – Col de la Charbonnière: 25 Min.
Länge der Tour: 9,7 km.
Höhendifferenzen: Aufstieg: Col de la Charbonnière – Anhöhe 1048: 87 m; Abstieg: Aussichtsturm – Col de la Charbonnière: 139 m.
Übernachtungsmöglichkeiten: In *Dieffenthal* bei Dambach-la-Ville Hôtel Les Châteaux, in *Barr* Hôtel Le Domaine St. Ulrich oder in *Itterswiller* Hôtel Arnold.

Weite Rundsicht mit großer Vogesenschau am Hochfeld (1100 m) zwischen dem Weiler- und dem Lebertal.

Einkehrmöglichkeiten: Auberge *Col de la Charbonnière*, am *Champ du Feu* Auberge la Serva, in *Villé* Restaurant Le Val Joli oder in *Barr* Maison Rouge.
Karte: Carte des Vosges 1:25000, Mont Sainte-Odile, Obernai.
Variante: Vom Parkplatz am Col du Kreuzweg (768 m) Aufstieg (blaues Kreuz) zum Aussichtsturm am Champ du Feu (1100 m) und über den Col du Champ du Feu mit Überquerung des Hochfeldes (blaues X) nach la Serva, dann Anschluß an reguläre Tour über die Anhöhe 1058 und zurück zum Aussichtsturm. Auf gleichem Weg wieder hinunter zum Col du Kreuzweg. Länge dieser Variante: 11,7 Kilometer, gesamte Gehzeit 4 Stunden.

25 Über den Eselspfad zum großen Vogesenpanorama auf den Ungersberg

Albé – Col de Bellevue – Ungersberg – Meisebuckel

Tourencharakter: Waldreiche Bergtour mit teilweise freien Aussichtsstrecken. Der Eselspfad ist ein alter Übergang über den Col de Bellevue nach le Hohwald. Er ist an manchen Stellen verwachsen und in der oberen Hälfte ein offener Kammweg.
Beste Jahreszeit: Frühjahr und Herbst.
Reine Gehzeit: 5¼ Stunden.
Markierungen: Rotes X von Albé bis zur ersten Weggabelung am Sohlkreuz, rot-weiß-rotes Rechteck für den Eselspfad zum Col de Bellevue, gelbes X zum Col de l'Ungersberg, rotes Rechteck zum Ungersberg. Beim Abstieg zum Parkplatz, Höhe 623, zuerst blaues Kreuz, dann gelbes X, zuletzt rotes Kreuz über Meisebukkel bis Abzweigung Höhe 361, dann blauer Punkt bis Albé.

Der weithin sichtbare *Ungersberg* (901 m) ist der Hausberg von Villé. Während bei den Bergen über Dambach noch der helle Granit vorherrscht, besteht der Ungersberg schon aus dem für die Nordvogesen so typischen Buntsandstein. Der Berggipfel hat historische Bedeutung, fanden doch hier oben die nächtlichen Geheimversammlungen der elsässischen Bauern statt, bei denen 1493 der sogenannte Bundschuhkrieg beschlossen wurde. Vom Turm des Ungersberges erkennt man im Nordosten die Burg von Landsberg, im Süden die Ruine Frankenburg (Tour 21), im Südosten den Dachfirst (Tour 22) mit den Ruinen Bernstein, Ortenberg und Ramstein sowie im Nordosten die Schöne Leite (Tour 23), dahinter das Hochfeld (Tour 24) und im Westen den Tafelberg Climont (Tour 20).

Das Städtchen *Villé/Weiler* (260 m) ist die Heimat des Kirschwassers, etwa ein Dutzend Schnapsbrennereien stellen hier Hochprozentiges aus allerlei Früchten und Waldbeeren her. Es ist aber auch ein Wanderparadies mit blumenreichen Wiesen und grünen Tälern. Früher trugen Esel die Lasten von Villé hinauf zu den Sennhütten der Weiden des Hohwaldes und der Kälberhütte. Der danach benannte, sehr alte *Chemin des Anes/Eselsweg*, der heute eine beliebte Wanderstrecke ist, führt durch Wiesen und schönen Wald, vorbei am lieblichen Erlenbachtal durch die Talhänge hinauf auf den Col de la Bellevue (748 m).

Ausgangspunkt dieser Wanderung ist das kleine Dorf *Albé/Erlenbach* (302 m), über dem der gewaltige Ungersberg thront. Beim Rückweg kommt man in einem Seitental des Erlenbaches heraus, das am Mäusebuckel/Meisebuckel endet.

Auf diesem breiten Plateau hat der französische Staat ein Feriendorf errichtet, das so gut der Landschaft angepaßt ist, daß es dem Auge kaum auffällt.

Der Wegverlauf

Von der Dorfkirche in *Albé/Erlenbach* (302 m) gehen wir in nördlicher Richtung zu den letzten Häusern, wo der mit einem roten X markierte Weg nach Breitenbach anfängt. Zuerst über den offenen Hang, dann, wo der Wald beginnt, ins Hartschbachtal hinein, hier fängt der Weg an zu steigen. In einer halben Stunde sind wir am *Sohlkreuz* (448 m) angelangt. Geradeaus geht's nach Breiten-

Eine Vogesenlandschaft, wie man sie in Erinnerung behält: beim Abstieg vom Ungersberg durch das Erlenbachtal.

bach weiter, wir biegen rechts ab auf den von Villé heraufkommenden Eselsweg mit rot-weiß-rotem Rechteck; er führt durch schönen Wald geradeaus hoch zum Col de Bellevue. Nach einer knappen halben Stunde sind wir unter dem Bergrücken des *Gross-Gietzig* (619 m), dessen Abhänge beidseits baumlos sind und eine gute Sicht freigeben auf den Climont und den Ungersberg, die alle umliegenden Erhebungen überragen. Links unter uns liegt das Niedermatt-Tal, dahinter das Dorf Breitenbach. Im Nordwesten erkennen wir das Weidegebiet um Vieux Kaelberhutte/Kälberhütte (982 m), direkt dahinter das Hochfeld. Am Kamm entlang geht's nun hinauf zum *Col de Bellevue* (748 m), den wir nach insgesamt 1 Stunde und 40 Minuten erreichen. Die Aussicht ist grandios. An einem Baumstumpf des Bergsattels finden wir Wegweiser, wir folgen dem Richtung Ungersberg (gelbes X, früher weißes Rechteck). Zuerst durch hohen Tannenwald zu einem Waldplatz hinab und von dort auf ebener Strecke immer näher an den Ungersberg heran. In 40 Minuten erreichen wir den *Col de l'Ungersberg* (675 m). Hier finden wir auch schon die Hinweistafel zum Ungersberg.

Wir gehen 100 Meter auf der Grande Randonnée 5 Richtung Andlau, dann folgen wir dem rechts in den Wald hinein führenden

Weg mit der Markierung rotes Rechteck. Am Anfang leicht bergauf, dann eine knappe Viertelstunde fast eben gehen wir immer geradeaus an einigen Fahrwegabzweigungen vorbei auf die westliche Seite des Ungersbergfußes. Bei der Gabelung mehrerer Wege, wo die Route von Meisebuckel hereinkommt, beginnt der Serpentinenweg (rotes Rechteck), auf dem wir von Westen her den Ungersberg ersteigen. Es wird bald ein breiterer Weg überquert, dann mündet der Pfad in einen neueren Holzfuhrweg, an dessen Ende der Pfad hinauf zum *Gipfel des Ungersberges* (901 m) führt. Wir haben vom Bergsattel bis hier herauf eine Stunde und zehn Minuten gebraucht, aber der Aufstieg hat sich allein schon wegen der großartigen Aussicht gelohnt.

Den Rückweg leitet bis zur ersten Weggabelung der schon vom Aufstieg her bekannte Pfad ein. Dort weist uns das blaue Kreuz nach links, und nach 350 Metern sind wir auf der Zufahrtstraße zum dortigen *Parkplatz (Höhe 623)*. Auf dieser Straße nochmals 300 Meter nördlich in Richtung Col de l'Ungersberg, bis wir Anschluß an den mit einem roten Kreuz markierten Weg links hinab nach Meisebuckel finden. Bald überqueren wir einen breiteren Fahrweg und wandern auf einem Waldpfad weiter abwärts. Bei einem Hochsitz überschreiten wir die von Albé heraufkommende Bergstraße und gehen geradeaus hinunter zum Bergplateau *Meisebuckel* (417 m) unweit der Ferienkolonie Albéville. Dort erhält man im Bedarfsfalle auch Getränke. Am Südende der Gebäude verlassen wir die neue Fahrstraße, die von Albé hier heraufführt und nehmen links den Parallelweg, der bei einer Bank beginnt, aber leider ist der schöne Weg schon nach einem halben Kilometer zu Ende. Der letzte Abschnitt des Rückweges erfolgt vor der imposanten Kulisse der Vogesen des westlichen Weilertales. Die Sicht reicht bis hinter zum Climont. Wir müssen das letzte Stück auf der Straße hinabwandern, vorbei an der linken Wegabzweigung (Höhe 361), die nach Villé hinabführt. Nun auf der wenig befahrenen Bergstraße immer geradeaus dem Ort *Albé* (302 m) entgegen.

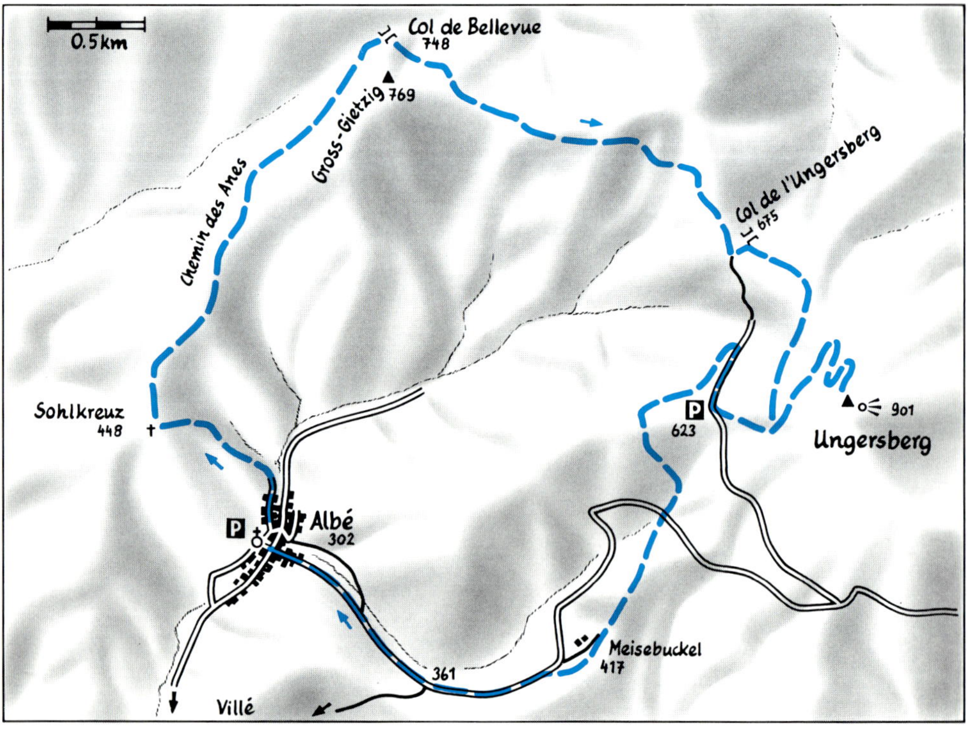

Nützliche Informationen

Ausgangspunkt: Kirchplatz von *Albé/Erlenbach* (302 m).
Anfahrt: Von Dieffenthal bei Dambach-la-Ville auf der Weinstraße südlich, oder von Saint-Hippolyte nördlich bis Châtenois. Von dort westlich auf der D 424 durchs Weilertal bis Villé. In der Ortsmitte von Villé zweigt rechts die D 439 nach Albé ab. TER-Busverbindung von Sélestat über Chatenois nach Val-de-Villé.
Parken: In Albé am Kirchplatz.
Gehzeiten: Insgesamt 5¼ Std.; Albé – Sohlkreuz: 30 Min. – Col de Bellevue: 1 Std.10 Min. – Col de l'Ungersberg: 40 Min. – Ungersberg: 1 Std.10 Min. – Parkplatz Höhe 623: 40 Min. – Meisebuckel: 35 Min. – Albé: 30 Min.
Länge der Tour: 14,4 km.
Höhendifferenzen: Aufstiege: Albé – Col de Bellevue: 446 m, Col de l'Ungersberg – Ungersberg: 226 m; Abstiege: Ungersberg – Meisebuckel: 484 m, Meisebuckel – Albé: 115 m.
Übernachtungsmöglichkeiten: In *Dieffenthal* bei Dambach-la-Ville Hôtel Les Châteaux, in *Itterswiller* Hôtel Arnold oder in *Saint-Hippolyte* Hôtel Aux Ducs de Lorraine.
Einkehrmöglichkeiten: Unterwegs keine Einkehrmöglichkeit, in *Villé* Restaurant Le Val Joli oder in *Saint-Hippolyte* Restaurants Aux Vieux Remparts und Parc.
Karte: Carte des Vosges 1:25000, Mont Sainte-Odile, Obernai.
Variante 1: Anfahrt von Itterswiller an der Weinstraße (bei Andlau) auf der D 253 über Buglit, Dreyspitz, Sieben Wege, Kohlbronnen Richtung Col de l'Ungersberg bis zum Parkplatz Höhe 623 unter dem Ungersberg. Von dort Hin- und Rückweg zum Ungersberg 2 Stunden.
Zum Gipfel benötigt man 1 Stunde und 10 Minuten, blaues Kreuz bis zur Weggabelung, dann rotes Rechteck zum Gipfel, gleicher Rückweg in 40 Minuten.
Variante 2: Man fährt von Albé weiter hinauf zur Feriensiedlung Meisebuckel, wo sich ein großer Parkplatz befindet.
Von dort benötigt man für den Hin- und Rückweg zum Ungersberg 3 Stunden und 25 Minuten.

26 Von Sainte-Odile zur Burg Landsberg und zur Heidenmauer

Ste.-Odile – Château Landsberg – Maennelstein

Tourencharakter: Gepflegte Wege durch schöne Wälder, teilweise entlang der Heidenmauer. Überwiegend ebene Strekken.
Beste Jahreszeit: Frühjahr und Herbst.
Reine Gehzeit: Rund 2½ Stunden.
Markierungen: Gelbes Dreieck, zuletzt gelber Punkt bis St.-Jacques; blaues Dreieck bis Höhe 616, dann weißes Rechteck bis Ruine Landsberg; rotes Rechteck von Ruine Landsberg zum Maennelstein. Gelbes Kreuz entlang der Heidenmauer zurück zum Kloster Ste.-Odile.
Gute Markierungen.

Nahe Ottrott steht über dem Steilhang eines riesigen Buntsandsteinmassivs auf dem Turm der Klosterkirche die kolossale Statue der heiligen Odilia. Die Schutzpatronin des Elsaß schaut vom Odilienberg herab auf ihr Land und zeigt sich ihren zahlreichen Besuchern schon von weitem.

Der *Mont Ste.-Odile/Odilienberg* liegt 764 Meter hoch zwischen Maennelstein und Hagelschloß. Dieser bewaldete Bergrücken ist von der sogenannten *Heidenmauer (mur paien)* umgeben. Sie entstand ca. 1000 v. Chr. und war der Befestigungsring einer keltischen Fliehburg. Zehn Kilometer lang, drei Meter hoch und oft über zwei Meter stark, erbaut aus zyklopischen Sandsteinblöcken, die ohne Mörtel nur mit Eichenholzklammern in schwalbenschwanzförmigen Steinvertiefungen verbunden waren, umschloß sie das Refugium der Kelten gegen Angriffe von außen. Maennelstein und Wachstein dienten als Wachttürme. Grabungen belegten eine Benutzung der Anlage noch in römischer Zeit.

Unter der Frankenherrschaft befand sich auf dem Odilienberg die *Hohenburg* der Etichonen aus Obernai. Sie waren Grafen des Elsaß und Gefolgsleute der Frankenkönige.

Aus diesem Geschlecht stammt auch Attich oder Eticho, Vater der heiligen Odilia, mit der folgende Legende verbunden ist:

Um 622 wurde Herzog Attich anstelle eines gewünschten Sohnes eine blinde Tochter geboren, die er zu töten befahl. Mutter Bereswinde rettete das Kind und ließ es heimlich in das burgundische Kloster Beaume-les-Dames zu Erziehung bringen. Zehn Jahre später träumte Bischof Erhard von Regensburg, daß er ein blindes Mädchen in Beaume taufen sollte. Er brach dorthin auf, fand das Kind, und als das Taufwasser die Haare netzte, wurde es sehend. Es erhielt deshalb den Namen Tochter des Lichts, Odilia. Jahre danach holte einer ihrer Brüder, Graf Hugo, das Mädchen heim. Der Herzog geriet in solche Wut, daß er seinen Sohn erschlug. Odilia aber bezeugte ihrem Vater trotzdem Demut und Liebe, und er bereute seine abscheulichen Taten. Odilia wollte ihr Leben Gott weihen, doch der Herzog beabsichtigte, sie mit einem Fürsten zu verheiraten. Die ratlose Odilia floh in den Schwarzwald und wurde dort eingeholt. Angesichts ihrer Not öffnete sich ein Fels und gab ihr Asyl. Dieses erneute Wunder beeindruckte Attich so sehr, daß er seiner Tochter die Hohenburg am Nordgipfel des Odilienberges schenkte, um dort ein Kloster gründen zu können.

Nach dem Kloster auf der Hohenburg erbaute sie 707 die Nonnenabtei Niedermünster, von der heute nur noch Reste zu sehen sind. Als Odilia 720 starb, sollen alle Glokken im Elsaß wie von selbst zu läuten begonnen haben, und schon kurze Zeit danach wurde Kloster Hohenburg zu einem bekannten Wallfahrtsort. Die Verehrung der Heiligen hat sich über viele Jahrhunderte bis heute erhalten. Kaiser und Könige, wie Karl der Große, Ludwig der Fromme, Papst Leo IX., Friedrich Barbarossa, Richard Löwenherz und Karl IV., pilgerten zu ihrem Grab.

Man betritt den lindenbestandenen Klosterhof und findet rechts die Klosterkirche, die 1687 auf den Grundmauern der abgebrannten Vorgängerkirche errichtet wurde. Im Ostflügel des Odilienhofes liegt die Kreuzkapelle, der bedeutende Überrest des romanischen Klosters (11. Jahrhundert). Hier ruht Attich, der Vater der Heiligen. Durch eine skulpturengeschmückte Tür gelangt man in die Odilienkapelle, wo in einem Steinsarkophag die sterblichen Überreste der Heiligen liegen. Von der Terrasse des Klosters reicht der Blick weit ins Land, im Nordosten über das Breuschtal zur Ruine Guirbaden (Tour 29), im Westen bis zum Champ du Feu und im Nordosten bei klarer Sicht bis zum Straßburger Münster und dem Schwarzwald.

Vier Kilometer südöstlich des Odilienklosters ragt die Burg Landsberg empor. Sie gehört zu den besten Beispielen staufischen Burgenbaues und wurde 1146 von den Schutzvögten des Klosters Niedermünster errichtet. Auf einem vorgeschobenen Felsen liegt der quadratische Bergfried mit gut erhaltenem Wohntrakt, im Obergeschoß gekuppelte Rundbogenfenster, die auf Säulen ruhen. Über dem spitzbogigen Eingang befindet sich der Kapellenerker mit Bogenfriesen und Lisenen.

Der Wegverlauf

An der Auffahrt zum oberen Parkplatz des *Klosterplateaus* (764 m) gehen wir rechts auf einer Treppe abwärts. Unten halten wir uns an den Wegweiser *»Odilienquelle«* (gelbes Dreieck), dort überqueren wir die Straße und wandern weiter hinab, bis wir nach einer knappen Viertelstunde auf einen Weg stoßen, der rechts herum auf gleicher Höhe hinüberführt nach St.-Jacques. 60 Meter unter uns liegen die Überreste des romanischen Klosters Niedermünster. Wir gehen nochmals 10 Minuten geradeaus weiter. Wo der Weg von Niedermünster heraufkommt, wechselt die Markierung (gelber Punkt). Zuletzt noch ein Stück auf der Straße, und wir erreichen *St.-Jacques* (571 m) in insgesamt 35 Minuten. Vor der Linkskehre der Straße biegen wir rechts ab (Wegweiser »Landsberg«, blaues Dreieck) und wandern neben der Autostraße bis zur Anhöhe 616, kurz da-

Der Odilienberg (764 m), ein mächtiges Buntsandsteinmassiv, mit dem ursprünglich aus dem 11. Jahrhundert stammenden Kloster der heiligen Odilia, Landespatronin des Elsaß.

nach wieder halblinks (weißes Rechteck) hinunter, am alten Forsthaus vorbei, in einer knappen halben Stunde zur *Burg Landsberg* (580 m). Die weithin sichtbare, gut erhaltene Ruine gilt als Wahrzeichen des Elsaß.

Zurück zur Weggabelung, hinter dem Forsthaus halblinks (rotes Rechteck) geht es nun in westlicher Richtung bergauf, nach 10 Minuten über die Straße, kurz danach an der Teilung der Wege links weiter durch schönen Hochwald in etwa 25 Minuten hinauf zum *Kiosque Jadelot* (730 m). Von dort weist uns das rote Rechteck, jetzt stärker ansteigend, in einer guten Viertelstunde hinauf zum *Aussichtsplatz Wachstein* an der Heidenmauer. Dann gehen wir rechts herum, jetzt völlig eben, innerhalb des gewaltigen Festungsringes in wenigen Minuten hinüber zum aussichtsreichen *Maennelstein* (817 m) mit Orientierungstafel.

Der weitere Rückweg verläuft gemäß gelbem Kreuz fast eben innerhalb der Heidenmauer über *St.-Jean* (750 m) in einer halben Stunde zurück zum Ausgangspunkt am *Kloster Ste.-Odile* (764 m).

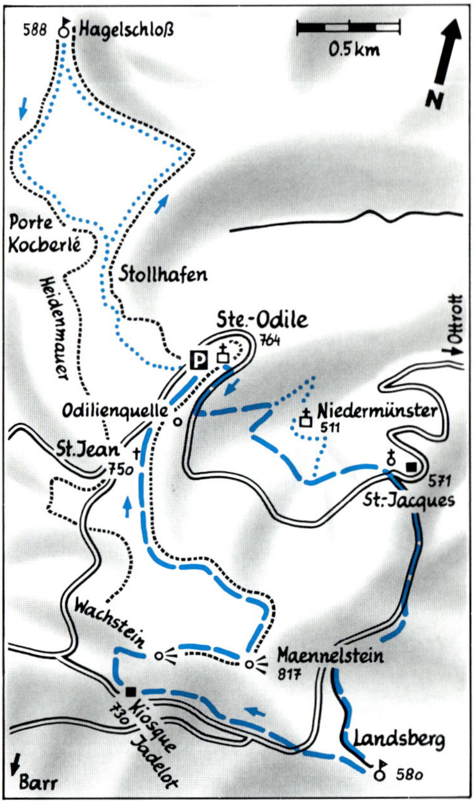

Nützliche Informationen

Ausgangspunkt: *Ste.-Odile* (764 m).
Anfahrt: Von Obernai über Ottrott, Klingenthal zum Odilienberg oder von Barr direkt auf den Mont-Ste.-Odile. TER-Bahnverbindung, Strecken: Straßburg – Obernai oder Barr – Obernai.
Parkplatz: Zahlreiche Parkmöglichkeiten unter dem Kloster links der Fahrstraße (740 m) oder am oberen Parkplatz auf dem Klosterplateau (764 m).
Gehzeiten: Insgesamt rund 2½ Std.; Ste.-Odile – St.-Jacques: 35 Min. – Château Landsberg: 30 Min. – Kiosque Jadelot: 35 Min. – Maennelstein: 25 Min. – St.-Jean: 20 Min. – Ste.-Odile: 10 Min.
Länge der Tour: 7,6 km.
Höhendifferenzen: Abstieg: Ste.-Odile – St.-Jacques: 193 m; Aufstieg: Ruine Landsberg – Maennelstein: 237 m.
Übernachtungsmöglichkeiten: In *Barr* Domaine St. Ulrich, in *Obernai* Hôtel Le Parc und Le Grand Hôtel, in *Ottrott* Hôtels Beau Site und Ami Fritz oder in *Klingenthal* Hôtel Les Vosges.
Einkehrmöglichkeiten: Restaurant im *Kloster Ste.-Odile*, in *Barr* Restaurant Maison Rouge, in *Obernai* Restaurants Le Parc und Le Grand Hôtel, in *Ottrott* Restaurants Beau Site und Ami Fritz oder in *Klingenthal* Restaurant Le Clos des Délices.
Karte: Carte des Vosges 1:25 000, Mont Sainte-Odile, Obernai.
Variante: Nach dem Abstieg vom Odilienberg zusätzliche Einbeziehung der romanischen Klosterruine Niedermünster (511 m, gelbes Dreieck) und Anschluß vor St.-Jacques an reguläre Tour. Verlängert die Route um 0,3 km und 10 Min.
Weiterer Tourenvorschlag: 4,4 Kilometer langer Rundweg innerhalb der nördlichen Heidenmauer zum Hagelschloß (588 m), der gut 1½ Stunden dauert. Markierungen: zuerst rot-weiß-rotes Rechteck, dann gelbes X zum Hagelschloß. Rückweg über Porte Kocberlé (627 m), Stollhafen wieder rot-weiß-rotes Rechteck zum Odilienberg.

27 Burgenwanderung hoch über Ottrott

Ottrott – Burgen Rathsamhausen/ Lutzelbourg – Hagelschloß – Hohenburgberg – Elsberg

Tourencharakter: Bergwanderung durch herrliche Mischwälder zu eindrucksvollen Burgruinen. Gepflegte Waldwege wechseln mit Bergpfaden, die teilweise gewunden und steinig sind; nur wenige kurze Steilstücke.
Beste Jahreszeit: Mai, Juni, September, Oktober.
Reine Gehzeit: 3 Stunden und 25 Minuten.
Markierungen: Rot-weiß-rotes Rechteck von Ottrott bis Forsthaus Rathsamhausen, blaues X zum Hagelschloß, gelbes X entlang der Heidenmauer, gelbes Dreieck zum Hohenburgberg und von dort blaues X (Wunderpfad), dann Anschluß rot-weiß-rotes Rechteck über Elsberg nach Ottrott.

Im Verlauf dieser Burgenwanderung durch herrliches Vogesenvorland mit großartigen Waldgebieten südöstlich des Ehntales stoßen wir auf mehrere sehenswerte Ruinen und auf die interessante nördliche Heidenmauer (vergleiche Tour 26).

Direkt über Ottrott liegen in 500 Metern Höhe zwei Burgruinen nebeneinander, die Ottrotter Schlösser. Die vordere, vom Forsthaus gut sichtbare Ruine, ist die *Burg Rathsamhausen.* Der Palas (um 1200) mit beachtlicher Höhe hat in jedem Stockwerk einen Kamin; besonders schön ist der im mittleren Geschoß, er ist mit Säulen und Kapitellen verziert. Um 1250 kam der runde Bergfried dazu. Erbaut wurde diese Burg einst von den Herren von Hohenstein. Seit dem Neubau 1561 gehörte sie den Rathsamhausern, die auch in Straßburg ein Stadtpalais besaßen. Direkt daneben finden wir die *Ruine Lutzelbourg.* Die Herren von Lützelburg errichteten 1150 dieses Schloß, das 1356 im englisch-französischen Krieg zerstört worden ist. Nach seinem Wiederaufbau kam es auch in den Besitz der Herren von Rathsamhausen. Im Dreißigjährigen Krieg wurden beide Burgen zerstört.

Eine stark zerfallene Burgruine ist das *Hagelschloß,* dessen ursprünglicher Name Waldesberg war. Im 13. Jahrhundert erbaut, war es zunächst ebenfalls im Besitz der Herren von Rathsamhausen, ging aber schon bald auf den Raubritter Walter Erb über. Er soll Pilger ausgeplündert haben, die zum Grab der heiligen Odilia wollten, und raubte auch den Nachschub für das Odilienkloster. Als er 1406 Abgesandte der Stadt Straßburg gefangennahm, war das Anlaß genug, die Burg zerstören zu lassen.

Auf dem Rückweg nach Ottrott geht der Wanderer zunächst ein Stück an der nördlichen Heidenmauer des Odilienberges entlang und gelangt dann hinauf auf den *Hohenburgberg,* wo einst das Schloß der Etichonen stand, von denen die heilige Odilia abstammt.

Der Wegverlauf

Von der Kirche in *Ottrott le Haut* (280 m) gehen wir beim Restaurant Ami Fritz und am Hôtel Les Châteaux vorbei, das schmale Teersträßchen leicht bergauf, in 12 Minuten hinauf zur *Abzweigung Waldpfad* (335 m). Von dort wandern wir links durch schönen Mischwald (rot-weiß-rotes Rechteck), zuerst leicht bergauf, dann allmählich immer mehr

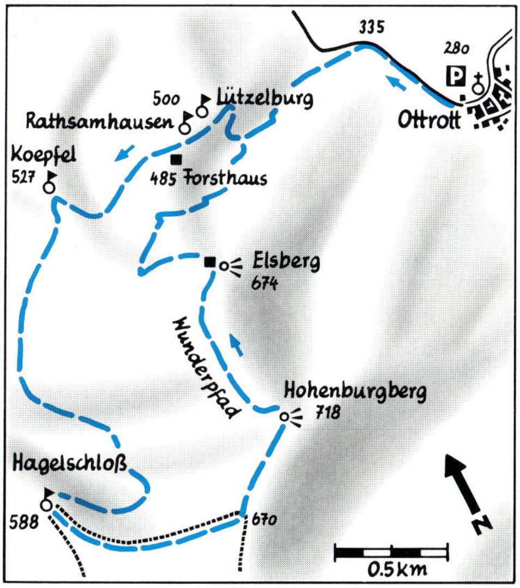

ansteigend, zuletzt auf einer kurzen Steilstrecke, die mit Steinen durchsetzt ist, in einer knappen halben Stunde hinauf zu einem breiten Forstweg. An einer *alten Kastanie,* wo der Weg von Klingenthal (gelber Punkt) heraufkommt, biegen wir links ab. Nun gemütlich bergwärts weiter. In wenigen Minuten sind wir am *Forsthaus Rathsamhausen* (485 m) unter den zwei Ottrotter Schlössern. Die vordere, vom Forsthaus gut sichtbare Ruine beachtlicher Größe, ist die Burg der Herren von Rathsamhausen (500 m), dahinter liegt auf gleicher Höhe die Lutzelbourg/Lützelburg.

Rechts vom Forsthaus setzen wir unsere Tour fort. Die nun mit blauem X gekennzeichnete Route führt zum Wald hinauf. Auf breitem Weg wandern wir in einer knappen Viertelstunde zum nur wenig höher gelegenen *Koepfel* (527 m). Wir bleiben jetzt immer auf diesem fast eben dahinlaufenden Waldweg in Richtung Hagelschloß (blaues X) und kommen nach gut 20 Minuten zu einer Weggabelung. Hier halten wir uns rechts. Nach weiteren 5 Minuten erreichen wir eine Wegteilung in einer Kurve, wo links ein Pfad zur Heidenmauer hinaufführt. Hier gehen wir noch einmal geradeaus auf dem breiten Weg weiter. Etwa 8 Minuten danach müssen wir aufpassen, daß wir auf der linken Seite das blaue X auf einem Stein nicht übersehen, denn von dort geht's links in Serpentinen den Hang hinauf zu den mächtigen Felsblöcken der nördlichen Heidenmauer. Dort finden wir schon den Wegweiser »Hagelschloß«. Auf einem steinigen Pfad nochmals ein Stück aufwärts bis zu dem mächtigen Felsen mit den Überresten des *Hagelschlosses* (588 m). Es lohnt sich, auf dem schmalen Pfad zwischen Mauerresten und Felswand der nur schwer zugänglichen Ruine um die Burg herumzugehen, damit man den erhalten gebliebenen großen Mauerbogen, das Charakteristikum des Schlosses, findet. Die Überspannung von zwei Felsen diente als Fundament der Raubritterburg. Das im Süden gelegene Felsplateau ist ein großartiger Aussichtsplatz mit Blick auf den Heidenkopf (787 m) und die Ruine Kagenfels (667 m).

Wir setzen unseren Weg, nun mit gelbem

Am Forsthaus Rathsamhausen (485 m) unter den Ottrotter Schlössern kreuzen sich mehrere Wanderwege.

Die Burg der Herren von Rathsamhausen, eines der Ottrotter Schlösser.

X markiert, innerhalb der Heidenmauer fort, der ständig ansteigt und nach 8 Minuten an der Abzweigung (rotes Kreuz) geradeaus am Keltenschutzwall entlangführt, bis wir in insgesamt 18 Minuten die *östliche Ecke* (670 m) erreichen, wo die Mauer nach Süden verläuft. Dort nehmen wir den mit gelbem Dreieck markierten Pfad hinauf zum *Hohenburgberg* (718 m), wo einst das Etichonenschloß stand (schöner Ausblick). Dann geht es weiter über den *Wunderpfad* (blaues X) mit vielen umherliegenden Steinblöcken und Blick auf das Feenplateau. In 10 Minuten kommen wir hinunter zum Anschlußweg (rot-weiß-rotes Rechteck) nach Elsberg (674 m, Unterstandshütte). Dort bietet sich erneut schöne Sicht auf die Bergwelt des Vogesenauslaufes bis hinüber zum Schwarzwald.

Der rot-weiß-rot markierte Pfad führt nun ständig bergab, überquert einen anderen und geht dann in vielen Serpentinen abwärts, bis wir an eine *Wegkreuzung* (gelber Punkt) gelangen. Dort nehmen wir den linken der beiden in den Wald hinabführenden Pfade, der schon in wenigen Minuten einen Fahrweg kreuzt und gleich danach rechts herum auf den schon vom Aufstieg her bekannten Bergpfad stößt. Wir steigen das letzte Stück (rot-weiß-rotes Rechteck) durch den schönen Hochwald hinab zur *Abzweigung* (335 m), biegen dann rechts in das Sträßchen ein, das uns schon bald zum Ausgangspunkt in *Ottrott le Haut* (280 m) bei der oberen Kirche zurückführt.

Nützliche Informationen

Ausgangspunkt: *Ottrott le Haut* (280 m).
Anfahrt: Von Straßburg auf der Autobahn A352 Richtung Molsheim bis zur Abzweigung auf die N422 nach Obernai. Durch Obernai bzw. über die Ortsumgehung nach Ottrott. Ab Barr über die Weinstraße nördlich nach Ottrott. TER-Bahnverbindung von Straßburg oder Barr nach Obernai.
Parkplatz: Bei der oberen Kirche in Ottrott le Haut (280 m).
Gehzeiten: Insgesamt 3 Std. 25 Min.; Ottrott le Haut, obere Kirche – Abzweigung Waldpfad: 15 Min. – Forsthaus Rathsamhausen: 35 Min. – Koepfel: 15 Min. – Hagelschloß: 45 Min. – östliches Ende der Heidenmauer: 20 Min. – Hohenburgberg (718 m): 15 Min. – Elsberg: 15 Min. – Ottrott: 45 Min.
Besichtigungen: Die Burgen Rathsamhausen und Lützelburg können nur an Samstagen

und Sonntagen, jeweils nachmittags, besichtigt werden.
Länge der Tour: 9,4 km.
Höhendifferenzen: Aufstiege: Ottrott le Haut – Forsthaus Rathsamhausen: 205 m, Forsthaus – Hagelschloß: 103 m, Hagelschloß – östliches Ende der Heidenmauer: 82 m, Heidenmauer – Hohenburgberg: 48 m; Abstieg: Hohenburgberg – Ottrott le Haut: 438 m.
Übernachtungsmöglichkeiten: In *Ottrott* Hôtel Beau Site und Hotelpension Ami Fritz, in *Klingenthal* Hôtel Les Vosges, in *Obernai* Hôtels Le Parc und Le Grand Hôtel oder in *Barr* Domaine St. Ulrich.
Einkehrmöglichkeiten: *Forsthaus Rathsamhausen* (ab 11 Uhr Getränkeausschank im Garten), in *Ottrott* Restaurants Beau Site und Ami Fritz, in *Klingenthal* Restaurant Le Clos des Délices, in *Obernai* Restaurants Le Parc und Le Grand Hôtel oder in *Barr* Restaurant Maison Rouge.
Karte: Carte des Vosges 1:25 000, Mont Sainte-Odile, Obernai.
Weiterer Tourenvorschlag: In 3 Stunden von Klingenthal (272 m) zum Heidenkopf (787 m) und zurück. Man geht auf der Straße Richtung le Hohwald, bis der Weg (blaues X und Wegweiser) über einen Bach, an den letzten Häusern vorbei, zu einem oberen Sträßchen auf der rechten Talseite abzweigt. Auf ihm wandert man aufwärts, bis kurz vor dem Forsthaus Vorbruck rechts ein Waldweg (rotes Kreuz und Wegweiser) hinauf zum Col du Heidenkopf führt. Von dort in vielen Serpentinen zum Gipfel. Umfassende Aussicht vom Turm des Berges.
Ein hübscher Steig mit gelegentlich freier Sicht (gelber Punkt) führt über die Südseite des Heidenkopfes hinab zum Forsthaus Wolfsgrube (339 m) und von dort rechts nach Klingenthal.
Sehenswürdigkeiten: Nördliche *Heidenmauer (mur paien)*, der ehemaligen Keltenfliehburg (um 1000–800 v. Chr.) am Odilienberg. In *Obernai* sollten der Sechseimerbrunnen (1579), das Rathaus (1462) mit schönem Balkon (1604), der 60 Meter hohe Kapellenturm der ehemaligen gotischen Kirche, die einstige Kornhalle (Stadtmetzig, 16. Jahrhundert) und die vielen, reichverzierten Fachwerkhäuser, die meistens aus dem 16. Jahrhundert stammen, besichtigt werden.

28 Zu den Burgen Hohandlau und Spesburg

Andlau – Château d'Andlau – Auberge Hungerplatz – Château Spesbourg

Tourencharakter: Leichte Rundwanderung mit geringen Steigungen. Schöne Waldwege und Aussichtsplätze. Besonderen Reiz hat die Tour zur Zeit der Maiglöckchenblüte.
Beste Jahreszeit: Frühjahr und Herbst.
Reine Gehzeit: Knapp 2½ Stunden.
Markierungen: Roter Punkt von Andlau bis Abzweigung Rocher Ste.-Richarde, blaues Dreieck über Rocher Ste.-Richarde, Château d'Andlau zur Auberge Hungerplatz, gelber Punkt zur Spesburg und blauer Punkt von der Spesburg zurück nach Andlau.

Vom Neuntelstein (971 m), wo die Kirneck entspringt, zieht sich ein Bergrücken, dessen markante Erhebungen der Welschbrucksattel (775 m), der Homburger Kopf (705 m), der Hungerplatz (500 m) und der Silberberg (443 m) sind, hinab zur nördlichen Weinstraße nach Mittelbergheim. Der untere Abschnitt, wo die Ruinen Hohandlau und Spesburg liegen, ist das Ziel dieser Tour. Vor den Toren von Andlau beginnt der Aufstieg zum Silberberg, der die Täler der Andlau und Kirneck trennt und die Stammburg der Grafen von Andlau trägt.

Die Andlauer zählten zu den reichsten und mächtigsten Geschlechtern des Landes. 1274 wurden die Brüder Heinrich, Rudolf und Eberhardt vom Haus Habsburg mit kaiserlichen Lehen ausgestattet. In den Jahren 1337–1344 baute Rudolf von Andlau mit seinem Sohn Heinrich das *Château du Haut-Andlau/Schloß Hohandlau* (451 m), das unmittelbar hinter Barr vom Tal der Kirneck aus gut sichtbar ist. Die geschlossene Anlage hat gotische, gekuppelte Maßwerkfenster und zwei mächtige Türme. Sie wird im Volksmund »Kiwele« genannt, weil sie von ferne einem Kübel mit zwei Henkeln gleicht. Die standfeste Burg auf dem hohen Vorsprung des Silberberges, aus Granit gebaut, steht auf einem Platz, auf dem die Andlauer mögli-

Die Umfassungsmauern von Schloß Hohandlau (451 m) auf dem Höhenzug zwischen den Tälern der Kirneck und der Andlau.

cherweise schon in karolingischer Zeit einen festen Sitz hatten. Von den Schweden 1633 besetzt, 1678 von den Franzosen unter Marschall Crequy verwüstet, danach restauriert, überstand Hohandlau alle Wirren der Zeit und blieb der Stammsitz der Andlauer. Sie gilt als letztbewohnte Burg des Elsaß, deren Überreste noch heute sehenswert sind.

Unweit davon steht die nur 24 Meter höher gelegene *Spesburg,* die von 1246 bis 1250 von Alexander von der Dycke aus Granitquadern erbaut wurde. Der letzte Baron aus diesem Geschlecht fiel 1386 an der Seite der Habsburger in der Schlacht von Sempach gegen die Schweizer. Dadurch kam die Burg auch in den Besitz der Grafen von Andlau. Im Dreißigjährigen Krieg wurde sie zerstört. Es lohnt sich, die gut erhaltene Ruine zu besuchen. Von Burg und Vorplatz hat man eine herrliche Sicht hinab auf Andlau und die gegenüberliegenden Berge.

Ausgangspunkt für diese schöne Tour ist *Andlau,* ein reizvolles Städtchen mit stattlichen Renaissance- und Fachwerkhäusern sowie einer ehrwürdigen Abteikirche. Nach einer Legende hat eine Bärin der wegen angeblicher Untreue in den Wald verbannten Richardis die Stelle angezeigt, wo ein Kloster gebaut werden sollte. Richardis, Tochter des Herzogs Erchanger von Unterelsaß, Gemahlin des Karolingers Karl des Dicken, erhielt vom Kaiser nach dem Beweis ihrer Unschuld das kaum besiedelte Waldgebiet im Tal der Andlau geschenkt, wo sie dann 877 das Kloster gründete.

Die *Klosterkirche zu Andlau*, in der ersten Hälfte des 12. Jahrhunderts erneuert, ist nach Straßburgs altem Münsterbau die größte romanische Kirche des Elsaß. Nach einem Brand wurde sie von 1698 bis 1703 teilweise neu errichtet. Erhalten geblieben sind die Hallenkrypta mit interessanten Würfelkapitellen (Westabschnitt um 1049, übriger Teil um 1180) und der Westbau der Kirche mit Chor (12. Jahrhundert). Das Portal trägt im Scheitel Christus, dem die heilige Richardis das Kloster übergibt. Darüber umzieht ein 30 Meter langer, schön gearbeiteter Figurenfries mit mythologischen Szenen den Westbau.

Der Wegverlauf

Vom Ortszentrum in *Andlau* (231 m) gehen wir zunächst Richtung Mittelbergheim bis an das nordwestliche Stadtende, überqueren dort den Fluß und biegen dann links in den markierten Weg (roter Punkt) ein. Am Rande der Weinberge steigen wir in knapp 20 Minuten nach *Kastelberg* (290 m), kurz danach auf das obere Bergsträßchen, auf dem wir 150 Meter nach rechts gehen, bis der Weinbergweg nach links weist. Nach 5 Minuten taucht er in den Wald ein und führt nach weiteren 10 Minuten an eine große *Kreuzung von sechs Wegen*. Dort halten wir uns links Richtung Schloß Hohandlau und gelangen schon nach 35 Minuten zum *Rocher Ste.-Richarde/Richardisfelsen* (370 m). Der kurze Abstecher auf den etwa 50 Meter tiefer liegenden Aussichtsfelsen lohnt sich.

Ein Waldweg (blaues Dreieck) bringt uns in mäßigem Anstieg in einer guten Viertelstunde hinauf zur Burgruine *Hohandlau* (451 m), die aber erst kurz vor dem Ziel sichtbar wird, da sie von hohen Bäumen umstanden ist. Vom unteren Burghof gelangt man durch ein Tor mit der Jahreszahl 1538 in den Palas.

Fast eben wandern wir dann am Südhang

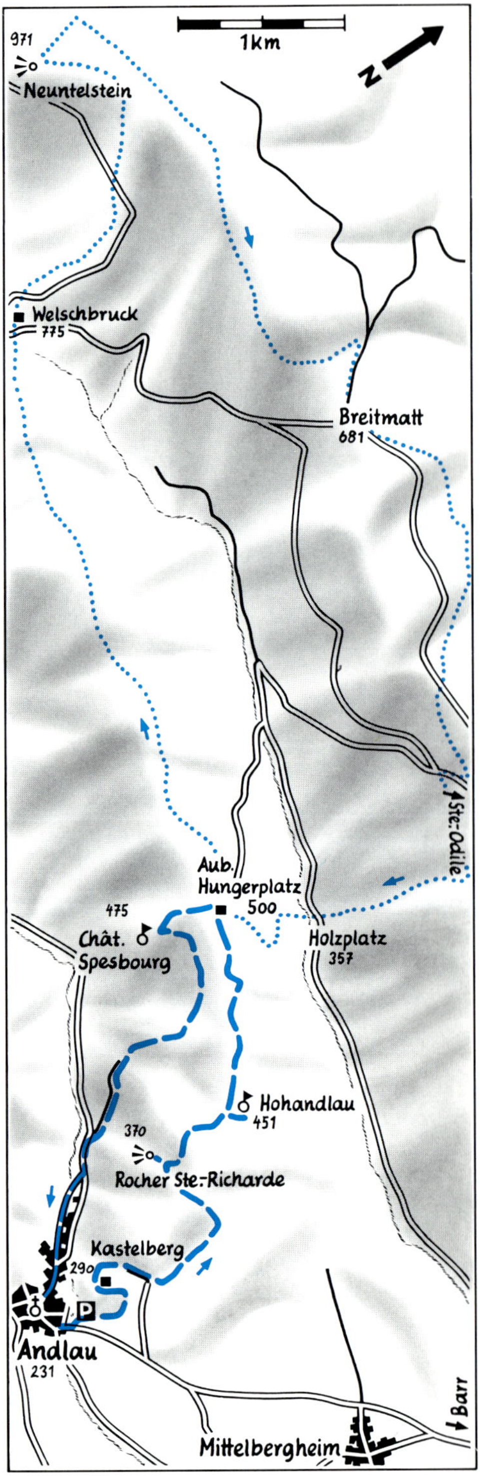

des Silberbergs auf dem unteren parkähnlichen Weg, gut markiert, in einer halben Stunde hinüber zur *Auberge Hungerplatz* (500 m). Dort kann man auch sehr schön auf der Terrasse vor dem Haus sitzen und den Brunnen von 1865 bewundern.

Hinter dem Gasthaus biegt links ein breiter Waldfahrweg (gelber Punkt) ab, den wir einschlagen, bis links nach 200 Metern ein Treppenpfad hinab zum 25 Meter tiefer liegenden *Château Spesbourg/Spesburg* (475 m) führt (Aussicht!). Von der Burg 50 Meter auf gleichem Weg zurück, dann rechts abbiegend, bei der Wegabzweigung (rotes X) geradeaus weiter, bis knapp 200 Meter danach unser Abstiegsweg (blauer Punkt) beginnt. Wir wandern durch die ausgedehnten Wälder immer geradeaus abwärts, überqueren fünf andere Waldwege und gelangen nach knapp 20 Minuten auf ein Sträßchen, das ins Tal der Andlau hinabführt. 250 Meter nach den ersten Häusern von *Andlau* (231 m) biegen wir rechts ab und gehen am Fluß entlang in einer Viertelstunde ins Ortszentrum.

Nützliche Informationen

Ausgangspunkt: *Andlau* (231 m).
Anfahrt: Von Ottrott auf der Route du Vin (D 35) südlich nach Barr (6 km), von dort auf der D 35 weiter bis Mittelbergheim, kurz vor Eichhoffen auf der D 425 nach Andlau. Ab Obernai N 422 bis Ausfahrt St.-Pierre, dann westlich nach Andlau. TER-Bahnverbindung, Strecke: Straßburg – Schlettstadt, Haltestelle Eichhoffen. Busanschluß nach Andlau.
Parkplatz: Vor der Abteikirche in Andlau.
Gehzeiten: Insgesamt 2½ Std.; Andlau – Kastelberg: 20 Min. – Rocher Ste.-Richarde/Richardisfelsen: 35 Min. – Château d'Andlau/Schloß Hohandlau: 20 Min. – Auberge Hungerplatz: 25 Min. – Château Spesbourg/Spesburg: 5 Min. – Andlau: 45 Min.
Länge der Tour: 7,7 km.
Höhendifferenzen: Aufstieg: Andlau – Château d'Andlau: 220 m; Abstieg: Auberge Hungerplatz – Andlau: 269 m.
Übernachtungsmöglichkeiten: In *Barr* Hôtel Le Domaine St. Ulrich, in *Ottrott* Hôtels Beau Site und Ami Fritz oder in *Obernai* Le Grand Hôtel, Le Parc und A la Cour d'Alsace.
Einkehrmöglichkeiten: Auberge *Hungerplatz* ganzjährig bewirtschaftet, in *Andlau* Restaurant Au Boeuf Rouge, in *Barr* Restaurant Maison Rouge, in *Ottrott* Restaurants Ami Fritz und Beau Site oder in *Obernai* Restaurants Le Grand Hôtel, La Dilligence und Le Parc.
Karte: Carte des Vosges 1:25 000, Mont Sainte-Odile, Obernai.
Sehenswürdigkeiten: In Andlau romanische Abteikirche mit Hallenkrypta, Portal und Figuren an den Außenfassaden.
Variante: Verlängerung der Tour auf insgesamt 6 Std. 40 Min. Fortsetzung der Route vom Forsthaus Hungerplatz (500 m) in 2 Std. 20 Min. über Welschbruck (775 m) auf die höchste Erhebung des Tales, den Neuntelstein (971 m); Markierung: weißes Dreieck. Rückweg vom Neuntelstein über Breitmatt (681 m), Holzplatz (357 m) zum Hungerplatz in 2 Std; Markierungen: Weißes Kreuz vom Neuntelstein bis Breitmatt, dann weißes Dreieck, zum Schluß gelbes Kreuz zum Hungerplatz.

29 Die Burg Girbaden im Mageltal

Grendelbruch – Burg Girbaden – Flößplatz an der Breusch – Grange

Tourencharakter: Gepflegte Wanderwege über dem zauberhaften Mageltal. Wenig anstrengende Steigungsstrecken zur Burg Girbaden und vom Breuschufer nach Grendelbruch.
Beste Jahreszeit: Ganzjährig begehbar.
Reine Gehzeit: 4 Stunden.
Markierungen: Rot-weiß-rotes Rechteck von Grendelbruch zur Burg Girbaden, blauer Punkt von der Abzweigung nach dem ehemaligen Forsthaus Girbaden bis Flößplatz an der Breusch, blaues X, später blaues Kreuz vom Flößplatz zurück nach Grendelbruch.

Am Eingang des Breuschtales liegt zwischen Mollkirch und dem Luftkurort Grendelbruch ein bewaldeter Bergrücken, der Girbadener Wald. Auf einem 565 Meter hohen Felsvorsprung, der von der Magel umflossen wird,

Aufstieg durch das zauberhafte Mageltal zur Burg Girbaden.

steht die mächtige Burgruine *Guirbaden/Girbaden*. Sie geht bis ins 10. Jahrhundert zurück, ihre Besitzer waren die Grafen von Dagsburg-Egisheim. In den Jahren von 1215 bis 1225 neu aufgebaut, ist sie eines der bedeutendsten Zeugnisse staufischen Burgenbaues. Kaum fertiggestellt, ging sie 1226 auf die Bischöfe von Straßburg über, die sie an Lehensleute vergaben, darunter an die Herren von Rathsamhausen. Im Dreißigjährigen Krieg wurde sie zerstört. Seit die Hohkönigsburg wieder aufgebaut wurde, gilt Girbaden als größte Burgruine des Elsaß. Eine dreifache Ringmauer umschließt die 260 mal 60 Meter große Anlage. Um ins Innere zu gelangen, müssen fünf Tore passiert werden. Die Vorburg, auf deren Gelände die aus dem 12. Jahrhundert stammende Valentinskapelle steht, ist von einer ausgedehnten Mauer umgeben. Die Ruine weist imposante, kunstvoll ausgeführte Bauteile auf, wie die Südfront des Palas mit romanischen Doppelfenstern und zwei Bergfrieden, von denen einer als Hungerturm gedient hatte.

Der Wegverlauf

Gegenüber der Kirche von *Grendelbruch* (495 m) finden wir an der Straßenmauer Wegweiser und Markierung zur Burg Girbaden. Zuerst 10 Minuten die Straße in östlicher Richtung, leicht bergab, dann nach dem Friedhof, vor der großen Rechtskurve, auf dem schmalen Sträßchen geradeaus weiter, vorbei an den letzten Häusern ans *östliche Ortsende von Grendelbruch*. Bei der ersten

Gabelung gehen wir auf dem unteren Waldweg geradeaus weiter und kommen bald zu einer Sitzbank mit schöner Aussicht auf das Mageltal. Jetzt erst beginnt der Weg sanft zu steigen, linker Hand über uns eine alte verfallende *Kapelle* (540 m).

Von hier aus könnte man einen Abstecher hinauf zum höchsten Punkt des Girbadener Waldes, einem schönen Aussichtsfelsen (613 m), machen. Ansonsten bleiben wir auf dem breiten Weg, wandern an großen Buchen, Lärchen, Vogelbeerbäumen und hochstämmigen stattlichen Kiefern vorbei. Der nicht allzu dichte Mischwald läßt immer wieder schöne Ausblicke hinab ins Mageltal und hinüber auf die Bergkämme zu. Mächtige Felsbrocken aus dem Buntsandstein der nördlichen Vogesen liegen entlang des rötlich sandigen Weges, hoch über uns die Krappenfelsen. An Wegrändern Farne, Ginster, Eriken; die Wanderung ist deshalb besonders schön während der Blütezeit dieser Sträucher oder der Laubfärbung im Herbst, wenn das kräftige Rot der Vogelbeeren Farbtupfer setzt und viele Pilze am Wegrand stehen.

Nach kurzem Anstieg fällt der schöne Waldweg leicht ab bis zum *Rastplatz bei der Burgabzweigung*. Achtung! Dort, wo der Weg rechts in einen schmalen Pfad zur Burgruine übergeht, ist ein Hinweisschild, leider etwas versteckt, an einem Baum angebracht. In Serpentinen steigen wir durch Felsgeröll in wenigen Minuten hinauf zur Mauer der Vorburg, mit schöner Sicht auf den Heidenkopf (787 m, Zusatzmöglichkeit bei Tour 27). Dann stehen wir auf dem breiten Plateau der *Burgruine Girbaden* (565 m). Eine große Tafel informiert den Besucher über Entstehung, Besitzer und räumliche Gliederung der Burg.

Zurück am Burgeingang setzen wir den Weg in gleicher Richtung fort und gelangen nach einer knappen Viertelstunde hinab zur großen Waldwiese, einer Idylle mit knorrigen, uralten Kastanienbäumen um das ehemalige *Forsthaus Girbaden* herum, heute ein Vereinsheim. Von dort gehen wir nördlich, an der ersten Gabelung, wo der Weg (gelbes Kreuz) nach Mollkirch hinabführt, geradeaus weiter, 100 Meter danach bei der nächsten Teilung des Weges links herum, dem blauen Punkt folgend (rot-weiß-rot führt nach Heiligenberg). Wir wandern nun, allmählich an Höhe verlierend, im *Buschbrunnenthal* abwärts und kommen nach gut einer Stunde am

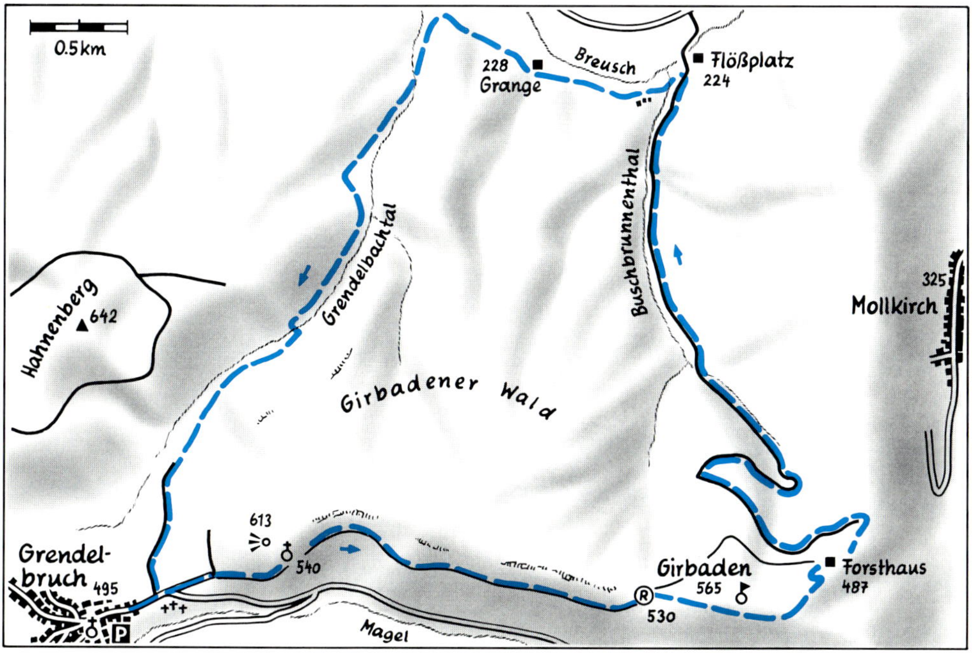

Die mächtige Burg Girbaden entstand im frühen 13. Jahrhundert und wurde im Dreißigjährigen Krieg zerstört.

Flößplatz (224 m) im Breuschtal an. Das alte Forsthaus verfällt auch hier. Wir biegen links ab und sind in wenigen Minuten in einer Ferienkolonie mit Restaurant. Immer am Waldrand (blaues X) des rechten Breuschufers entlang bringt uns ein Weg in einer knappen Viertelstunde nach *Grange* (228 m).

Den Fluß entlang, noch etwa 15 Minuten weiter, bis knapp vor die Einmündung des Grendelbaches, dann biegen wir links in das gleichnamige Tal ein. Der Bach wird nach wenigen Minuten überquert, es geht nun leicht bergauf, rechts über uns in der Ferne die Sandsteinfelsen des Hahnenberges (642 m). Immer geradeaus weiter wandern wir durch hohen Tannenwald das romantische *Grendelbachtal* stets aufwärts, bis nach gut einer Dreiviertelstunde das Flüßchen erneut überquert wird (jetzt blaues Kreuz).

Drüben nimmt uns ein bergauf führender Waldfahrweg auf, dann lichtet sich auf der rechten Seite der Wald, und nach einigen Minuten sind wir im völlig offenen Gelände vor Grendelbruch. Wenn wir die ersten Häuser des Luftkurorts erblicken, sind wir bald oben auf der Hauptstraße und ebenso schnell zurück in der Ortsmitte von *Grendelbruch* (495 m).

Nützliche Informationen

Ausgangspunkt: *Grendelbruch* (495 m).
Anfahrt: Von Rosheim an der nördlichen Weinstraße auf der D 604/D 204 über Eichwald nach Grendelbruch. Ab Ottrott auf der D 204 über Klingenthal, Eichwald nach Grendelbruch. Von Oberhaslach auf der D 218 über Niederhaslach in die N 420 bis zur Abzweigung Richtung Klingenthal. TER-Bahnverbindung, Strecke: Straßburg – Schlettstadt, Haltestelle Rosheim. Busanschluß.
Parken: An der Kirche in Grendelbruch.
Gehzeiten: Insgesamt 4 Std.; Grendelbruch – östliches Ortsende von Grendelbruch: 10 Min. – alte Kapelle: 5 Min. – Rastplatz/ Abzweigung Burg: 30 Min. – Burg Girbaden: 10 Min. – ehem. Forsthaus Girbaden: 15 Min. – Flößplatz an der Breusch: 1 Std. 5 Min. – Grange:15 Min. – Grendelbruch: 1 Std. 30 Min.
Länge der Tour: 14,1 km.
Höhendifferenzen: Aufstieg: Grendelbruch – Burg Girbaden: 70 m; Abstieg: Burg Girbaden – Flößplatz: 341 m; Aufstieg: Flößplatz – Grendelbruch: 271 m.
Übernachtungsmöglichkeiten: In *Oberhas-*

lach Hôtel Saint-Florent, in *Klingenthal* Hôtel Les Vosges oder in *Ottrott* Hôtel Beau Site und Hotel-Pension A l'Ami Fritz.
Einkehrmöglichkeiten: *Unterwegs* Restaurant Flößplatz an der Breusch, in *Niederhaslach* Restaurant La Pomme d'Or, in *Oberhaslach* Restaurant Saint-Florent, in *Klingenthal* Restaurant Le Clos des Délices oder in *Ottrott* Restaurants Beau Site und Ami Fritz.
Karte: Carte des Vosges 1:25 000, Dabo, Wangenbourg, Nideck.

30 Durch das Dagsburger Land zur Wallfahrtskirche des heiligen Leo

Dabo – Wolfsgrubkreuz – Col de la Schleif – Zollstock

Tourencharakter: Leichte Wanderung in den Nordvogesen. Erste Teilstrecke auf der Grand' Randonnée 5. Gemächliche Steigungen, gepflegte Forstwege, etliche Aussichtspunkte.
Beste Jahreszeit: Frühjahr bis Herbst.
Reine Gehzeit: 3 Stunden.
Markierungen: Rot-weiß-rotes Rechteck von Dabo bis Wolfsgrubkreuz, rotes Rechteck zum Col de la Schleif, rot-weiß-rotes Rechteck bis zum Himbeerfels, gelbes Rechteck nach Zollstock, zuerst roter Punkt von Zollstock, später rotes Rechteck zur Wallfahrtskirche des heiligen Leo und gelbes Kreuz zurück nach Dabo.

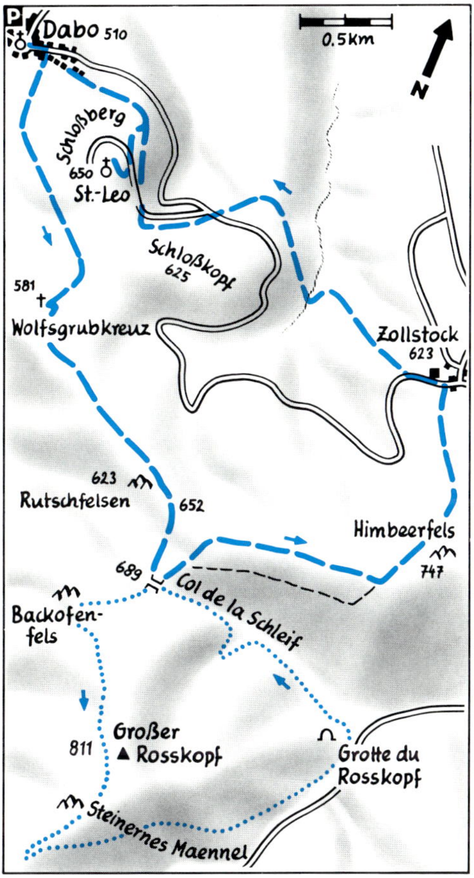

Der heilige Leo von Dagsburg und Egisheim wird im Elsaß neben der heiligen Odilia am meisten verehrt. Sein eigentlicher Name war Graf Bruno von Dagsburg und Egisheim. Er wurde 1002 als Sohn des Grafen Hugo IV. von Egisheim aus dem Geschlecht der Etichonen und der Gräfin Heilwig von Dagsburg geboren. Schon 1026 wurde Bruno Bischof von Toul und Anhänger der kluniazensischen Reformbewegung (Cluny). Am 12.2.1049 erhob ihn Kaiser Heinrich III. zum Papst, er hieß von da an *Leo IX.* Obwohl er schon am 19.4.1054 in Rom starb, hat er in den wenigen Jahren seines Papsttums die katholische Kirche einer größeren Reform unterzogen.

Wie von manchen anderen bekannten Persönlichkeiten des Mittelalters ist auch vom elsässischen Papst Leo IX. eine Sage überliefert, die berichtet, daß dem Grafen Hugo bei der Geburt Brunos vorhergesagt wurde, sein eben geborener Sohn würde einst noch viel mächtiger als er selbst sein. In Sorge um seine Macht hat ihn die Weissagung im Laufe der Zeit so stark beeinflußt, daß er einem Jäger den Befehl gab, den Knaben in den Wald zu entführen und ihn zu töten. Der Bedienstete aber brachte den kleinen Bruno statt dessen in ein Kloster, wo er in kirchlicher Obhut zum Kleriker heranreifte.

Dort, wo sich heute auf dem 650 Meter hohen Felsplateau die *Wallfahrtskirche des heiligen Leo IX.* erhebt, stand vom 9. bis zum 17. Jahrhundert die mächtige Dagsburg,

Stammsitz der Mutter Leos. Die Festung wurde unter Ludwig XIV. in den Kriegen von 1679 und 1690 zerstört. Auf den Ruinen errichtete man zuerst 1825 eine kleine Kapelle zu Ehren des heiligen Leo, die 1890 durch die wesentlich größere Wallfahrtskirche ersetzt wurde.

92 Stufen führen hinauf zum Aussichtsturm, von dem man einen umfassenden Rundblick auf das weite Land der Nordvogesen bis hinüber nach Straßburg hat.

Das kleine Städtchen *Dabo/Dagsburg* (510 m) gehört zwar schon zum Département Moselle, ist aber der ideale Ausgangspunkt für diese schöne Wanderung durch das Dagsburger Land. Die einst von Mauern umgebene und mit Türmen bewehrte Stadt wurde schon vor dem Bau der Burg gegründet.

Wir wandern durch das *Dagsburger Land* dem großen Rosskopf (811 m) entgegen und gelangen zu interessanten Plätzen. So erinnert das Wolfsgrubkreuz an tiefe Gruben, die früher hier zum Einfangen von Wölfen angelegt wurden. Auf einen alten Brauch der Partnersuche geht der Rutschfelsen zurück, auf dem einst heiratslustige Burschen und Mädchen hinabrutschten.

Der Wegverlauf

An der Dorfkirche von *Dabo* (510 m) findet der Wanderer eine Orientierungstafel des ausgedehnten Wegenetzes. Unsere Tour führt im ersten Abschnitt Richtung Rosskopf über Col de la Schleif. Wir gehen bei der Tafel links in der Rue du Château bergauf, biegen nach 100 Metern in die Rue des Pins ein und wenden uns vor dem Haus Nr. 26 erneut nach links. Unser Pfad (rot-weiß-rotes Rechteck) führt in den Wald hinein, überquert mehrere vergraste Forstfahrwege und bringt uns nach einer knappen halben Stunde zum *Wolfsgrubkreuz* (581 m). Wir folgen dort dem Wegweiser »Schleife«, wandern auf dem breiten Waldweg der Grand' Randonnée 53, nur leicht steigend, immer geradeaus weiter (jetzt mit rotem Rechteck). Durch den Wald, einige Querwege kreuzend, gelangen wir schon nach knapp 20 Minuten zum *Rutschfelsen* (623 m), bald danach zur *Anhöhe 652* am Schmittenberg mit einem Wasserreservoir. Auf geteerter Fahrstraße sind wir von hier in wenigen Minuten am *Col de la Schleif* (689 m), einer großen Wegkreuzung mit Hütte und Rastbänken.

Auf einem Felsplateau über dem Dagsburger Land, wo einst das Stammschloß seines Vaters stand, ragt seit 1825 die Wallfahrtskirche des heiligen Leo empor.

Blick von der Leokapelle auf das Städtchen Dabo oder Dagsburg.

Ab hier benutzen wir für 100 Meter die Straße nach Obersteigen (Richtung Osten) und biegen dann links in einen breiten Waldfahrweg (rot-weiß-rotes Rechteck) ein. Gleich nach einer Kurve zweigt links ein Parallelweg (roter Ring) ab, der auf den aussichtsreichen Eichelkopf hinaufführt. Nach gut 20 Minuten stoßen wir wieder auf den ursprünglichen Weg (rot-weiß-rotes Rechteck) und kommen nun bald zu einer Wegteilung, wo wir den halblinken Weg benutzen, der zuletzt steil zum *Himbeerfels* (747 m, Rastplatz) ansteigt. Weiter in nördlicher Richtung (rot-weiß-rotes Rechteck), jetzt leicht bergab, 500 Meter danach bei der Weggabelung links, jetzt mit gelbem Rechteck in einer Viertelstunde hinab nach *Zollstock* (623 m). Das einfache Gasthaus Zollstock, das gute elsässische Gerichte anbietet, gibt Gelegenheit zur Zwischenrast.

Von Zollstock 300 Meter westwärts auf der Straße Richtung Dabo schwenkt rechts der mit rotem Punkt markierte Waldpfad durch das Barbelsahnthal ab, stößt unten vor Überquerung des Baches im Grossthal wieder auf die Grand' Randonnée 53 (rotes Rechteck). Wir bleiben für die nächsten 1,5 Kilometer auf diesem Weg, gehen über eine große Wegkreuzung, dann geradeaus über die Straßengabelung (Dabo – Schloßberg), drüben, links der Bergstraße, aufwärts, bis nach 400 Metern ein Waldpfad nach Dabo abzweigt (gelbes Kreuz). Von dort steigen wir weiter hinauf, bis uns wieder links der Wegweiser zum Schloßberg, zur *Kapelle des heiligen Leo* (650 m), weist. Am Fuß der Treppe muß eine Gebühr entrichtet werden, wenn man zur kleinen Bergkirche mit großartigem Aussichtspanorama hinaufgehen will. Auf gleichem Weg zurück bis zum Anschluß an den mit gelbem Kreuz markierten Pfad hinab nach *Dabo* (510 m).

Nützliche Informationen

Ausgangspunkt: *Dabo* (510 m).
Anfahrt: Von Marlenheim über Wasselonne auf der D 224 in westlicher Richtung über Obersteigen nach Dabo. TER-Bahnverbindung, Strecke: Molsheim – Saverne, Haltestelle Wasselonne. Busanschluß.
Parkplatz: In Dabo parkt man am besten in der Nähe der Kirche.
Gehzeiten: Insgesamt 3 Std.; Dabo/Dagsburg – Wolfsgrubkreuz: 30 Min. – Rutschfelsen: 20 Min. – Col de la Schleif: 10 Min. – Himbeerfels: 25 Min. – Zollstock: 15 Min. – Wallfahrtskirche des heiligen Leo: 1 Std. – Dabo: 20 Min.
Länge der Tour: 11,3 km.
Höhendifferenzen: Aufstieg: Dabo – Col de la Schleif: 179 m, Col de la Schleif – Himbeerfels: 58 m; Abstieg: Himbeerfels – Zollstock: 124 m, Wallfahrtskirche des heiligen Leo – Dabo: 140 m.
Übernachtungsmöglichkeiten: In *Obersteigen* Hôtel Belle-Vue, in *Birkenwald* Hôtel au Chasseur oder in *Marlenheim* Hôtel Le Cerf.
Einkehrmöglichkeiten: Unterwegs einfaches Restaurant direkt unter der Leokapelle, einfaches Gasthaus in Zollstock, in *Obersteigen* Restaurant Belle-Vue, in *Wangenbourg* Restaurant Parc Hôtel oder in *Marlenheim* Restaurant Le Cerf.
Karte: Carte des Vosges 1:25000, Dabo, Wangenbourg, Nideck.
Variante: Ausdehnung der Tour um 2 Std. Man geht vom Col de la Schleif gemäß rotem Kreuz über den Backofenfels und den Großen Rosskopf (811 m) zu den Aussichtspunkten rund ums Steinerne Maennel und kehrt gemäß gelbem Kreuz über die Grotte du Rosskopf zurück zum Col de la Schleif.

31 Über den Schneeberg zur Burg von Nideck

Forsthaus Nideck – Schneeberg – Windsbourg – Château du Nideck

Tourencharakter: Leichte Bergwanderung mit einigen Steigungsstrecken durch schönen Vogesenwald. Prächtige Aussicht vom Schneeberg.
Beste Jahreszeit: Mai bis Oktober.
Reine Gehzeit: 4 Stunden und 20 Minuten.
Markierungen: Rotes Rechteck vom Forsthaus Nideck zum Schneeberg, blauer Punkt nach Windsbourg, rotes Dreieck über Col du Hoellenwasen bis zur ersten Weggabelung danach, rotes Rechteck für das letzte Wegstück zu Forsthaus, Ruine und Kaskade von Nideck und rotes Dreieck zurück zum Ausgangspunkt.

Das Wandergebiet dieser Tour liegt zwischen dem breiten Breuschtal westlich von Molsheim und dem kleinen Tal der Mossig, das von Wasselonne in die Nordvogesen vorstößt. Schon kurz nachdem wir vom Breuschtal in das Tal der Hasel abgebogen sind, erwartet uns in *Niederhaslach* ein gewaltiger Kirchenbau. Im 6. Jahrhundert gründete der heilige Florentius, später Bischof von Salzburg, hier ein Kloster, dem eine romanische Kirche folgte, die 1274 durch ein gotisches Haus ersetzt wurde. Ein Brand zerstörte 1287 den Neubau, nur der Ostteil blieb erhalten. Einige Jahre danach übernahm der Sohn des Straßburger Münsterbaumeisters Erwin von Steinbach den Wiederaufbau, den er bis 1329 leitete. 1380 wurde das Gotteshaus vollendet.

Besonders beeindruckend ist auch hier die Rosette der Westfassade. Ein schönes Portal und großartige Kirchenfenster aus dem 14. Jahrhundert in Chor und Seitenschiffen vervollständigen die Sehenswürdigkeiten dieser Kirche.

An der Vogesenstraße D 218 nach Wangenbourg liegt die *Burg Nideck,* die durch die Brüder Grimm und die von ihnen aufgespürte Sage vom Riesenspielzeug bekanntgeworden ist. 1,2 Kilometer vor dem Forsthaus

Zwischen Oberhaslach und Wangenburg liegt die Ruine der schon im 13. Jahrhundert erbauten Burg Nideck, Schauplatz des Märchens vom Riesenspielzeug der Brüder Grimm.

Nideck wurde rechts von der Straße ein Aussichtsplatz angelegt, der sich als Standpunkt für das Fotografieren der Ruine bestens eignet. Die im 13. Jahrhundert von den Grafen Dagsburg-Egisheim erbaute Burg liegt in eindrucksvoller Lage über dem Engenthal. 1454 wurde sie von den Lichtenbergern belagert und erobert, aber erst 1636 durch Feuer zerstört. Sie besteht aus einer tiefer gelegenen Vorburg mit 20 Meter hohem Viereckturm aus mächtigen Steinquadern und einer Hauptburg, von der nur noch ein Turmrest erhalten ist, der bestiegen werden kann. Man sieht von dort oben das Breuschtal, die Ruine Girbaden und das Hochfeld. Unterhalb der Burg stürzen die Wasser des Nideckfalls aus einer Höhe von 25 Metern über einen Porphyrfelsen herab.

Hauptziel dieser Wanderung ist der bekannte *Schneeberg* (961 m), der sich in eine Anzahl der Beinahe-Tausender einreiht, die den grenznahen Bergzug nordöstlich der Breusch bilden und sich bis ins Zorntal nahe Zabern hinaufziehen Der Gipfel des Schneeberges ist ein mächtiges Plateau bizarrer Felsen mit tiefen Einschnitten. Kein Wunder, daß ihn der Volksglaube zum Blocksberg der Vogesen gemacht hat. In Vollmondnächten sollen dort oben geheimnisvolle Hexenumritte stattfinden. Die höchste Spitze ist der Lottelfels, so genannt, weil er »lottelt« (sich hin- und herbewegt), wenn man, auf ihm stehend, den richtigen Punkt erwischt. Eine Orientierungstafel erklärt alles Sehenswerte dieses Vogesenrundblickes, unter anderem in fast greifbarer Nähe nordwestlich den Rosskopf (811 m), den wir nach der Wegvariante der Tour 30 vom Col de la Schleif gut erreichen können.

Der Wegverlauf

Start am *Forsthaus Nideck* (600 m). Der Einstieg in den Bergweg beginnt, nachdem wir 100 Meter die Straße abwärts gegangen sind. Das rote Rechteck markiert den aufwärts führenden Forstweg, der schon nach 400 Metern links in die Grand' Randonnée 53 einmündet. Der zunächst in Richtung Col du Hoellenwasen verlaufende Weg biegt nach 600

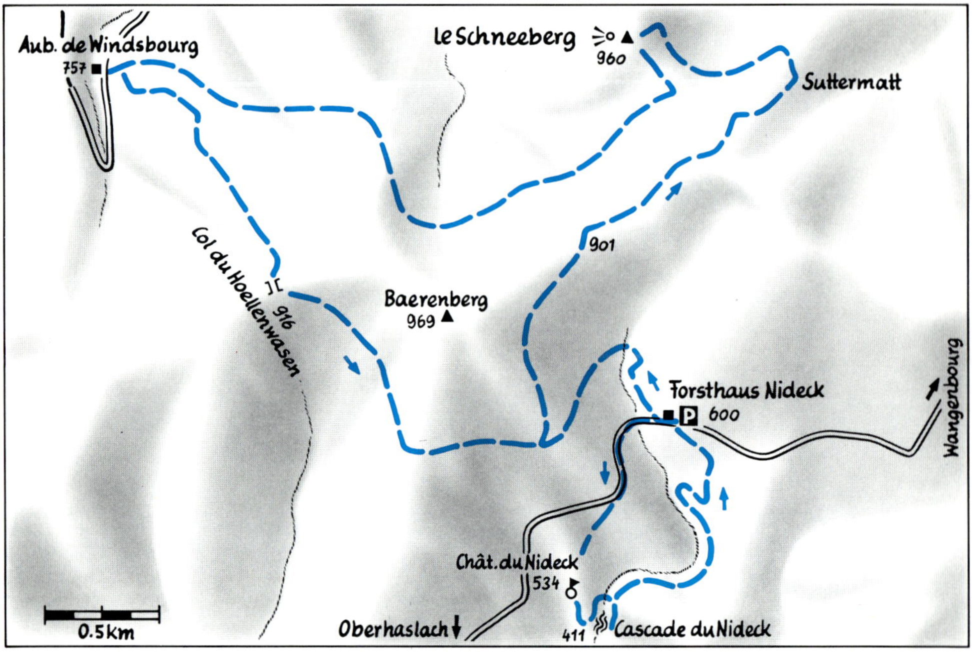

Metern scharf rechts in eine Bergstrecke ab, die, unter dem Baerenberg vorbei, etwa nach 50 Minuten die Höhe 901 erreicht. Wir wandern nun nach Nordosten, nach 200 Metern an einer Gabelung geradeaus (nicht in den mit blauem Kreuz markierten Weg einbiegen), überqueren einen Forstweg, dann folgt erneut eine kurze Steigungsstrecke zur Suttermatt. Oben links herum in eine Mulde hinab und den Bergpfad hinauf zum Schneeberg. An einem köstlich erfrischenden Brünnlein vorbei erreichen wir den *Gipfel des Schneeberges* (960 m) nach einer Stunde und 20 Minuten.

Von hier führt ein Pfad in südlicher Richtung gemäß Wegweiser »Auberge de Windsbourg« und blauem Punkt durch die Einsamkeit und Stille der Wälder um den Schneeberg. Bald gewinnen wir freie Sicht hinüber zum Rosskopf und Eichelkopf. Soweit das Auge reicht, beruhigendes Grün unendlicher Wälder. Nach einiger Zeit mündet der Bergpfad in einen breiteren Weg, den wir weiter verfolgen (nicht in den rot-weiß-rot markierten Weg links einbiegen), und wir gelangen mit dem blauen Punkt in einer guten Stunde zur *Auberge de Windsbourg* (757 m).

Ab Windsbourg 100 Meter auf bekannter Strecke, dann rechts in einen breiten Forstweg Richtung Höllenwasensattel (rotes Dreieck). An der ersten Gabelung links, nach 150 Metern wieder rechts in einen bergauf führenden Pfad, der aber schon nach fünf Minuten wieder in einen breiten Waldweg mündet. Rechts herum in großem Bogen und gleich danach wieder rechts in den Pfad, der sich durch den Engenthalerwald zum *Col du Hoellenwasen* (916 m) fortsetzt. Von den achtfach kreuzenden Wegen dieses Bergsattels südöstlich, nun zunächst fast eben, mit rotem Dreieck, dann nach knapp fünf Minuten an der ersten Gabelung rechts abwärts (das rote Dreieck verlassend) wieder in einen Pfad. Mehrere breite Forstwege kreuzend, bald östlich stärker bergab, finden wir nach weiteren 17 Minuten wieder Anschluß an die *Grand' Randonnée 53*. Nach 10 Minuten rechts steil hinab zur Bergstraße, kurz vor dem Forsthaus Nideck. Wer jetzt noch die Ruine Nideck besichtigen möchte, geht die Bergstraße etwa 400 Meter abwärts, dann weist das rote Rechteck links in einen Waldpfad zum *Château du Nideck* (534 m) und von dort gegebenenfalls hinab zur Cascade du Nideck (411 m). Ein anderer Weg bringt uns gemäß rotem Dreieck durch den schönen Hochwald in einer knappen halben Stunde wieder hinauf zum Ausgangspunkt und Parkplatz am *Forsthaus Nideck* (600 m).

Nützliche Informationen

Ausgangspunkt: *Forsthaus Nideck* (600 m).
Anfahrt: Von Molsheim an der Weinstraße westlich auf der N 420 über Mutzig, Dinsheim und kurz vor Urmatt rechts ab nach Oberhaslach. Auf der D 218 weiter bis zum Forsthaus Nideck. Ab Obersteigen auf der D 218 über Wangenbourg zum Wanderausgangspunkt. TER-Bahnverbindung, Strecke: Straßburg–Saint-Dié, Haltestelle Heiligenberg–Mollkirch oder Urmatt. Busanschluß.
Gehzeiten: Insgesamt 4 Std. 20 Min.; Forsthaus Nideck – Le Schneeberg: 1 Std. 20 Min. – Auberge de Windsbourg: 1 Std. 5 Min. – Col du Hoellenwasen: 25 Min. – Forsthaus Nideck: 35 Min. – Château du Nideck: 15 Min. – Cascade du Nideck: 10 Min. – Forsthaus Nideck: 30 Min.
Länge der Tour: 13,3 km.
Höhendifferenzen: Aufstieg: Forsthaus Nideck – Schneeberg: 360 m; Abstieg: Schneeberg – Windsbourg: 203 m; Aufstieg: Windsbourg – Col du Hoellenwasen: 159 m; Abstieg: Col du Hoellenwasen – Forsthaus Nideck: 316 m, Forsthaus Nideck – Cascade du Nideck: 189 m; Aufstieg: Cascade du Nideck – Forsthaus Nideck: 189 m.
Übernachtungsmöglichkeiten: In *Obersteigen* Hôtel Belle-Vue, in *Oberhaslach* Hôtel Saint-Florent sowie einfacher Komfort Hôtel Hohenstein, in *Birkenwald* Hôtel Au Chasseur oder in *Molsheim* Hôtel Diana.
Einkehrmöglichkeiten: Unterwegs Auberge Windsbourg, in *Obersteigen* Restaurant Belle-Vue, in *Wangenbourg* Restaurant Parc Hôtel, in *Oberhaslach* Restaurant Saint-Florent und einfache Restaurants Cascades du Nideck und Hohenstein, in *Niederhaslach* Restaurant La Pomme d'Or, in *Birkenwald* Restaurant Au Chasseur oder in *Molsheim* Restaurant Diana.
Karte: Carte des Vosges 1:25000, Dabo, Wangenbourg, Nideck.
Sehenswürdigkeit: In *Niederhaslach* gotische Kirche mit mächtiger Westfassade.

32 Das »Auge des Elsaß«

Hohbarr – Geroldseck – Hexentisch – Brotschbergturm – Krappenfels

Tourencharakter: Erholsame Wanderung auf gepflegten Wegen ohne besondere Steigungen. Mischwald, großartige Felsgebilde, alte Kultstätten und drei eindrucksvolle Burgruinen kennzeichnen diese interessante Tour.
Beste Jahreszeit: Frühjahr und Herbst.
Reine Gehzeit: 3¼ Stunden.
Markierungen: Rotes Rechteck für die erste Etappe zum Hexenplatz, rotes X für die Abstecher zu den Geroldseckruinen und über den Brotschbergturm zum Schäferplatz, blau-weiß-blaues Rechteck, später blaues Rechteck vom Schäferplatz zum Steinerneshiesel, blau-weiß-blaues Rechteck, später rot-weiß-rotes Rechteck zum Krappenfels und gelbes Kreuz zum Hexentisch.

An der engsten Stelle der Vogesen, wo das Zorntal in die Rheinebene übergeht, befand sich in römischer Zeit die Relaisstation *Tres Tabernae* an der Straße von Straßburg nach Metz. Daraus hat sich die heutige Stadt *Saverne/Zabern* entwickelt. Hier, an der Pforte zu Lothringen, war von alters her ein wichtiger Verkehrsknotenpunkt zwischen Deutschland und Frankreich. Gleich hinter der Stadt beginnt die berühmte Zaberner Steige, früher gewagte Bergstrecke, oft heiß umkämpft, heute gut ausgebauter Vogesenpaß über den Col de Saverne (410 m).

In karolingischer Zeit gehörte Zabern den Bischöfen von Metz, ab dem 13. Jahrhundert denen von Straßburg, die sie bis zur französischen Revolution besaßen. Hauptattraktion des malerischen Städtchens ist das *Château Rohan/Rohan-Schloß*, die ehemalige Residenz der Straßburger Fürstbischöfe. Seine klassizistische Form hat dem feudalen Bauwerk den Beinamen »elsässisches Versailles« eingebracht. Die 140 Meter lange korinthische Säulenfront der Parkseite läßt den verschwenderischen Lebensstil des Bischofs Louis-René-Edouard Rohan erkennen, der

Hauptattraktion des Städtchens Zabern im Nordelsaß ist das Rohanschloß, die ehemalige Residenz der Fürstbischöfe von Straßburg.

durch die Halsband-Affäre in die Geschichte einging. Er baute 1779 das Schloß neu auf, nachdem die alte Bischofsresidenz in Flammen aufgegangen war.

Beim Bummel durch die Altstadt fällt inmitten der Grand' Rue (Nr. 80) vor allem das *Haus Katz* auf, das fast noch berühmter als der Rohanpalast ist. Der bischöfliche Steuereinnehmer Henri Katz hat sich 1605 hier im Stil der Renaissance ein Fachwerkhaus mit zweistöckigem Erker erbauen lassen, an dem besonders die geschnitzten Fensterumrahmungen auffallen.

Ebenfalls sehenswert ist die katholische Pfarrkirche *Notre-Dame de la Nativité* in der Rue du Tribunal. Sie wurde im 12. Jahrhundert begonnen. Romanisch sind jedoch nur noch das Portal und der Glockenturm. Von besonderem Interesse sind die Innenfresken von 1596, mehrere schöne Glasfenster von Peter Hemmel aus Andlau (15. Jahrhundert), die alabasterne Christusskulptur des Augsburgers Hans Daucher (1523) und die reich verzierte Kanzel (1495). Im kleinen Garten der Westseite stehen einige Sarkophage aus merowingischer Zeit.

Dem um 1900 angelegten Rosengarten, dem *Roseraie*, verdankt Saverne auch den Beinamen Rosenstadt; im Juni jeden Jahres wird hier ein großes Rosenfest veranstaltet. Umringt von Wäldern, beidseits des malerischen Zorntales, öffnet sich für Wanderer ein wahres Landschaftsparadies, durch das gepflegte Wege zu mythischen Kultstätten keltischer Zeit und alten Burgruinen führen.

Unweit der Stadt liegt im Südwesten das

Château du Haut-Barr/Hohbarr, das wegen seiner einzigartigen Lage und seines Rundblickes seit dem Mittelalter »Auge des Elsaß« genannt wird. Das 480 Meter hoch gelegene Schloß ist auf drei gewaltigen Sandsteinfelsen errichtet worden, die durch Mauerwerk miteinander verbunden wurden. Hohbarr war eine der mächtigsten Burgen in den Vogesen, deren Ruine auch noch heute sehr eindrucksvoll ist. Der erste Bau von 1090 stürzte durch ein Erdbeben ein. 1170 durch die Straßburger Bischöfe neu erbaut, ist die Burg 1650 von den Franzosen endgültig zerstört worden.

Auf dem gleichen Bergrücken steht in unmittelbarer Nähe von Hohbarr die weitläufige *Ruine Groß-Geroldseck.* Von der ebenfalls im 12. Jahrhundert erbauten Burg sind eindrucksvolle Überreste des mächtigen Bergfrieds, des Palas mit romanischen Fenstern und die großen Burgkeller erhalten. Die Geroldsecker waren Kastenvögte der Abtei Marmoutier, die den Schutz des Klosters übernahmen.

Unweit davon befindet sich die *Ruine Klein-Geroldseck,* von der nur noch geringe Reste des Palas, der Ringmauern und des Bergfrieds erhalten sind. Sie wurde 1381 im Auftrag des Bischofs von Metz errichtet und diente der Sicherung eines Erbvertrages, den dieser mit dem letzten Geroldsecker geschlossen hatte. Beide Burgen wurden 1486 zerstört.

Der Wegverlauf

Vor Beginn dieser erholsamen Wanderung können wir uns an der Orientierungstafel gegenüber dem Tor von *Château Haut-Barr* (470 m) das vorhandene Wegenetz ansehen und uns auf unsere Tour einstimmen. Am Anfang des Parkplatzes finden wir an einem Baum das rote Rechteck, Markierungszeichen für die erste Etappe. Bereits nach wenigen Minuten kommen wir am »Tour du Télégraphe« vorbei, einer Station der 1794 von dem französischen Ingenieur Chappe erfundenen optischen Telegrafie-Anlage für die

Eines der schönsten elsässischen Renaissancehäuser ist das Haus Katz in Zabern. Die geschnitzten Fensterrahmen und Fachwerkbalken bilden zusammen mit den Ornamenten der Ausfachungen eine Fassade, die ihresgleichen sucht.

Verbindung Straßburg–Paris. Der gepflegte Weg links von der Straße führt in den Wald hinein, es wird ruhiger, denn wir haben den Touristenrummel am Hohbarr hinter uns gelassen. Alsbald biegen wir in den schmalen Pfad (rotes X) ab, der rechts hinauf zur *Ruine Groß-Geroldseck* (481 m) führt, wir erreichen sie in einer Viertelstunde. Dem roten X folgend, sind es nur wenige Minuten zur *Ruine Klein-Geroldseck* (469 m).

Wir setzen unsere Tour in südlicher Richtung auf dem abwärts führenden Waldpfad fort und erreichen nach 6 Minuten den *Table des Sorcières/Hexentisch* (423 m), wo sich mehrere Wege kreuzen. Dort halten wir uns an den Wegweiser »Tour de Brotsch«. Der Weg führt leicht bergauf durch herrlichen Tannenwald, an Sandsteinblöcken vorbei zu einer Waldlichtung mit schönem Blick auf den nahen Krappenfelsen. Nach einer zweiten größeren Freifläche links am Waldrand entlang, bei einer Wegteilung rechts, bergauf zur Höhe *Le Brotschberg* (531 m), die wir

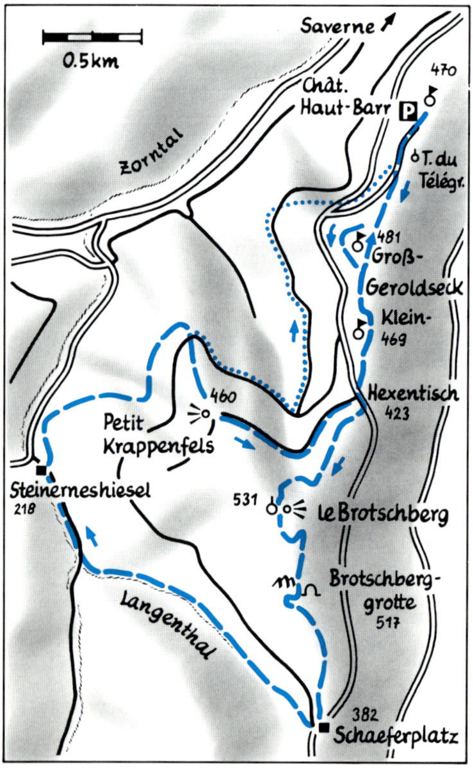

vom Hexentisch in 20 Minuten erstiegen haben. Hier stehen wir vor dem 18 Meter hohen *Brotschbergturm*, den der Vogesenclub 1897 erbauen ließ. Er bietet prächtige Sicht auf die Ruinen von Geroldseck und Hohbarr, aber auch hinunter ins Zorntal, zur Burg Lichtenberg im Nordosten, zur Dagsburg und dem Schneeberg im Süden.

Auf demselben Weg zurück bis zur ersten Wegteilung, dort rechts, dem Wegweiser »Rocher et Grotte du Brotschberg« folgend. Nach kurzem Abstieg führt ein ebener Waldweg, vorbei an kleinen Felsen, hinüber zu den drei gewaltigen *Brotschberg-Riesen* von urzeitlichem Aussehen. Allein schon wegen dieser imposanten Felsgiganten hat sich der Umweg gelohnt. Zu Füßen des ersten turmhohen Felsmassivs, das nach Westen abfällt, liegt die Grotte. Ein schmaler Pfad führt etwas tiefer zu einem zweiten Gebilde aus Sandsteinplatten verschiedenster Dimensionen und von dort im Zickzack den Berghang hinab zur *Grotte de Brotsch/Brotschberggrotte* (517 m). Bei der Größe dieser Höhle kann man sich gut vorstellen, daß hier der Zyklop Polyphem samt Schafherde gehaust haben könnte. Ein Blick auf den riesigen Fels über der Grotte zeigt dessen wirkliche Ausmaße.

Wir folgen dem Pfad am Hang und kommen an ein nicht minder gigantisches Felsmassiv voller Erosionsfurchen und phantastischer Steingebilde. Ab hier zieht der Bergpfad abwärts und trifft auf einen Waldweg, der uns schnell rechts hinunter zur großen Waldlichtung am Forsthaus *Schaeferplatz* (382 m) führt. Viele Rastbänke und eine Picknickhütte mit Grillplätzen laden zum Verweilen ein. Hier, wo sich die schmalen Waldstraßen von Hohbarr und Haberacker treffen, wandern wir den idyllischen Langenthalbach entlang (blau-weiß-blaues Rechteck) immer geradeaus ins Zorntal hinab. Bei der ersten Weggabelung halten wir uns rechts.

Wir kommen nun bald zur Kaltenthaler Straße, auf der wir die letzten 600 Meter (blaues Rechteck) abwärts gehen. In einer knappen halben Stunde sind wir am Wendepunkt *Steinerneshiesel* (218 m) angelangt. Wo kurz vor dem Stausee ein Brückchen den Baerenbach überquert, halten wir uns rechts, unserer Markierung blau-weiß-blau treublei-

Die mächtige Burgruine Hohbarr unweit Zaberns wird wegen ihrem einzigartigen Rundblick seit dem Mittelalter »Auge des Elsaß« genannt.

bend. Nach 100 Metern links, allmählich nordwestlich wieder leicht bergauf, kommen wir bald zur großen *Wegkreuzung unter dem Krappenfels*. Jetzt rechts in den Bergpfad (rotweiß-rotes Rechteck) auf den *Petit Krappenfels* (460 m), einen grandiosen Aussichtsplatz. In 40 Minuten haben wir vom Steinerneshiesel aus hier eine Höhe erreicht, von der wir fast eben zu unserem Ausgangspunkt zurückgelangen. Auf schönen Waldwegen (gelbes Kreuz) erreichen wir nach 15 Minuten den *Hexentisch* (423 m) und sind mit rotem Rechteck, unter den Geroldseck-Ruinen vorbei, auf der Grand' Randonnée 53 in weiteren 25 Minuten an unserem Parkplatz an der *Ruine Hohbarr* (470 m).

Nützliche Informationen

Ausgangspunkt: Parkplatz am *Château Haut-Barr* (470 m).
Anfahrt: Von Straßburg auf der N 4 über Marlenheim und Marmoutier nach Saverne. Bevor man in die Altstadt von Zabern

kommt, links Richtung Nancy fahren, bis vor Verlassen der Stadt wieder links eine Straße zum Château Haut-Barr abzweigt, die uns in wenigen Minuten hinauf zur Schloßruine bringt. Ab Obersteigen auf der D 218 nördlich über Dimbsthal, Gottenhouse nach Saverne. Auf der D 178 von La Petite-Pierre nach Oberhof (D 133), rechts in die D 122 nach Eckartswiller über den Col de Saverne nach Saverne. TER-Bahnverbindung, Strecke: Straßburg – Sarrebourg oder Straßburg – Nancy, Haltestelle Saverne.
Parkplatz: Großer Parkplatz vor der Schloßruine Hohbarr.
Gehzeiten: Insgesamt 3¼ Std.; Le Haut-Barr – Le Grand Geroldseck: 15 Min. – Le Petit Geroldseck: 10 Min. – Table des Sorcières: 6 Min. – Le Brotschberg: 20 Min. – Grotte de Brotsch: 20 Min. – M.F. Schaeferplatz: 14 Min. – Steinerneshiesel: 30 Min. – Petit Krappenfels: 40 Min. – Table des Sorcières: 15 Min. – Le Haut-Barr: 25 Min.
Länge der Tour: 10,8 km.
Höhendifferenzen: Aufstieg: Le Haut-Barr – Le Brotschberg: 61 m; Abstieg: Le Brotschberg – Steinerneshiesel: 313 m; Aufstieg: Steinerneshiesel – Petit Krappenfels: 242 m.
Übernachtungsmöglichkeiten: In *Saverne* Hôtels Chez Jean und Au Boeuf Noir sowie Hôtel National mit einfachem Komfort, in *Marlenheim* Hôtel Le Cerf, in *Obersteigen* Hôtel Belle-Vue oder in *La Petite-Pierre* Hôtel Trois Roses und Auberge d'Imsthal.
Einkehrmöglichkeiten: Unterwegs Restaurant auf der Burg Hohbarr, in *Saverne* Restaurants Chez Jean und Au Boeuf Noir sowie einfaches Restaurant National, in *Marlenheim* Restaurant Le Cerf, in *Obersteigen* Restaurant Belle-Vue oder in *La Petite-Pierre* Restaurants Les Trois Roses, La Clairière und Lion d'Or.
Karte: Carte des Vosges 1:25000, Saverne, Phalsbourg, La Petite-Pierre.
Variante: Rückweg von Steinerneshiesel unter dem Petit Krappenfels vorbei gemäß blauem Kreuz direkt zum Château Haut-Barr zurück; verkürzt die Gesamtgehzeit um 10 Minuten.
Sehenswürdigkeiten: In Saverne Rohan-Palast, Pfarrkirche Notre-Dame de la Nativité, Altstadt mit Haus Katz und Roseraie, großer Botanischer Garten.

33 Durch die Wälder zwischen Zorn- und Ramsthal

Ramsthal – Ruine Greifenstein – St.-Veits-Grotte – Schweizerhof – Breitkopf – Melaniebrunnen

Tourencharakter: Wenig anstrengende Wanderung durch die herrlichen Laubwälder Zaberns. Grandioser Felsenpfad unter dem Breitkopf. Gut markierte Wege mit einer serpentinenartigen Steilstrecke zwischen Breitkopffelsen und Melaniebrunnen.
Beste Jahreszeit: Frühjahr und Herbst.
Reine Gehzeit: Knapp 3¼ Stunden.
Markierungen: Blaues Rechteck von Ramsthal zur St.-Veits-Grotte, rotes X zum Herrgott, rotes Dreieck zurück nach Ramsthal.

Wo könnte man reizendere Täler, ältere Buchen, interessantere Felsformationen und ergiebigere Ausblicke finden als in den Wäldern und Höhenzügen westlich von Saverne? Zwischen der Zorn, auf der vor langer Zeit reger Flößereibetrieb herrschte und dem Rhein-Marne-Kanal, der heute den Lastentransport übernommen hat, beginnt nur wenige 100 Meter hinter Saverne das liebliche Ramsthal.

Hoch über dem Zorntal steht die *Burg Greifenstein* (370 m), bewehrt mit mächtigen Mauern und Türmen, die zusammen mit Haut-Barr Wächter der Pforte zu Lothringen waren. Eigentlich sind es zwei Burgen, die der Hohbarr nur wenig nachstehen, nämlich die kleinere Greifenstein (13./14. Jahrhundert), getrennt durch einen tiefen Graben vom großen Greifenstein, der älteren Burg (12. Jahrhundert). Der große Turm, rechts der Treppe, von dem man eine herrliche Rundsicht hat, ist erst im 14. Jahrhundert dazugekommen. Erbauer waren die Greifensteiner, denen die Bischöfe von Straßburg folgten. Sie vergaben die Burg als Lehen an die Herren von Ochsenstein. Seit 1643 verfielen die Schlösser und wurden 1675 von den Franzosen endgültig zerstört.

Eineinhalb Kilometer südwestlich von

Der melancholische Melaniebrunnen liegt im Ramsthal, wo der Weg zu den Breitkopffelsen abzweigt.

Greifenstein liegt ein mächtiger Sandsteinfelsen, in dem sich eine 25 Meter tiefe Höhle befindet; deshalb wird das Felsmassiv auch Hohlenstein genannt. Früher standen auf dem Plateau eine Meierei und die Veitskapelle, die 1865 abbrannten. Seither verehrt man den Heiligen nur noch in der Grotte. Der heilige Veit oder Vitus, ein früher Christ, der zur Zeit des Kaisers Diokletian (284–305) gelebt hat, soll ein Kind des Kaisers von der Besessenheit geheilt haben und starb danach den Märtyrertod. Die *Veitsgrotte* (391 m) war daher seit dem Mittelalter das Ziel von Wallfahrern zur Heilung der Kranken, die vom Veitstanz besessen waren.

Vorbei am *Schweizerhof* (Schweizer Siedlung), dem höchsten Punkt der Wanderung (440 m), geht es über den *Herrgott* (427 m), ein gallo-römisches Gräberfeld, zum riesigen *Breitkopffelsen* (395 m), einem herrlichen Naturschauplatz aus Felstürmen und Steilwänden. Der Abstieg von diesem Felsenwunder endet am malerischsten Plätzchen dieser Tour, dem runden Becken der *Fontaine Mélanie/Melaniebrunnen* (250 m) in einem Walddreieck mit Rastbänken.

Der Wegverlauf

Wir starten in *Ramsthal* (190 m), wo links von dem Bahnwärterhaus ein schmaler Pfad zum Waldrand hinüber und oberhalb der Bahngeleise weiterführt. Auf schönem Waldweg, leicht ansteigend (blaues Rechteck), nach etwa 750 Metern rechts, steiler bergauf. Wir überqueren einen Waldfahrweg, bald danach im Zickzack aufwärts, dann wieder links, folgen dem blauen Rechteck und sind in knapp 40 Minuten am *Château le Griffon/Ruine Greifenstein* (370 m). Schräg gegen-

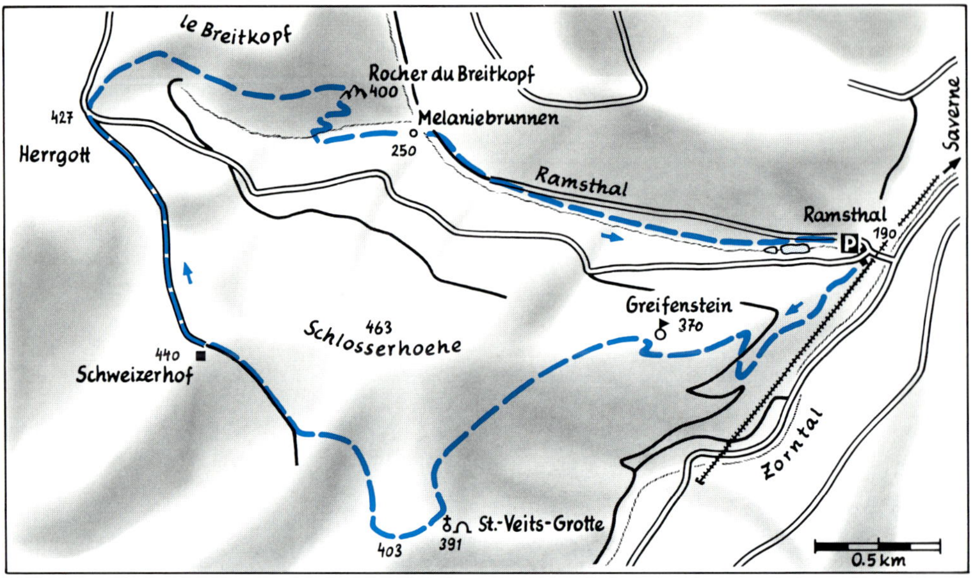

über einer Sitzbank beginnt der Aufstieg zur Burg, zuletzt über eine steinerne Treppe (westlich des Grabens die ältere Burg).

Am Fuß der alten Festung wird die Wanderung nach Westen fortgesetzt, über Holzschwellen führt der Pfad aufwärts und kurz danach in den Wald hinein, dann immer geradeaus am Hang über dem Zorntal entlang. Auf dem Sentier des Roches/Felsenpfad geht's in guten 20 Minuten hinüber zu einer von Bäumen gesäumten Wiese, dem Plateau über der Veitsgrotte, wo einst die *Chapelle St.-Vite/St.-Veits-Kapelle* (391 m) stand. Ein Pfad führt zu einer Aussichtskanzel mit Blick auf die Ruinen Hohbarr, Groß-Geroldseck und Greifenstein. Durch einen Alpengarten steigen wir über eine Treppe hinab zur St.-Veits-Grotte.

Von hier führt westlich ein Weg zur Anhöhe 403, Richtung Rappenfels, den wir aber nicht benutzen. Wir biegen gleich danach rechts ein, dann immer geradeaus hinauf auf einen Hügel mit Buchengruppe. Dort links weiter mit rotem X, bald auf einer Waldstraße in einer knappen halben Stunde direkt hinauf zum ehemaligen Forsthaus *Schweizerhof* (440 m), einem attraktiven Platz mit Sommergastwirtschaft. Auf dieser leicht abfallenden Straße erreichen wir *Herrgott* (427 m) in einer Viertelstunde. Dort rechts, mit neuer Markierung (rotes Dreieck) und Wegweiser »Rocher du Breitkopf«. Bei der ersten Weggabelung wandern wir halb links, dann überqueren wir einige Waldfahrwege und kommen in knapp 25 Minuten, ständig leicht abwärts, durch schönen Buchenwald zur großen Felsgalerie.

Ein Pfad, der geschickt am Sockel der Felsgiganten des *Rocher du Breitkopf/Breitkopffelsen* in etwa 400 Meter Höhe entlangführt, läßt imposante Blicke auf die Steilwände und Felstürme zu. Am Ende der gewaltigen Steingebilde führt der schmale Weg im Zickzack steil hinab zum Ramsthalbach. Unten links, immer dem roten Dreieck und dem Bächlein folgend, zuletzt über eine Holzbrücke, sind wir bald am romantischen *Melaniebrunnen* (250 m). Der Rückweg verläuft zunächst 100 Meter auf der Forststraße, dann rechts durch schönen Buchenwald den Ramsthalbach entlang, an den *Ramsthalweihern* vorbei, in einer knappen halben Stunde hinab zum Ausgangspunkt *Ramsthal* (190 m).

Nützliche Informationen

Ausgangspunkt: *Ramsthal bei Saverne* (190 m).

Anfahrt: Von Straßburg auf der N 4 über Marlenheim und Marmoutier nach Saverne. Bevor man in die Altstadt von Zabern kommt, links Richtung Nancy, über die Brük-

Licht und Schatten spielen auf dem Weg durch die herrlichen Buchenwälder des Ramsthals.

ke des Rhein-Marne-Kanals, dann links ab in die Zorntalstrecke Richtung Lutzelbourg (D 132). Alternativ von La Petite-Pierre auf der D 178 bis Oberhof, dann links in die D 133, bald wieder rechts die D 122 über Eckartswiller und den Col de Saverne hinab zum Stadtanfang. Nach der Zornbrücke rechts in die D 132. Etwa 300 Meter nach den letzten Häusern von Saverne auf der rechten Straßenseite über die Zornbrücke, am Bahnwärterhäuschen befindet sich Ramsthal, unser Wanderausgangspunkt. TER-Bahnverbindung, Strecke: Straßburg – Sarrebourg, Haltestelle Saverne oder Stambach.

Parkplätze: An der Zornbrücke oder Nähe Weiher im Ramsthal Parkmöglichkeiten.

Gehzeiten: Insgesamt 3 Std.10 Min.; Ramsthal – Château Greifenstein:40 Min. – Chapelle St.-Vite: 25 Min. – Schweizerhof: 30 Min. – Herrgott: 15 Min. – Rocher du Breitkopf: 25 Min. – Fontaine Mélanie: 25 Min. – Ramsthaler Weiher: 25 Min. – Ramsthal: 5 Min.

Länge der Tour: 9,1 km.

Höhendifferenzen: Aufstiege: Ramsthal – Ruine Greifenstein: 180 m, Ruine Greifenstein – Schweizerhof: 70 m; Abstieg: Schweizerhof – Melaniebrunnen: 190 m.

Übernachtungsmöglichkeiten: In *Saverne* Hôtels Chez Jean und Au Bœuf Noir sowie Hôtel National mit einfachem Komfort, in *Marlenheim* Hôtel Le Cerf, in *Obersteigen* Hôtel Belle-Vue oder in *La Petite-Pierre* Hôtel Les Trois Roses und Auberge d'Imsthal.

Einkehrmöglichkeiten: Unterwegs Sommergaststätte Schweizerhof, nur sonntags geöffnet, in *Saverne* Restaurants Chez Jean und Au Bœuf Noir sowie einfaches Restaurant National, in *Marlenheim* Le Cerf, in *Obersteigen* Restaurant Belle-Vue oder in *La Petite-Pierre* Restaurants Les Trois Roses, La Clairière und Lion d'Or.

Karte: Carte des Vosges 1:25 000, Saverne, Phalsbourg, La Petite-Pierre.

Naturpark Nordvogesen

Der Naturpark Nordvogesen, französisch *Parc Naturel Régional des Vosges du Nord,* ist eine abwechslungsreiche Landschaft mit üppigen Wäldern, in der sanfte Hügel mit Erhebungen oft beachtlicher Größe aus rötlichem bis ockerfarbigem Sandstein wechseln. Freundliche Dörfer im Fachwerkstil haben häufig interessante geschichtliche Zeugnisse aufzuweisen. Zentrum dieses wasser- und burgenreichen Landschaftsparadieses ist *La Petite-Pierre,* auf deutsch *Lützelstein.* Es liegt auf einem langgestreckten Bergrücken, weist eine gut erhaltene mittelalterliche Burg sowie eine sehenswerte Altstadt auf und ist Ausgangspunkt für zahlreiche interessante Wanderungen.

Das Schloß Lützelstein gehörte einst den Pfalzgrafen und ist heute Sitz der Verwaltung des Naturparkes Nordvogesen.

Die 117 500 Hektar große und 1976 zum Naturschutzgebiet erhobene Landschaft grenzt im Norden an die Pfalz, im Süden an die Zaberner Steige und reicht im Westen vom Krummen Elsaß bis hinüber nach Wei-

Schloß Lützelstein, einst von den Pfalzgrafen erbaut, dient heute als Sitz der Verwaltung des Naturparks Nordvogesen.

ßenburg. Im nördlichen Abschnitt, wo das Elsaß an Deutschland grenzt, sind die Täler sehr schmal und die Berge enger zusammengerückt; dort verläuft zwischen Lothringen und dem Rheintal die *»Straße der Burgen«*, französisch *Route des Châteaux*. Gleich einem Festungswall liegen auf den höchsten Bergkuppen über 20 Burgen, die von den Machthabern zur Kontrolle von Revieren und Straßen errichtet wurden. Die bedeutendste ist wohl die im Lembacher Forst gelegene *Burg Fleckenstein*, die sich auf einem mächtigen Sandsteinfelsen in schwindelerregender Höhe erhebt. Sie war über viele Jahrhunderte Stammsitz des bedeutenden Geschlechtes der Fleckensteiner. Genauso sehenswert ist die Ruine *Wasigenstein* über Niedersteinbach. Diese Burg ist eng mit dem Nibelungenkönig Gunther von Worms und mit Walther von Aquitanien verbunden. In diesem Gebiet stoßen wir aber auch auf die Überreste einer keltischen Fluchtburg mit Ringwällen und druidischem Opferplatz.

Zwischen dem Pfälzer Wald und Zabern erstrecken sich die sogenannten Kleinen Vogesen, eine sanfte Hügellandschaft mit weiten Tälern und unendlichen Wäldern, in denen es sich besonders gut wandern läßt. Im Westen von Ingwiller, südlich von Niederbronn-les-Bains, steht im Modertal die *Burg Lichtenberg*. Eine Wanderung dorthin lohnt sich, weil sie die einzige der vielen elsässischen Ruinen ist, die noch gute Gebäudereste und die beiden mächtigen Rundtürme aus dem 13. Jahrhundert aufweist.

Oben in Cleebourg beginnt eigentlich schon die nördliche Route du Vin. Abseits vom großen Rummel der südlichen Weinstraße herrscht hier noch die stille Beschaulichkeit unverfälschter Winzerdörfer vor. Gleich hinter Cleebourg gelangen wir nach Hunspach, das als geschlossenstes Fachwerkdorf des Elsaß gilt. Der Fremdenverkehr in den vielen kleinen Dörfern des Naturparks Nordvogesen blüht auf, so daß man dort, oft etwas versteckt, so manches gute Restaurant findet, wie Ferdinand Mischlers »Auberge du Cheval Blanc« und die »Auberge du Kochersberg« in Lembach, das »Bellevue« in Weißenburg, das Restaurant »Trois Roses« in Lützelstein oder die »Auberge du Cheval Blanc« in Climbach.

34 Kultstätten aus vorchristlicher Zeit über dem Champagnertal

Chapelle St.-Michel – Wildthalfelsen – Rocher des Dames – Stampflöcher – Croix de Langenthal – Heidenstadt

Tourencharakter: Gute Wegverhältnisse ohne nennenswerte Steigungen. Besonders schöne Wanderung, wenn im Mai das frische Grün der Buchen schon ausgetrieben ist. Höhenweg über dem Champagnertal.
Beste Jahreszeit: Frühling und Herbst.
Reine Gehzeit: Knapp 3 Stunden.
Markierungen: Roter Ring vom Michaelsberg zum Langenthaler Kreuz, blauer Ring zur Heidenstadt und blaues Rechteck sowie blauer Ring von Heidenstadt zur Michaelskapelle.

Der *Michaelsberg* über St.-Jean-Saverne, in vorchristlicher Zeit Stätte eines Sonnenkults, später heiliger Bezirk der Kelten, wurde im Mittelalter zur christlichen Einsiedelei. Die heutige Michaelskapelle ist im Jahre 1593 durch Wiederherstellung des früheren Bethauses entstanden. Unweit davon liegt auf einem Bergvorsprung eine kreisförmig vertiefte *Felsplatte*, der mystische Funktionen in einem alten Sonnenkult zugeschrieben werden. Sie könnte aber auch Opferplatz der Druiden zur Zeit der Kelten gewesen sein. Die Volkssage machte später aus dem interessanten Steinkreis einen Treffpunkt der Druden (Hexen), die dort tanzten, bevor sie zum großen Sabbat auf den nahen Bastberg abflogen. Von der Kapelle führen 57 Stufen hinab zum *Hexenloch*, einer Höhle, die zahlreiche Bearbeitungsspuren aufweist.

Es gehörte zum keltischen Kult, Bergspitzen, aber auch Haine zu heiligen Stätten zu erklären, damit die Druiden dort ihre Opfer darbringen konnten. Vielleicht waren auch die sogenannten *Stampflöcher* (380 m) eine solche Kultstätte. Eigenartig sind die riesigen Felsplatten von 60 bis 100 Quadratmetern, in die runde Löcher von 50 Zentimeter Durchmesser und 20 bis 30 Zentimeter Tiefe geschlagen sind; standen sie in Verbindung mit dem nur unweit entfernten Opferstein?

In *St.-Jean-Saverne/St. Johann* bei Zabern liegt am Fuß des Michaelsberges die Benediktinerabtei St. Johann. Das Frauenkloster wurde 1126 von Graf Peter von Lützelburg gestiftet, damit die Seele seiner Ehefrau, die als Hexe angesehen wurde, gerettet werde. In den Bau von 1593 wurde ein Teil der romanischen Kirche aus dem 12. Jahrhundert integriert. Das Portal mit Vorhalle, die dreischiffige Pfeilerbasilika mit fünf Doppeljochen und die drei Altarnischen verkörpern die ausgewogenen Bauformen der Romanik. Eine Besichtigung der herrlichen romanischen Apsiden, auch von außen, ist unerläßlich. Das Kreuzrippengewölbe des Mittelschiffes ist ein überragendes Beispiel früher elsässischer Baukunst. Von den beiden Türmen ist nichts mehr erhalten geblieben.

Der Wegverlauf

Im ersten Teil dieser zauberhaften Wanderung wollen wir einige dominierende Aussichtsplätze des mächtigen, steil zum Champagnertal abfallenden Felskranzes ansteuern. Die Tour beginnt bei der *Chapelle St.-Michael/Michaelskapelle* (370 m) über St.-Jean-Saverne. Wir gehen von dort südwestlich, dem roten Ring folgend, lange Zeit fast eben, immer nahe der Bergkante über der Zaberner Steige und erreichen nach kurzem Aufstieg in knapp 20 Minuten den *Wildthalfelsen* (412 m). Von dieser ersten Steinkanzel wunderschöne Aussicht auf St.-Jean-Saverne und die südliche Bergwelt.

Der rote Ring geleitet uns abwärts zur Felsplatte *Les Roches Plates* (379 m) mit Blick auf Eckartswiller. Ein Graspfad, der später in einen breiten Sandweg übergeht, führt in weitgeschwungenem Doppelbogen über die Hochebene des tief unter uns liegenden Champagnertales. In 20 Minuten sind wir an der Abzweigung über dem dritten Steinkoloß angelangt, wo wir entscheiden müssen, ob wir zu dem gut 100 Meter tiefer liegenden Zwischenziel absteigen wollen. Ein Fußpfad, dem wir folgen, bringt uns immer geradeaus abwärts, an zwei Wegweisern vorbei, über eine kahlgeschlagene Fläche, zu dem steil abfallenden Felsplateau *Rocher des*

Am vermoosten Langenthaler Steinkreuz gabeln sich verschiedene Wege, von denen einer zur Heidenstadt, einer keltischen Fliehburg, führt.

Balsam für verpestete Städterlungen sind die Laubwälder hoch über dem Champagnertal, nicht weit von Zabern.

Dames (282 m). Auch hier wird wieder imposante Aussicht geboten.

Auf gleichem Weg steigen wir wieder hinauf und auf dem Sandweg westlich weiter, stoßen nach 500 Metern auf eine geteerte Straße und sind in 25 Minuten am *Carrefour Rothlach* (378 m), einem Kreuzungspunkt mehrerer Waldstraßen.

Der zweite Teil dieser archäologischen Wanderung führt uns durch Wälder, wie man sie hierzulande kaum noch antrifft. Zuerst geht es rechts (roter Ring und Wegweiser) zu den *Stampflöchern* (380 m) und einem frühgeschichtlichen Opferstein eines vermutlichen Kultplatzes, dann rechts mit gleicher Markierung auf breitem Weg zuerst leicht bergauf, später wieder eben durch den Bois de St.-Jean. Nach geraumer Zeit mündet der Waldweg am *Croix de Langenthal/Langenthaler Kreuz* (400 m) in die nächste große Wegkreuzung. Das vermooste Steinkreuz aus dem Jahre 1611 oder 1621 erinnert an einen Meuchelmord, dem hier ein Offizier zum Opfer fiel. Von hier auf einem ebenen Weg

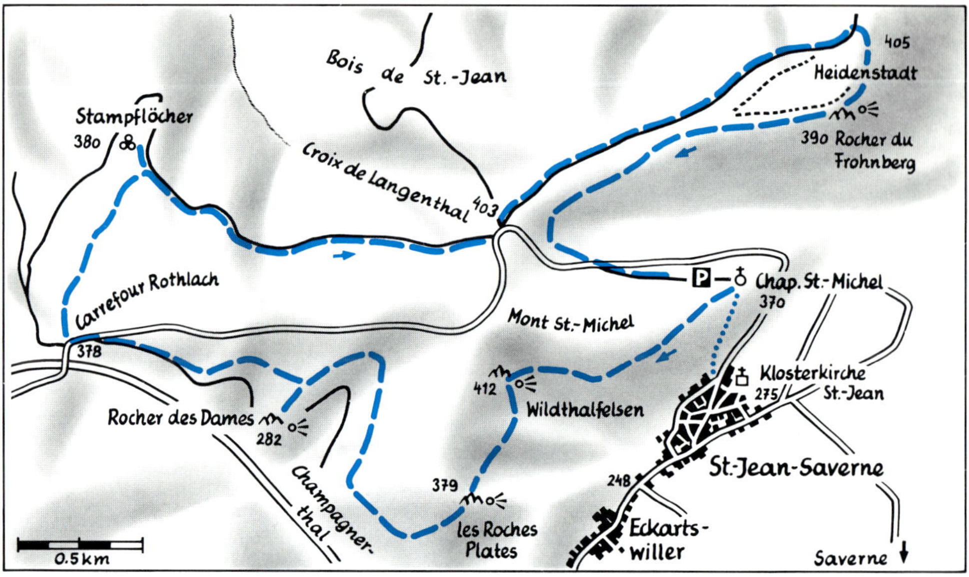

(jetzt blauer Ring) zur *Heidenstadt* (405 m) mit beeindruckenden Überresten einer keltischen Fliehburg mit hohen Schutzwällen. Wir erreichen dieses gewaltige Bauwerk in 45 Minuten (ab Stampflöcher).

Vom nördlichsten Punkt der Anlage gehen wir rechts um sie herum (blaues Dreieck) und kommen in wenigen Minuten erneut zu einem eindrucksvollen Schauinsland, dem *Rocher du Frohnberg* (390 m). Um die Südostseite dieser keltischen Fliehburg herum wandern wir auf der letzten Etappe immer geradeaus, dem Michaelsberg entgegen. Nach etwa 25 Minuten überqueren wir die Zufahrtsstraße und sind in Kürze am Parkplatz unter der *Michaelskapelle* (370 m).

Nützliche Informationen

Ausgangspunkt: Michaelskapelle über *St.-Jean* (370 m).

Anfahrt: Von La Petite-Pierre auf der D 178 bis Oberhof, dann links in die D 133 bis Dossenheim-sur-Zinsel. Dort rechts in die D 219 nach St.-Jean-Saverne. Durch Zabern in den Westen der Stadt, Richtung Nancy, weiterfahren bis zum Anfang der Zaberner Steige, dort rechts abbiegen nach Ottersthal und über Monswiller nach St.-Jean-Saverne. In St.-Jean zweite Abbiegung links, beschilderte Auffahrt zur Michaelskapelle. TER-Bahnverbindung, Strecke: Straßburg – Saverne, Haltestelle Monswiller/Zornhoff.

Parken: Unterhalb der Kapelle St. Michael gibt es Parkmöglichkeiten.

Gehzeiten: Knapp 3 Std.; Chapelle St.-Michel – Wildthalfelsen: 20 Min. – Les Roches Plates: 10 Min. – Rocher des Dames: 30 Min. – Carrefour Rothlach: 25 Min. – Stampflöcher: 15 Min. – Croix de Langenthal: 20 Min. – Heidenstadt: 25 Min. – Rocher du Frohnberg: 7 Min. – Chapelle St.-Michel: 25 Min.

Länge der Tour: 10,8 km.

Höhendifferenzen: Abstieg: Wildthalfelsen – Rocher des Dames: 130 m; Aufstieg: Rocher des Dames – Rothlach: 96m.

Übernachtungsmöglichkeiten: In *Saverne* Hôtels Au Bœuf Noir und Chez Jean sowie National mit einfachem Komfort, in *La Petite-Pierre* Hôtel Trois Roses und Auberge d'Imsthal, in *Marlenheim* Hôtel Le Cerf oder in *Obersteigen* Hôtel Belle-Vue.

Einkehrmöglichkeiten: Unterwegs keine, in *Saverne* Restaurants Au Bœuf Noir und Chez Jean sowie einfaches Restaurant National, in *La Petite-Pierre* Restaurants Les Trois Roses, La Clairière und Lion d'Or, in *Marlenheim* Restaurant Le Cerf oder in *Obersteigen* Restaurant Belle-Vue.

Karte: Carte des Vosges 1:25 000, Saverne, Phalsbourg, La Petite-Pierre.

35 Zum Kampfplatz der Helden des Walthariliedes

Niedersteinbach – Zigeunerfelsen – Maimont – Château Wasigenstein

Tourencharakter: Leichte Wanderung in den Wäldern Niedersteinbachs. Geringe Steigungsstrecken, gepflegte Pfade und Wege. Interessante, geschichtsträchtige Stätten.
Beste Jahreszeit: Frühling, Herbst und Winter.
Reine Gehzeit: Gut 3 Stunden.
Markierungen: Sehr gut markiert! Rotes Dreieck bis Wegkreuzung vor dem Col de Hirchtenbach, rotes Rechteck bis Col Klingelfels, rot-weiß-rotes Rechteck zum Maimont und zum Château Wasigenstein, rotes Rechteck vom Château Wasigenstein zum Col Klingelfels, für den Rückweg zuerst roter Punkt, dann rotes Kreuz.

Im Niedersteinbacher Wald ragen auf einem lichten Bergkamm, hoch über dem Ort, vier stark verwitterte Sandsteinfelsen empor. Sie werden seit dem 15. Jahrhundert *Rocher des Tziganes/Zigeunerfelsen* (420–465 m) genannt. Diese Bezeichnung erinnert an eine Zeit, zu der große Gruppen von Zigeunern zwischen der Pfalz, dem Elsaß und Lothringen umherzogen und immer mehr zur Landplage wurden. 1615 ordnete Ludwig XIII. an, daß die Männer auf Galeeren gebracht werden und die Frauen in Hospitälern arbeiten sollten. Auch drüben in der Pfalz begann man, die Männer zum Militärdienst einzuziehen, die sich jedoch nicht an die Pflicht gebunden fühlten und ständig desertierten. Die Flüchtigen zogen sich in die undurchdringlichen Wälder der Pfalz sowie der Nordvogesen zurück. Von dort unternahmen sie Raubzüge in Täler und Dörfer, so daß die aufgebrachte Bevölkerung das Militär zu Hilfe rief. Ein Teil der Zigeuner zog sich in die Felsen oberhalb Steinbach zurück und verschanzte sich dort. Nach erfolgloser Belagerung der Zigeunerfestung kamen die Menschen so in Rage, daß sie einen riesigen Scheiterhaufen um die Felsen errichteten und ihn entzündeten. Dabei sind viele Zigeuner ums Leben gekommen.

Höchster Punkt dieser Wanderung ist die Kuppe des *Maimont* (513 m), der früher Meygelmunt genannt wurde. Hier, im grenznahen Wasigensteiner Wald, stoßen wir auf die Wälle einer mächtigen keltischen Fluchtburg und auf einen druidischen Opferstein beachtlicher Größe. Der rundgehauene Stein auf schräg abgesenkter Platte, im oberen Teil mit etwa 10 cm breitem und ebenso tiefem Rand, weist eindeutig auf eine Opferfunktion hin. Hauptziel der Wanderung ist aber die *Doppelburg Wasigenstein,* die auf zwei durch einen tiefen Spalt getrennten, riesigen Felsen errichtet wurde. Auf dem östlichen Fels steht die Burg Großwasigenstein, westlich davon Kleinwasigenstein. Zur Hauptburg Großwasigenstein führt eine kühne Felsentreppe zum Bergfried hinauf, wo einst der große Palas stand; Kleinwasigenstein war Vorburg mit eigenem Eingang. Die im 12. Jahrhundert als staufische Reichsburg erbaute Festung ist am Fuß durch eine Ringmauer gesichert. Auf dem talwärts gelegenen Fels steht ein Wohnturm mit Spitzbogenfenstern. Im 15. Jahrhundert ging Wasigenstein in den Besitz der Fleckensteiner über und wurde 1680 durch französische Truppen zerstört. Bekanntgeworden ist die Burg aber vor allem durch die Nibelungensage. Sie war Kampfplatz der Helden aus dem Waltharilied, das im 10. Jahrhundert durch den St. Galler Mönch Ekkehard aus alten Quellen übersetzt wurde.

Es war die Zeit, als der Hunnenkönig Etzel in deutsche Lande einfiel und bis an den Rhein vorstieß. Er nahm Schätze und Geiseln mit zurück an seinen Hof; darunter befanden sich Hagen von Tronje, Vasall des Burgunderkönigs von Worms, Hildegund, Tochter des Frankenkönigs von Châlons und Walther, Sohn des Gotenkönigs von Aquitanien. Nach Hagen gelang es auch Walther und Hildegund, aus der Festung Etzels zu entfliehen. Die Königskinder führten beachtliche Schätze mit, nach denen der Nibelungenkönig Gunther von Worms trachtete. Während die Liebenden Walther und Hildegund in Wasigenstein rasteten, holte sie dort König Gunther, der Hagen im Gefolge hatte, ein,

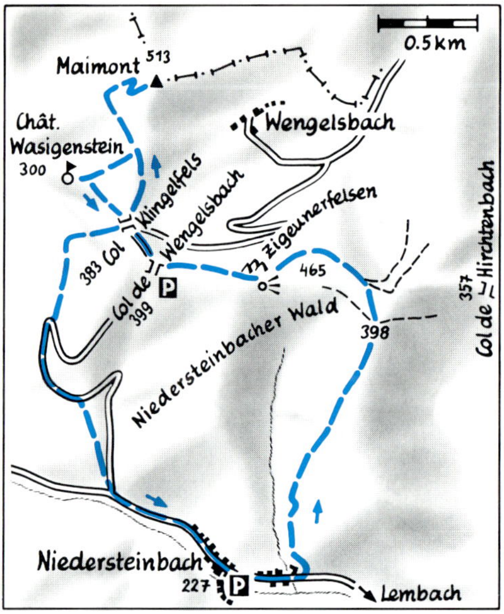

um ihnen ihre Schätze abzujagen. Es kam zu einem gewaltigen Kampf, in dem Walther die zwölf Ritter Gunthers erschlug. Dann stand er Gunther und Hagen selbst gegenüber. Der ungleiche Kampf endetet damit, daß jeder der drei Helden schwere Verletzungen davontrug. Walther verlor seine rechte Hand, Gunther ein Bein und Hagen ein Auge. Daraufhin schlossen sie Frieden, und Walther konnte Hochzeit mit Hildegund feiern. Soweit die geraffte Darstellung der deutschen Übersetzung des lateinischen Waltharililiedes. Allen Anzeichen nach fand der große Kampf in der Nähe der Burg Wasigenstein statt.

Der Wegverlauf

Man beginnt diese schöne und interessante Wanderung an der Burgenstraße der Nordvogesen in *Niedersteinbach* (227 m). Vom Hôtel Cheval Blanc zurück zum östlichen Ortsende, beim letzten Haus an der Orientierungstafel links und dem roten Dreieck folgend aufwärts in den Niedersteinbacher Wald. Nach 15 Minuten wird ein breiter Forstweg überquert und nach etwa einer halben Stunde Anstieg kommt man unweit des Col de Hirchtenbach zu einer sechsfachen *Weggabelung* (398 m). Von hier (rotes Rechteck) weiter steil bergauf, nach 7 Minuten an der nächsten Wegteilung links in 13 Minuten zu den *Zigeunerfelsen* (420–465 m). Auf den höchsten führt eine Treppe zu einer Plattform mit prächtiger Rundsicht nach Süden.

Von dort steigen wir auf schmalem Pfad durch Hochwald (rotes Rechteck) in wenigen Minuten zum *Col de Wengelsbach* (399 m) ab. Der große Waldplatz mit Parkmöglichkeit (vergleiche Variante) bietet Sicht auf die Orte Obersteinbach und Wengelsbach. Jetzt geht man auf der Straße in Kürze hinab zum *Col Klingelfels* (383 m). Achtung! Dort folgen wir nicht den Wegweisern zur Burg Wasigenstein, sondern dem Schild »Maimont« mit rot-weiß-rotem Rechteck. Zunächst eben, ab der nächsten Gabelung bergauf, nach 100 Metern rechts in einen Bergpfad, der in 30 Minuten zur Kuppe des *Maimont* (513 m) führt. Der Berg ist zwar mit Buchen bewachsen, aber die drei Wälle der keltischen Fliehburg sind klar erkennbar. Ein Schild weist auf den druidischen Opferstein hin.

Nach lohnendem Aufstieg geht es auf gleichem Weg bis zur ersten Weggabelung zurück. Achtung! Dort nicht Richtung Col Klingelfels, sondern rechts (rot-weiß-rotes Rechteck) in insgesamt 25 Minuten zum *Château Wasigenstein* (300 m). Der Rückweg (rotes Rechteck) führt in 10 Minuten zum *Col Klingelfels* (383 m) und dann weiter rechts (roter Punkt) bis zur nächsten Weggabelung. Dort wechselt die Markierung, wir gehen links (rotes Kreuz) talwärts, bis wir nach knappen 500 Metern auf die Wengelsbacher Bergstraße stoßen. Nach etwa einem halben Kilometer zweigt rechts ein Pfad zur Talstraße ab, auf der wir den letzten Kilometer bis ans östliche Ortsende von *Niedersteinbach* (227 m) zurücklegen.

Nützliche Informationen

Ausgangspunkt: *Niedersteinbach* (227 m).
Anfahrt: Von Weißenburg auf der D 77, dann D 3 zum Col du Pigeonnier und über Climbach, Lembach nach Niedersteinbach. TER-Bahnverbindung, Strecke: Straßburg – Weißenburg. Busanschluß nach Niedersteinbach. Alternativ: TER-Bahnverbindung, Strecke Haguenau – Bitche, Haltestelle Reichshoffen. Mugler-Busverbindung über Woerth nach Lembach.

Der höchste der Niedersteinbacher Zigeunerfelsen (465 m) kann über ausgehauene Treppen, gesichert mit eisernem Geländer, bestiegen werden.

Parken: Großer Parkplatz am Hôtel Cheval Blanc in Niedersteinbach.
Gehzeiten: Insgesamt gut 3 Std; Niedersteinbach – Wegkreuzung vor dem Col de Hirchtenbach: 45 Min. – Zigeunerfelsen: 20 Min. – Col de Wengelsbach: 5 Min. – Col Klingelfels: 5 Min. – Maimont: 30 Min. – Château Wasigenstein: 25 Min. – Col Klingelfels: 10 Min. – Niedersteinbach: 45 Min.
Länge der Tour: 8,5 km.
Höhendifferenzen: Aufstiege: Niedersteinbach – Zigeunerfelsen: 238 m, Col Klingelfels – Maimont: 130 m; Abstiege: Maimont – Château Wasigenstein: 213 m, Col Klingelfels – Niedersteinbach: 156 m.
Übernachtungsmöglichkeiten: In *Niedersteinbach* Hôtel Cheval Blanc, in *Lembach* Hôtel Le Relais du Heimbach sowie Gimbelhof mit einfachem Komfort oder in *Wissembourg* Hôtel La Walk sowie Couronne mit einfachem Komfort.
Einkehrmöglichkeiten: Unterwegs keine, in *Niedersteinbach* Restaurant Cheval Blanc, in *Obersteinbach* Restaurant Anthon, in *Lembach* Restaurant Cheval Blanc sowie einfaches Restaurant Gimbelhof.
Karte: Carte des Vosges 1:25000, Niederbronn-Les-Bains, Lembach.
Variante: Wer sich den Aufstieg von Niedersteinbach sparen möchte, fährt auf der D 190 zwischen Ober- und Niedersteinbach zum Col de Wengelsbach und stellt dort seinen Wagen ab. Mit Besuch der Zigeunerfelsen, des Maimonts und der Ruine Wasigenstein verkürzt sich die Tour dann auf 1½ Stunden (um 4,2 km).
Weitere Tourenvorschläge: Möglichkeit 1: In knapp 1½ Stunden (3,1 km) von Obersteinbach (rotes X) zum Château Arnsbourg und rund um den Schloßberg.
Möglichkeit 2: Von Obersteinbach zum Château Lutzelhardt (gelbes Rechteck), am Rückweg Umrundung des Steinberges (roter Ring) in insgesamt gut 2 Stunden (7,1 km).

36 Bedeutendste und eigenwilligste Burg des Elsaß: Fleckenstein

Fleckensteinsee – Château du Fleckenstein – Château Hohenbourg – Château Loewenbourg

Tourencharakter: Waldreiche Bergwanderung auf guten Wegen. Von den Burgen Fleckenstein und Hohenbourg schöne Aussicht in verschiedene Täler.
Beste Jahreszeit: Mai, Juni, September und Oktober.
Reine Gehzeit: 2¾ Stunden.
Markierungen: Rotes Dreieck zur Ruine Fleckenstein und weiter Richtung Schloßberg, zuletzt rotes Rechteck bis Château Hohenbourg und Umrundung, weißer Punkt bis zur Auberge Gimbelhof und blauer Punkt zurück zum Fleckensteinsee.

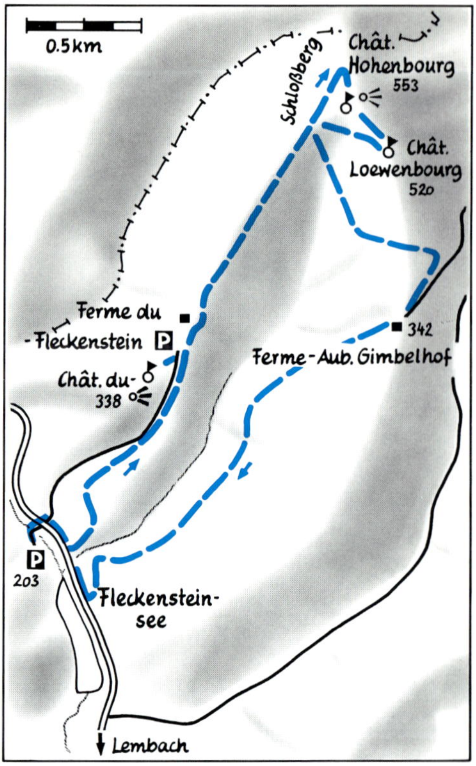

An der Grenze zu Deutschland stehen zwanzig Burgen im Naturpark Nordvogesen, die durch die *Route des Châteaux (Burgenstraße)* miteinander verbunden werden. Auf der Strecke nach Bitche stoßen wir, vier Kilometer hinter Lembach, bei einer Straßengabelung auf die »Tannenbruck«. Die rechte, schmalere Straße führt ins Tal der Sauer zum Fleckensteinsee, dem Ausgangspunkt unserer Wanderung.

Der wunderschöne, von Wäldern umgebene See entstand durch eine Aufstauung des Flusses Sauer. Hauptziel dieser Tour ist die imposante *Burgruine Fleckenstein.* Sie steht auf der Kuppe eines gewaltigen Sandsteinfelsens, auf dem noch die Mauerreste des einst so stolzen Bauwerkes besichtigt werden können. Auf einem Stich von M. Merian d. Ä. (1643) ist sie noch als komplette Burg zu erkennen. Über einer vieltürmigen Vorburg, die von einem gewaltigen Wassergraben umgeben war, wuchs die Festung gleich dem Turm von Babel in fünf Stockwerken empor, gekrönt von einem stattlichen Palas. Wenn uns auch der 43 Meter hohe und 50 Meter lange Felsklotz heute nicht mehr ganz so steil vorkommt wie auf dem Stich, wirkt er doch noch sehr beeindruckend. Gottfried und Gutta von Fleckenstein, aus dem Geschlecht der Staufer, geschichtlich erstmals 1129 erwähnt, errichteten hier ihren Stammsitz und dehnten ihre Gebietsherrschaft Zug um Zug bis hinüber zum Rhein aus. Schon 1276 wurde ihre Burg von Kaiser Rudolf von Habsburg und 1315 von den Straßburgern erfolglos belagert. Die lange Zeit als uneinnehmbar geltende Festung wurde schließlich 1680 von General Montclar geschleift. Der letzte Freiherr von Fleckenstein, Heinrich Jakob, starb 1720 in Trierbach. Seit 1904 gilt die Ruine als historisches Monument.

Die Besichtigung der *Ruine Loewenbourg* lohnt sich nicht, da sie zu sehr verfallen ist. Hohe Buchen versperren inzwischen jegliche Aussicht. Geschichtlich sehr interessant ist *Château Hohenbourg.* In Erinnerung an einen gewalttätigen Ritter dieses Namens wird es im Volksmund »Lindenschmied« genannt. Das Schloß war Stammsitz der Puller und um 1224 erbaut worden. Konrad von Puller war ein bekannter Minnesänger und Vertrauter

Rudolf von Habsburgs. Der Hohenbourger Franz von Sickingen (1481–1523) schloß hier die Reformationsverträge, deren Bruch zum Feldzug gegen Trier führte, bei dem er im Kampf den Tod fand. Die Burg wurde zwar damals vernichtet, aber 1542 von seinem Sohn Franz Konrad im Renaissancestil wieder aufgebaut. Am Portal des Treppenhauses kann man noch die Jahreszahl 1578 erkennen.

Der Wegverlauf

Vom Parkplatz (203 m) am *Étang du Fleckenstein/Fleckensteinsee* über die Brücke nach rechts, gut 150 Meter auf der Uferstraße, dann links in den Wald auf einem Pfad (rotes Dreieck) bergwärts. Nach weiteren 650 Metern kommen wir in offenes Gelände, vor uns die mächtige Burg. Auf breitem Feldweg sind wir nun bald bei der großen Informationstafel am Burgfuß. Von hier noch einige Minuten, bis der eigentliche Eingang zum *Château du Fleckenstein/Ruine Fleckenstein* (338 m) vor uns liegt. Über Steintreppen und Felsgänge hinauf auf den gut 40 Meter hohen Felsklotz, der Basis für Palas, Türme und Kapelle war. Großartige Sicht auf den Fleckensteinsee, den Gimbelhof und den Schloßberg belohnt den Aufstieg. Das Massiv der Burg ist von Laufgängen und Sälen mit natürlichen Steinpfeilern durchzogen.

Vom Burgparkplatz gut 100 Meter zur Ferme du Fleckenstein, dort links mit rotem Dreieck bergauf gegen den Schloßberg. Nach einer guten halben Stunde eine *Weggabelung,* wir gehen geradeaus, leicht ansteigend, jetzt rotes Rechteck, westlich um den Berg herum und nach 300 Metern rechts zum *Château Hohenbourg* (553 m). Der Besuch

Im Tal der Sauer an der Nördlichen Burgenstraße liegt der wunderschöne Fleckensteinsee.

lohnt sich wegen der imposanten Burgreste und der herrlichen Rundsicht bis hinüber zur Pfalz und hinab auf Burg Fleckenstein.

Vom Burgfuß in gleicher Richtung weiter erreichen wir in wenigen Minuten die *Ruine Loewenbourg* (520 m). Gleich danach scharf rechts und in 6 Minuten südlich des Schloßbergs wieder zurück zur schon bekannten *Weggabelung*. Jetzt links einen stark fallenden Pfad hinab (weißer Punkt), der in 30 Minuten zur *Ferme-Auberge Gimbelhof* (342 m) führt.

Ab dort wechselnde Markierung (jetzt blauer Punkt), am Rande des Thalenberges auf breitem Waldweg weiter abwärts, nach 25 Minuten rechts über eine Abkürzung hinab zum *Fleckensteinsee* (203 m). Unten rechts herum, auf der Uferstraße zurück zum Ende des Sees und über die Brücke zum Ausgangspunkt.

Nützliche Informationen

Ausgangspunkt: *Fleckensteinsee* (203 m) bei Tannenbruck.
Anfahrt: Von Weißenburg auf der D 77, bis etwa zwei Kilometer danach die Straße D 3 zum Col du Pigeonnier abzweigt. Es folgen Climbach und Lembach. Weiter auf der D 3 bis Tannenbruck, wo man sich rechts hält. TER-Bahnverbindung, Strecke: Haguenau – Bitche, Haltestelle Reichshoffen. Mugler-Busverbindung, Strecken: Reichshoffen – Woerth und Woerth – Lembach.
Parkplatz: Am Ende des Fleckensteinsees oder beim Restaurant am Staudamm.
Gehzeiten: Insgesamt 2¾ Std.; Fleckensteinsee – Château du Fleckenstein: 45 Min. – Château Hohenbourg: 45 Min. – Ruine Loewenbourg: 5 Min. – Auberge Gimbelhof: 30 Min. – Fleckensteinsee: 40 Min.
Länge der Tour: 7,7 km.
Höhendifferenzen: Aufstiege: Fleckensteinsee – Château du Fleckenstein: 135 m, Château du Fleckenstein – Hohenbourg: 215 m; Abstiege: Hohenbourg – Gimbelhof: 211 m, Gimbelhof – Fleckensteinsee: 139 m.
Besichtigungszeiten: Ruine Fleckenstein: Mitte März bis 30. September 9.30–18.00 Uhr und vom 1. Oktober bis 15. November 9.30–17.00 Uhr.
Übernachtungsmöglichkeiten: In *Lembach* Hôtel Le Relais du Heimbach sowie Gimbelhof mit einfachem Komfort, in *Nieder-*

Burgruine Fleckenstein: Auf dem 43 Meter hohen Felsplateau stehen noch die Reste des einst so stolzen fünfstöckigen Palas.

steinbach Hôtel Cheval Blanc oder in *Weißenburg* Hôtels La Walk (ehemalige Mühle) und Au Cygne.
Einkehrmöglichkeiten: Unterwegs Kiosk an der Ruine Fleckenstein, Ferme-Auberge Gimbelhof und Restaurant am Fleckensteinsee, in *Lembach* Restaurant Le Cheval Blanc, in *Obersteinbach* Restaurant Anthon, in *Niedersteinbach* Restaurant Cheval Blanc oder in *Weißenburg* Restaurants Au Cygne und Belle-Vue.
Karte: Carte des Vosges 1:25 000, Niederbronn-Les-Bains, Lembach.
Weiterer Tourenvorschlag: Die Burgruine Fleckenstein kann von Tannenbruck auch mit dem PKW erreicht werden. Nach Besichtigung der Ruine ist eine verkürzte Rundwanderung in 1½ Stunden über Château Hohenbourg und Ferme-Auberge Gimbelhof zurück zur Burg Fleckenstein möglich.

37 Entlang der Lauter in den Weißenburger Forst

Weißenburg – Col du Pigeonnier – Brissentalertisch – Col du Stiefelsberg

Tourencharakter: Romantischer Weg an der Lauter, Obstbäume an Wiesenhängen, später waldreich. Schöne Aussicht beim Anstieg zum Forsthaus Scherhol, vom Eselsberg und vom Brissentalertisch.
Beste Jahreszeit: Frühling und Herbst, besonders zur Zeit der Baumblüte.
Reine Gehzeit: Knapp 4½ Stunden.
Markierungen: Rotes Kreuz von Weiler zum Forsthaus Scherhol, rotes Rechteck am Sentier Dietenbeck zum Col du Pigeonnier, dann rotes, später weißes Dreieck zum Col du Stiefelsberg, von dort wieder rotes Kreuz zum Forsthaus Scherhol.

Das schmucke *Wissembourg/Weißenburg* am Fuß der Nordvogesen, umgeben von prächtigen Wäldern und anmutiger Landschaft, zählt zu den attraktivsten Zielen im Elsaß. Die Grenzstadt zur Pfalz hat eine bewegte Geschichte: sie war Römerstützpunkt, ab dem 7. Jahrhundert Benediktinerabtei, deren Schule im 9. Jahrhundert zum kulturellen Mittelpunkt wurde. Hier schrieb der Mönch Otfried die »Evangelienharmonie«, eine bedeutende althochdeutsche Dichtung. 760 erhielt Weißenburg die Immunität (Freistellung von Abgaben) und im 9. Jahrhundert das Privileg der freien Abtwahl. Es wurde dadurch eine vom Bischof unabhängige Reichsabtei. Um das Kloster scharte sich im 12. Jahrhundert eine Siedlung, zu deren Sicherung die Befestigungsanlagen entstanden. 1254 trat Weißenburg dem rheinischen Städtebund bei, 1354 wurde es freie Reichsstadt der Dekapolis. Danach kam die große Auseinandersetzung zwischen Bürgertum und geistlicher Macht, die bis ins 15. Jahrhundert andauerte. 1648 fiel es an Frankreich.

Etwa zwölf Kilometer südlich der Stadt kann bei Schoenenbourg ein Teilstück der Maginot-Linie besichtigt werden. Dieses System von Bunkern, Panzerhindernissen und betonierten Stellungen entstand zwischen den beiden Weltkriegen zur Verteidigung der französischen Ostgrenze.

Wenden wir uns nun den zahlreichen Schönheiten der Stadt zu. Viele Jahrhunderte haben ein malerisches Ortsbild geschaffen, das man beim Schlendern durch die gepflasterten mittelalterlichen Gäßchen des alten, von mehreren Armen der Lauter durchzogenen Städtchens entdeckt. Besonders reizvoll sind die von alten Fachwerkhäusern gesäumten Ufer des Bruchviertels und des rosenberankten Anselmann-Quais.

Herausragend ist die aus rotem Sandstein gebaute Stiftskirche *St. Peter und Paul*, ein Bau des 13. Jahrhunderts mit hohem Vierungsturm. Das erste Gotteshaus wurde 985 zerstört und 1074 wieder aufgebaut. Von diesem romanischen Vorgängerbau ist der Westturm mit verbundenen Rundbogenfenstern erhalten. Vom heutigen Münster, 1262–93 in den klaren Formen der Gotik erbaut, sind besonders sehenswert die Rosette des südlichen Querhauses und die Chorfenster (beide 13. Jahrhundert) sowie der unvollendete gotische Kreuzgang (Anfang 14. Jahrhundert) an der Nordseite.

Sehenswert an der Brücke zum Münster das alte *Salzhaus* (1448) mit gewaltigem gewelltem Dach, das, als Spital gebaut, später als Salzlager und Lazarett diente. Unter vielen sehenswerten Häusern bestricht am Quai Anselman das stattliche *Haus Vogelsberger* mit reich verziertem Portal und gemaltem Wappen. Die prunkvollsten Häuser der Stadt sind zwei Renaissancebauten mit überreich geschnitztem Fachwerk aus dem 16. Jahrhundert, in denen heute das städtische Westercamp-Museum untergebracht ist. Von den alten Häusern des *Bruchviertels* heben sich das am Zugang gelegene schöne Eckhaus mit Erker von 1550 und auf der gegenüberliegenden Seite das Fachwerkhaus mit offener Galerie und geschnitzten Pfosten aus dem Jahre 1484 ab. Eine Besichtigung wert ist auch das *Ancien Hôpital*, um 1700 gebaut, eine stattliche, hufeisenförmige Anlage.

Schöne Spazierwege auf dem Verteidigungswall der nördlichen und südlichen Stadtbefestigung bieten gute Sicht auf die Dächer der Altstadt, die majestätischen Türme von St. Peter und Paul und die fernen Vogesen.

Der Wegverlauf

Von der *Walkmühle* (161 m) mit gut erhaltenen alten Schaufelrädern, am westlichen Stadtrand von *Weißenburg*, gehen wir links der Lauter durch Wiesen dem stillen Dörfchen *Weiler* (174 m) entgegen. Dort links, auf breitem Feldweg (rotes Kreuz) an Obstgärten vorbei, den Hang hinauf. An der Gabelung, wo es ins Leichtehohl geht, halten wir uns rechts. Wir wandern nun ins Schliefenthal hinein, an der nächsten Wegabzweigung links, nun steiler bergan, immer noch durch offenes Gelände, auf den Höhenrükken über Weiler. Diesen schönen Aussichtspunkt, dem gegenüber das *Maison Forestière Scherhol/Forsthaus Scherhol* (296 m) steht, erreichen wir in 50 Minuten. Wir biegen dort rechts in den Sentier Dietenbeck (rotes Rechteck) ein und kommen nun in den herrlichen Weißenburger Forst.

An einem Waldrastplatz vorbei, zunächst fast eben, später über einige Serpentinen aufwärts. Nach weiteren 40 Minuten sind wir am *Scherhol* (506 m). Jetzt leicht bergab, in 8 Minuten zum großen Kreuzungspunkt mit Waldrastplatz, dem *Col du Pigeonnier* (432 m). Von hier führt die Bergstraße hinunter nach Climbach und Lembach, wo die Route des Châteaux beginnt. Wir überqueren die Straße, wo uns das rote Dreieck weiterleitet. An der nächsten Gabelung rechts, nach 700 Metern wieder links (jetzt weißes Dreieck), in einer guten halben Stunde hinüber zum *Col du Luxenkopf* (510 m). Von hier kommen wir zum Aussichtspunkt *Brissentalertisch* (529 m) über Climbach. Nochmals 10 Minuten leicht fallend, und wir sind am *Col du Stiefelsberg* (472 m), dem Wendepunkt dieser Wanderung. Dort nach links, jetzt weist das rote Kreuz den Weg, nach gut 100 Metern rechts,

Besonders reizvoll erscheint Weißenburg, wenn man vom alten Bruchviertel an den Ufern der Lauter gegen St. Peter und Paul blickt.

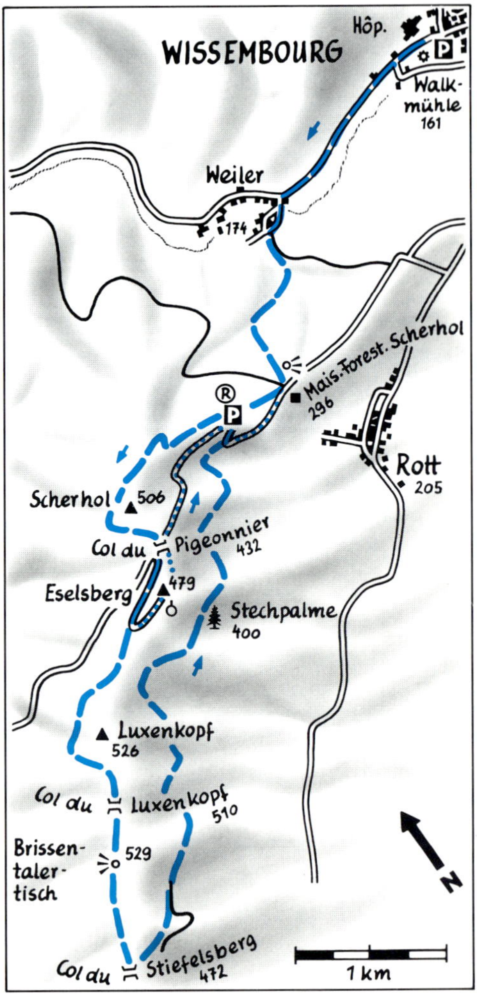

unter den Ruinen des Schloßberges vorbei, immer geradeaus, bis nach gut zwei Kilometern an einer Gabelung halbrechts abgebogen wird.

Nach einer Dreiviertelstunde kommen wir zur *Houx Géant/Stechpalme* (400 m) südlich des Eselsberges. Dort nicht links hinab zum Col du Pigeonnier, sondern geradeaus weiter (rotes Kreuz), leicht fallend, in mehreren Bogen hinab ins Leh, wo wieder die Bergstraße überquert wird, und nun drüben auf schönem Forstweg in nochmals einer halben Stunde zum *Forsthaus Scherhol* (296 m). Auf dem bekannten Weg wandern wir die Hänge nach *Weiler* (174 m) hinab. Zuletzt wieder an der Lauter entlang zurück zur *Walkmühle* (161 m) von Weißenburg.

Nützliche Informationen

Ausgangspunkt: *Walkmühle* am Hôtel la Walk in *Weißenburg* (161 m).
Anfahrt: Aus Deutschland kommend, von der Autobahn A 65 der Strecke Karlsruhe – Mannheim, Ausfahrt Kandel, Richtung Bad Bergzabern auf der B 427 nach Wissembourg/Weißenburg. In Weißenburg zum westlichen Stadtrand, Nähe Hospital, links abbiegen zur Lauter, Hinweisschild »Hôtel la Walk«. TER Bahnverbindung, Strecke: Straßburg – Weißenburg.
Parkplatz: Am Hôtel la Walk.
Gehzeiten: Insgesamt rund 4½ Std.; Walkmühle in Weißenburg – Weiler: 20 Min. –

An der restaurierten Mühle La Walk beginnt die Wanderung durch den Weißenburger Forst.

Forsthaus Scherhol: 35 Min. – Scherhol: 40 Min. – Col du Pigeonnier: 8 Min. – Col du Luxenkopf: 30 Min. – Brissentalertisch: 10 Min. – Col du Stiefelsberg: 10 Min. – Stechpalme (400 m): 45 Min. – Forsthaus Scherhol: 30 Min. – Weiler: 20 Min. – Walkmühle in Weißenburg: 20 Min.
Länge der Tour: 16,1 km.
Höhendifferenzen: Aufstieg: Walkmühle in Weißenburg – Brissentalertisch: 368 m; Abstieg: Col du Stiefelsberg – Walkmühle in Weißenburg: 311 m.
Übernachtungsmöglichkeit: In *Weißenburg* Hôtels la Walk und La Couronne mit einfachem Komfort.
Einkehrmöglichkeiten: Unterwegs keine, in *Weißenburg* viele Restaurants; u.a. zu empfehlen Restaurants Au Cygne und Belle-Vue am östlichen Stadtrand, Nähe Bahnhof, sowie einfache Restaurants De l'Europe und La Couronne.
Karte: Karte des Club Vosgien, Region I, Section de Wissembourg 1:18000, Bezugsquelle: Verkehrsbüro Weißenburg, oder Carte des Vosges 1:50000, Parc Naturel Régional Vosges du Nord.
Variante 1: Abkürzung der Tour um 1½ Stunden. Vom Col du Pigeonnier (432 m) Rundweg über den Eselsberg (479 m) und zurück über Forsthaus Scherhol.
Variante 2: Mit dem PKW Richtung Col du Pigeonnier auf der D 77/D 3 bis zum Parkplatz kurz nach dem Forsthaus Scherhol. Von dort Rundweg wie vorgesehen, verkürzt die Tour um gut 1½ Stunden.
Stadtrundgang: Von der Walkmühle in östlicher Richtung, links der Lauter, an der alten Stadtmauer und Fachwerkhäusern vorbei in 20 Minuten zur Ortsmitte. Nach dem Rundgang, für den man 2 Stunden veranschlagen sollte, Rückweg am Rathaus vorbei zur Place du Marché-aux-Choux, an den alten Befestigungsanlagen oder auf dem Wall des Verteidigungsringes entlang ans westliche Stadtende.
Sehenswürdigkeiten: Gotisches Münster St. Peter und Paul (1262–93), Westercamp-Museum (16. Jahrhundert), Salzhaus (1450), Kirche St.-Jean (12.–15. Jahrhundert), Ancien Hôpital (um 1700), Bruchviertel mit den ältesten Häusern von 1484 und 1550 und Stadtmauer.

38 Die imposante Festung Lichtenberg

Rothbach – Festung Lichtenberg – Pulverbruecke – La Redoute – Col du Steige – Eselsplatz

Tourencharakter: Wanderung durch schöne Laubwälder bis Pulverbruecke, ohne größere Steigungen. Bergpfade von der Pulverbruecke nach La Redoute und vom Eselsplatz zum Forsthaus Dietzthal.
Beste Jahreszeit: Frühling und Herbst.
Reine Gehzeit: 4 Stunden und 40 Minuten.
Markierungen: Blaues Rechteck bis Lichtenberg, rotes Rechteck von Lichtenberg bis Anhöhe 386 vor La Redoute, weißer Senkrechtstrich bis zur nächsten Abzweigung, roter Kreis nach La Redoute, weißer Strich und weißes Kreuz bis Eselsplatz, roter Senkrechtstrich vom Eselsplatz zum Forsthaus Dietzthal und blauer Punkt am Talweg nach Rothbach.

Inmitten des Naturparks Nordvogesen liegt der kleine Hügel *Lichtenberg*, an seinem Fuß der gleichnamige Ort, der 1305 zur Stadt erhoben wurde. Auf dieser Erhebung bauten die mächtigen Grafen von Lichtenberg ihre Stammburg. Sie besaßen die größten Ländereien im Unterelsaß und stellten allein drei Straßburger Bischöfe.

Der Besuch dieser Schloßruine wird den Burgenfreund begeistern, denn sie ist ein einzigartiges Beispiel erfolgreichen Festungsbaues. Die bewegte Burggeschichte rechtfertigt eine nähere Betrachtung.

1206 wird das erste *Schloß der Lichtenberger* bezugsfertig. Der Einfluß dieses Adelsgeschlechtes verstärkt sich 1249, als sie Advokaten von Straßburg und für die Stadtverteidigung zuständig wurden. In der kaiserlosen Zeit um 1260 ließ der Bischof von Metz das Lichtenberger Schloß zerstören. Der kunstsinnige Konrad von Lichtenberg errichtete es 1273 neu, als Bischof von Straßburg legte er vier Jahre später den Grundstein für den Bau der Westfassade des berühmten Münsters. 1335 folgt Johann von Lichtenberg auf den Straßburger Bischofsstuhl nach.

Daniel Specklin, Burgenbaumeister aus Straßburg, gestaltete das Schloß Lichtenberg zwischen 1570 und 1580 völlig neu. 1677 wurde die Burg von den Franzosen besetzt, Vauban baute sie 1678 bis 1682 zur Festung aus. Seine noch weiterreichenden Pläne wurden allerdings nie verwirklicht. Im 18. Jahrhundert war die Burg ständig mit etwa 300 Soldaten besetzt, allein sieben Brotöfen waren fortwährend in Betrieb. 1870 mußten sich die Franzosen nach mehrtägiger Beschießung den deutschen Truppen ergeben.

Der Kern der großartigen Anlage, ein mehrgeschoßiger Mittelblock zwischen zwei runden Donjons und eine Toranlage, sind erhalten, um das Ganze zieht sich ein breiter, gemauerter Graben. Seit 1878 ist die Burgruine als historisches Denkmal anerkannt.

Der Wegverlauf

Start in der Ortsmitte von *Rothbach* (187 m). Wir gehen über die Brücke und 100 Meter auf der Straße Richtung Reipertswiller, bei der Molkerei links in den Wald (blaues Rechteck). Dann wandern wir lange Zeit leicht bergan, um den Buchwalder Kopf herum. An der großen Wegkreuzung nordwestlich, immer dem blauen Rechteck folgend, nach 450 Metern bei der Weggabelung halbrechts, durch den schönen Laubwald Rothbachs. Wir kommen an zwei Steinbrüchen vorbei, in denen man rote Sandsteinplatten beliebiger Größe aus dem kompakten Fels heraussägt. Kommt man aus dem Wald, sieht man die Burgruine liegen.

In *Lichtenberg* (345 m), der Rue des Jardins folgend, zur oberen Kirche, dort rechts Aufstieg zur *Burg Lichtenberg* (414 m), die man bequem in einer Stunde und 20 Minuten erreicht. Nach der Besichtigung zurück zur oberen Kirche und abwärts (rotes Rechteck) zur Picardie, dort rechts, beim Kreuz links zum Wald hinüber. Dann laufen wir einige Zeit talwärts, bei der nächsten Wegteilung wieder links, das letzte Stück auf der Straße zur *Pulverbruecke* (202 m). Wir überqueren den Rothbach, dann rechts auf dem mittleren

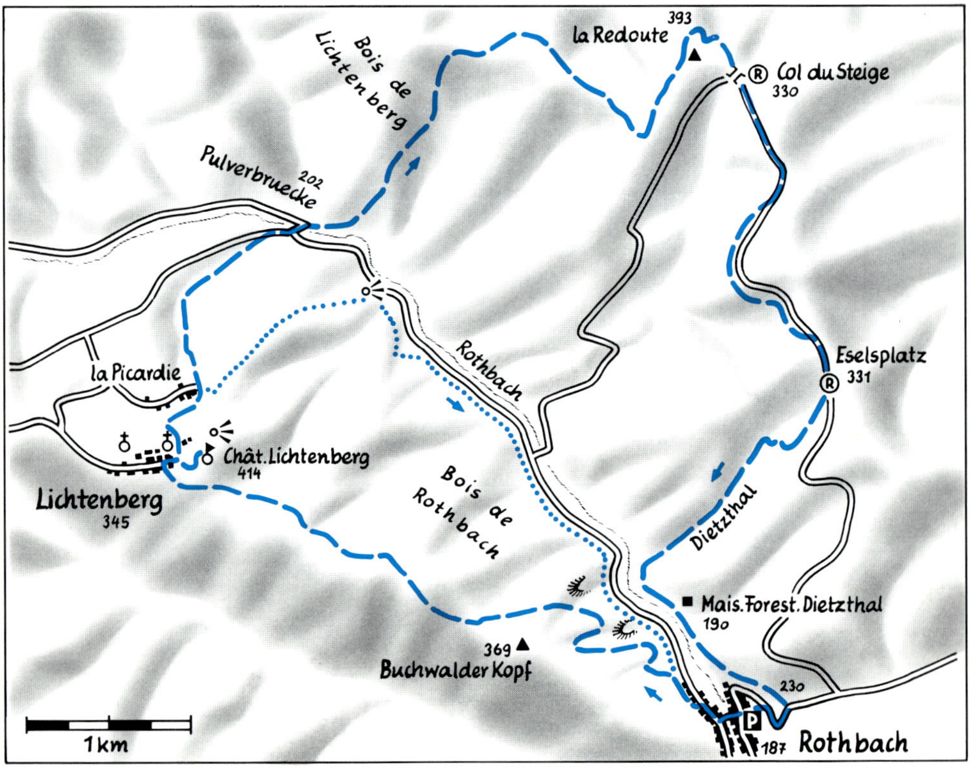

Lichtenberg, im Naturpark Nordvogesen, wurde im Jahre 1305 zur Stadt erhoben.

der drei Wege (rotes Rechteck), nach 300 Metern bei der Gabelung wieder rechts, jetzt stetig bergwärts. Immer geradeaus über einige Waldwege, nach knapp 25 Minuten an einer Abzweigung in einen Bergpfad (rotes Rechteck), der oben am Kamm des Lichtenberger Forstes auf eine Wegkreuzung stößt.

Dort halbrechts zur *Anhöhe 386* und auf ebenem Waldweg, rechts abzweigend (jetzt mit weißem Strich), 700 Meter weiter, dann links (jetzt mit rotem Ring) hinauf zur Höhe *La Redoute* (393 m). Auf einem Rastplatz haben wir einen schönen Blick auf den gegenüberliegenden Lichtenberg mit Festung. Von hier geht's bald in Kehren steil bergab in 8 Minuten zur großen Weg- und Straßenkreuzung am *Col du Steige* (330 m). Jetzt wandern wir auf ebener Straße (weißer Strich) weiter, dann auf einem daneben verlaufenden Weg, zuletzt nochmals ein Stück auf der Straße, in einer weiteren halben Stunde zum *Eselsplatz* (331 m), einer großen Kreuzung mit Rastplatz.

Dort beginnt der Serpentinenpfad (roter Strich), der durch das Dietzthal steil abwärts führt. Anschließend wandern wir in dem tief eingegrabenen Tälchen eines kleinen Baches durch schönen Laubwald hinab zu einem Sträßchen, auf dem wir links herum bald zur *Maison Forestière Dietzthal/Forsthaus Dietzthal* (190 m) kommen. An mehreren Fischteichen vorbei, zweigt rechts ein Weg von der Straße ab, der über dem Rothbach (blauer Punkt) zum Wasserreservoir (230 m) führt, dort rechts hinab, die Straße zweimal querend zurück zur Ortsmitte von *Rothbach* (187 m).

Nützliche Informationen

Ausgangspunkt: *Rothbach* (187 m).
Anfahrt: Rothbach liegt an der Verbindungsstraße D 28 zwischen Niederbronn-les-Bains und Ingwiller. Ingwiller ist von la Petite-Pierre auf der D 7 gut zu erreichen. TER-Bahnverbindung, Strecke: Straßburg – Saarbrücken, Haltestelle Ingwiller. Mugler-Busverbindung, Strecke: Ingwiller – Offwiller, Haltestelle Rothbach.
Gehzeiten: Insgesamt 4¾ Std.; Rothbach – Lichtenberg: 1 Std. 10 Min. – Burg Lichtenberg: 10 Min. – Pulverbruecke: 40 Min. – La Redoute: 1 Std. 15 Min. – Col du Steige: 10 Min. – Eselsplatz: 30 Min. – Forsthaus Dietzthal: 30 Min. – Rothbach: 20 Min.
Länge der Tour: 16,7 km.
Höhendifferenzen: Aufstieg: Rothbach – Burg Lichtenberg: 227 m; Abstieg: Burg Lichtenberg – Pulverbruecke: 212 m; Aufstieg: Pulverbruecke – La Redoute: 191 m; Abstieg: Eselsplatz – Rothbach: 144 m.
Übernachtungsmöglichkeiten: In *la Petite-Pierre* Hôtel Trois Roses und Auberge d'Imsthal oder in *Lichtenberg* Hôtel Au Château mit einfachem Komfort.
Einkehrmöglichkeiten: In *Lichtenberg* mehrere einfache Restaurants, unterwegs in der Burg Lichtenberg, am Col du Steige und am Eselsplatz Rastplätze für Selbstverpfleger mit Tischen und Bänken, in *la Petite-Pierre* Restaurants Trois Roses, Lion d'Or und la Clairière.
Karte: Carte des Vosges 1:25 000, Niederbronn-les-Bains, Lembach.
Variante: Verkürzung der Tour um 5,5 km auf insgesamt 3 Std. 10 Min. Gehzeit. Man geht von der Burg Lichtenberg über la Picardie und biegt dort gemäß weißem Kreis rechts und bald wieder halblinks ab, um hinüber zum Rothbach zu gelangen. Dann wandert man mit dem gelben Ring immer den Fluß entlang in 1¼ Stunden zurück zum Ort Rothbach.
Öffnungszeiten: Festung Lichtenberg vom 1. April bis 31. Oktober täglich von 10 bis 12 Uhr und von 13.30 bis 18 Uhr geöffnet. Sonntags und feiertags durchgehend von 10 bis 19 Uhr. Montag vormittags geschlossen. Auskunft: Gemeindeamt Lichtenberg, Tel. 88 89 96 06.

Das 1206 erbaute Stammschloß der einflußreichen Lichtenberger wurde von Vauban zur Festung ausgebaut und galt über viele Jahrhunderte als uneinnehmbar.

39 Teufelsburg und Wasenköpfel

Oberbronn – Burg Arnsberg – Wasenköpfel

Tourencharakter: Leichte Bergwanderung, wenige Steigungsstrecken, Aussichtsplätze auf der Burg Arnsberg, am Wasenköpfel und am Buckelstein über Oberbronn.
Beste Jahreszeit: Frühling, Herbst und Winter.
Reine Gehzeit: Gut 3½ Stunden.
Markierungen: Blau-weiß-blaues Rechteck von Oberbronn zum Col de l'Ungerthal, rotes Rechteck zur Burg Arnsberg und zurück zum Wasenköpfel. Beim Abstieg nach Oberbronn wechselt nach der ersten Abzweigung das rote Rechteck in die blaue Raute.

Diese Wanderung im Naturpark Nordvogesen führt uns auf die Hochebene des *Wasgau* westlich Oberbronn zwischen dem Tal der Zinsel und dem Tal des Falkensteinbaches. Dort oben stehen die mächtige Wasenburg, der Aussichtsturm Wasenköpfel und die überaus interessante *Burg Arnsberg,* auch Teufelsburg genannt. Sie thront über dem Zinseltal nahe der lothringischen Grenze und liegt, ähnlich Hohbarr, auf einem riesigen, langgestreckten Felssockel. Die Ruine weist einen gut erhaltenen Bergfried auf, dessen Eingang auf halber Höhe liegt und über eine eiserne Leiter problemlos erreicht werden kann. Als Belohnung für den weiten Anmarsch haben wir vom Burgplateau herrliche Sicht; in der Ferne sehen wir die Burg Lichtenberg. Leider versperren hohe Buchen zunehmend einen Teil des weiten Ausblickes.

Die Burg Arnsberg, eine ehemals staufische Reichsburg, wurde im 12. Jahrhundert erbaut. 1332 kauften sie die Herren von Lichtenberg den Hohenstaufern ab. 1680 wurde sie durch die Truppen Montclars zerstört. Bekannt ist sie vor allem durch historische Ereignisse und eine Sage, nach der der Teufel in den nicht mehr zugänglichen Kellergewölben schon seit Jahrhunderten große Weinvorräte gelagert habe, deshalb auch der Name Teufelsburg. Die Verbindung zum Wein scheint vorhanden zu sein, denn die einstigen Burgherren führten in ihrem Wappen ein Weinfaß. Als Zeichen eines guten Weinjahres soll zur Zeit der Rebenblüte noch heute der Duft des vergorenen Traubensaftes aus der Ruine aufsteigen.

Besonders schön ist die Sicht auch vom niedrigen Turm auf der waldfreien Kuppe des *Wasenköpfels,* dem wir am Rückweg nach Oberbronn einen Besuch abstatten. Rund herum der Falkensteiner Forst, im Osten der Schwarzwald und im Westen die Kämme der Hochvogesen. Der Turm auf dem Wasenköpfel wurde vom Vogesenclub 1887 zu Ehren des elsässischen Dichters und Volkskundlers August Stöber (1808–1882) erbaut, dessen bekanntestes Werk die »Sagen des Elsaß« sind.

Ausgangspunkt für die Wanderung ist der reizvolle Fachwerkort *Oberbronn,* dessen Häuser Nummer 110, Bœuf Noir von 1555, Nummer 109 mit Turmerker von 1610 und Nr. 65 mit Brunnen von 1740 besondere Beachtung verdienen. Die evangelische Saalkirche mit Westturm von 1404 beherbergt einen Taufstein von 1505.

Vom Wasenköpfel erreicht man schnell die *Wasenburg* (432 m). Sie wurde schon im 8. Jahrhundert auf dem Platz eines ehemaligen Römerkastells errichtet. Im 13. Jahrhundert bauten sie die Herren von Born um, bevor sie später an die Lichtenberger verkauft wurde. Den Burgenfreund erwartet ein gut erhaltener Palas mit Friesen, Kaminen und einem einzigartigen, neunteiligen, rosettendurchbrochenen Spitzbogenfenster. In der Nähe der Wasenburg erhebt sich ein Felsblock mit einem kleinen restaurierten Merkurtempel. Goethe besuchte die sehenswerte Ruine im Jahre 1770.

Der Wegverlauf

Inmitten des schönen Ortes *Oberbronn* (266 m) beginnt beim Fachwerkhaus Nr. 110 (Bœuf Noir) unsere Wanderung. Wir gehen das schmale Sträßchen bergwärts an den Hanghäusern Oberbronns vorbei (blau-weiß-blaues Rechteck). Am Ende des Ortes tauchen wir in den schönen Falkensteiner Forst ein, der nun sandige Weg unter dem Buckel-

Oberbronn, im Naturpark Nordvogesen, liegt unweit des Badeortes Niederbronn-les-Bains.

stein steigt allmählich stärker an, führt am Wegkreuz *Daumen* vorbei und verläßt kurz darauf links den Fahrweg. Nach einer Rechtskurve wandern wir fast eben, manchmal leicht steigend das Ungerthal hinauf und erreichen nach einer guten Stunde den *Col de l'Ungerthal/Ungerthalsattel* (439 m). Ab hier wechselt die Markierung zum roten Rechteck, die uns zur Burg Arnsberg leitet.

Unser nächstes Ziel ist der *Col de Holderheck/Holderhecksattel* (408 m), den wir in 12 Minuten erreichen. Dort folgen wir dem Wegweiserschild »Grand Arnsberg« und gelangen nach weiteren 12 Minuten zum *Waldplatz Grünschaft* (465 m) mit einigen Rastbänken. Am Ende des großen Platzes weist ein Schild nach rechts zur Arnsbourg. Es geht nun leicht abwärts, an der nächsten Wegkreuzung nach links in einen schmalen Pfad, der auf dem Steinmäuerchen verläuft, unter dem Grand Arnsberg (473 m) vorbei, in Kürze hinab zur Ruine der *Burg Arnsberg* (340 m). Wir gehen auf demselben Weg über den Waldplatz Grünschaft und den Col de Holdereck in einer knappen Dreiviertelstunde zurück bis zum *Col de l'Ungerthal* (439 m).

Von dort geht's jetzt links der Forststraße mit rotem Rechteck weiter in Richtung Wasenköpfel. Bei einer Dreiteilung des Waldweges folgen wir dem Schild »Wasenköpfel, Wasenburg« (mittlerer Weg) und erreichen die unbewaldete Kuppe des *Wasenköpfels* (522 m) in einer halben Stunde. Der schönen Aussicht zuliebe sollten wir hier den niedrigen Turm des Vogesenclubs besteigen. Danach gehen wir die Bergkuppe auf der anderen Seite wieder hinab (immer noch rotes Rechteck) und müssen uns unten an der *Weggabelung* entscheiden, ob wir sofort

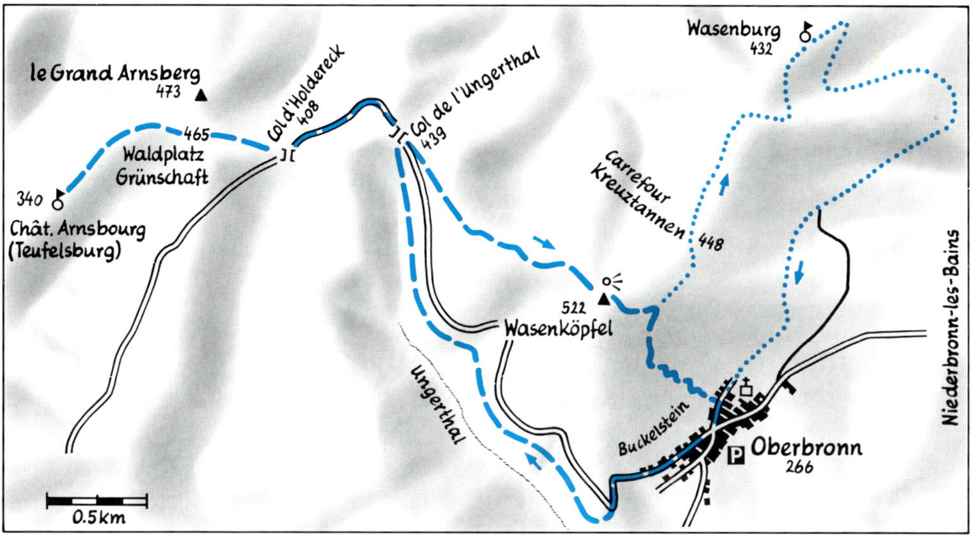

nach Oberbronn absteigen oder noch die Variante über die interessante Wasenburg dranhängen wollen. Im regulären Tourenverlauf steigen wir hier den serpentinenartigen, teilweise steilen Waldpfad hinab (blaue Raute). Zuletzt kommen wir noch über den *Buckelstein,* dann tauchen schon bald die ersten Häuser vor uns auf, und wir erreichen den Ausgangspunkt Oberbronn (266 m) nach 35 Minuten.

Nützliche Informationen

Ausgangspunkt: *Oberbronn* (266 m).
Anfahrt: Oberbronn liegt an der Verbindungsstraße D 28 zwischen Niederbronn-les-Bains und Ingwiller. Von Niedersteinbach fährt man auf der D 3 nach Obersteinbach und biegt links in die D 53 über Windstein nach Niederbronn-les-Bains ab. Ingwiller erreicht man auch schnell von la Petite-Pierre. Noch kürzer ist die Anfahrt von Lembach über Wœrth, Reichshoffen und Niederbronn-les-Bains. TER-Bahnverbindung, Strecke: Straßburg – Haguenau – Bitche, Haltestelle Niederbronn. Busanschluß der Gesellschaft Mugler, Strecke: Niederbronn – Pfaffenhoffen, Haltestelle Oberbronn.
Parkplatz: Im Ort Oberbronn.
Gehzeiten: Insgesamt gut 3½ Std.; Oberbronn – Col de l'Ungerthal: 1 Std. 5 Min. – Col de Holderheck: 12 Min. – Waldplatz Grünschaft: 12 Min. – Burg Arnsberg: 15 Min. – Waldplatz Grünschaft: 25 Min. – Col de Holderheck: 8 Min. – Col de l'Ungerthal: 10 Min. – Wasenköpfel: 30 Min. – Oberbronn: 35 Min.
Länge der Tour: 10,2 km.
Höhendifferenzen: Aufstiege: Oberbronn – Col de l'Ungerthal: 173 m, Col de Holderheck – Waldplatz Grünschaft: 57 m; Abstieg: Waldplatz Grünschaft – Burg Arnsberg: 125 m; Aufstieg: Burg Arnsberg – Wasenköpfel: 182 m; Abstieg: Wasenköpfel – Oberbronn: 256 m.
Übernachtungsmöglichkeiten: In *Windstein* Hôtel du Windstein, in *Niedersteinbach* Hôtel Cheval Blanc oder in *Lembach* Hôtel Relais du Heimbach. In *la Petite-Pierre* Hôtel Trois Roses, in *Niederbronn-les-Bains* Camping »Heidenkopf«, in *Oberbronn* Camping »Eichelgarten«.
Einkehrmöglichkeiten: Unterwegs keine, in *Oberbronn* mehrere einfache Restaurants, in *Niederbronn-les-Bains* verschiedene Restaurants, in *Niedersteinbach* Restaurant Cheval Blanc, in *Lembach* Restaurant Cheval Blanc oder in *la Petite-Pierre* Restaurant Trois Roses.
Karte: Carte des Vosges 1:25000, Niederbronn-les-Bains, Lembach.
Variante: Ausdehnung der Wanderung um

1 1/4 Stunden, wenn man die Wasenburg (432 m) einbezieht. Dazu wandern wir regulär bis zum Wasenköpfel und von dort nach dem roten Rechteck in nördlicher Richtung über Carrefour Kreuztannen (448 m) weiter zur Ruine Wasenburg. Von dort führt uns ein anderer, mit blauem Rechteck markierter Abstiegsweg zurück nach Oberbronn. Gesamte Gehzeit dieser Variante 4 3/4 Std.

40 Zu vier Burgen über dem Wineckerthal

Alt-Windstein – Wittschlössel – Wineck – Neu-Windstein

Tourencharakter: Waldreiche Wanderung, teilweise schmale Pfade, teilweise schöne Wege entlang von Flußauen, kurze Aufstiege zu den Burgen.
Beste Jahreszeit: Frühjahr, Herbst und Winter.
Reine Gehzeit: Rund 4 1/2 Stunden.
Markierungen: Rotes Rechteck von Alt-Windstein zum Col du Wineckerthal, rot-weiß-rotes Rechteck zum Wittschlössel, gelbes Dreieck zum Col du Wineck, gelber Punkt nach Schloß Wineck, gelbe Raute von der Brücke im Wineckerthal bis zum Dorf Wineckerthal, rotes Rechteck vom Dorf Wineckerthal zum Schloßparkplatz Windstein, rot-weiß-rotes Rechteck zur Burg Neu-Windstein.

Der Burgenring im Nordelsaß läßt sich zurückverfolgen bis zur Karolingerzeit (751–911). Das Ziel war wohl eine durchgehende Sicherung der Grenze zu Lothringen. Man konnte sich vermutlich von Burg zu Burg durch Signalfeuer verständigen. Herzog Friedrich II. von Schwaben, vom Kaiser Heinrich IV. mit dem Elsaß belehnt, begann mit dem Burgen- und Städtebau. Sein Sohn, der spätere Friedrich I. Barbarossa (1122–1190), setzte ihn fort.

An der Route des Châteaux liegen über dem Schwarzbach- und dem Wineckerthal vier Burgen, die wir bei dieser Rundwanderung besuchen wollen.

Alt-Windstein (340 m), auf einem 160 Meter langen, sehr schmalen Sandsteinfelsen gelegen, wurde 1212 als staufische Reichsburg erbaut und den Windsteinern als kaiserliches Lehen übertragen. In den Fels gehauene Vertiefungen beweisen, daß Rittersaal, Wohngebäude und Stallungen mit Tragbalken angebaut waren. Ähnlich wie bei Fleckenstein sind Gänge, Kammern und Verliese aus dem Fels herausgeschlagen, ebenso ein 40 Meter tiefer Brunnen. Alt-Windstein ist, mißt man es an seiner einstigen Bedeutung, gleich nach Fleckenstein zu nennen. Als sich ein Onkel Johann von Windsteins 1332 als Raubritter betätigte, wurde die alte Burg bei einer Strafexpedition zerstört. Danach baute man südlich davon zuerst Neu-Windstein auf und erneuerte danach Alt-Windstein. Beide Burgen wurden 1680 von dem französischen Heerführer Montclar zerstört.

Von der 1340 erbauten Burg *Neu-Windstein* (367 m) sind noch beachtliche Baureste vorhanden. Die gut erhaltene Fassade des zweistöckigen Palas, dessen Spitzbogenfenster im Obergeschoß begeistern, überragt die Umfassungsmauer. Von der Ruine hat man einen weiten Blick auf die oberrheinische Tiefebene.

Das *Wittschlössel* auf der südlichen Spitze des Wittberges (441 m) ist jetzt von hohen Buchen umgeben. Zu sehen ist nur noch der rote Sandsteinfelsen, der einst das Burggebäude trug, und eine Zisterne am Fuß des Steinkolosses. Wahrscheinlich gab es hier gar keinen Wohnturm, sondern nur einen befestigten, größeren Wehrturm. Die Anfang des 13. Jahrhunderts erbaute Burg Wineck (361 m) gehörte zum benachbarten Schloß Schöneck, das bis 1680 im Besitz derer von Dürkheim war.

Der Wegverlauf

Vom *Schloßparkplatz Windstein* (314 m) gelangt man in 10 Minuten hinauf zur *Ruine Alt-Windstein* (340 m). Unser Weg zum Wittschlössel führt westlich des Soultzthales über den Potenberg zunächst zum Col du Winekkerthal. Rechts oberhalb der Burgschenke steht der Wegweiser nach Obersteinbach.

Wir nehmen den mit rotem Rechteck markierten Pfad, der uns in einer Dreiviertelstunde hinauf zum höchsten Punkt auf den *Lindenkopf* (512 m) bringt. Dann geht's im Zickzack wieder abwärts, wir überqueren zwei Wegkreuzungen und gehen, einen mächtigen Kahlschlag zu unserer Linken, in 25 Minuten zum *Col du Wineckerthal* (334 m).

Dort wechselt die Markierung, das rot-weiß-rote Rechteck führt uns zum *Wittberg* (441 m) hinauf. Auf dem Bergrücken ragt noch der Sandsteinkoloß empor, auf dem einst das *Wittschlössel* stand, das wahrscheinlich nur über Leitern erreichbar war. Unser nächstes Ziel ist die etwa zwei Kilometer tiefer im Tal liegende Burgruine Wineck, die wir von hier oben schon sehen können. Auf gleichem Weg zurück zum Aufstiegspunkt geleitet uns nun das gelbe Dreieck in 12 Minuten zum westlich davon gelegenen *Col du Wittschlössel* (368 m). Von dort erreichen wir (jetzt gelber Punkt) auf fast ebenem Weg schon in 10 Minuten den *Col du Wineck* (343 m) und in einer weiteren Viertelstunde die Ruine des *Château Wineck* (361 m).

Im Zickzack wandern wir dann hinab ins Wineckerthal, bis wir links das *Forsthaus Herrenhof* (235 m) erblicken. Kurz bevor wir die Straße erreichen, biegt rechts ein Pfad in den Wald ein. Er verläuft nur wenige Meter oberhalb der D 53 in nördlicher Richtung, biegt nach einigen Minuten links ab und überquert Straße und *Brücke im Wineckerthal* (240 m). Gleich danach wieder links, dicht am Gewässer, nun geführt von der gelben Raute, weiter. Der Wiesenweg schlängelt sich unter dem Seelberg am Bach entlang durch das schöne Wineckerthal. Nach einer halben Stunde tauchen vor uns die wenigen Häuser des Dörfchens *Wineckerthal* (222 m) auf. Wo der Schwarzbach einmündet, überqueren wir das Flüßchen und gehen gut einen halben Kilometer auf der Straße

Stiller Waldsee im Jaegerthal, nahe Windstein.

weiter, bis links ein Wanderweg abzweigt. Jetzt markiert das rote Rechteck wieder unseren Pfad, der uns um den Gruenberg herumführt und dann in mehreren Serpentinen zum *Schloßparkplatz Windstein* (314 m) zurückbringt.

Hier wären wir eigentlich wieder am Ausgangspunkt, sollten es aber nicht versäumen, dem interessanten Château Neuf-Windstein/ Neu-Windstein noch einen kurzen Besuch abzustatten. Das rot-weiß-rote Rechteck übernimmt ab hier die Wegführung zur gut 50 Meter höher liegenden *Burg Neu-Windstein* (367 m), die wir vom Dorf Wineckerthal aus in einer knappen Stunde erreichen. Eindrucksvoll liegt sie dann vor uns, die verhältnismäßig gut erhaltene Ruine mit den gewaltigen Palasmauern und schönen Spitzbogenfenstern. Knapp 10 Minuten benötigen wir, um wieder hinunterzuwandern zum Parkplatz in Windstein. Hier beschließen wir die geschichtsträchtige Vierburgenwanderung im Naturpark Nordvogesen.

Nützliche Informationen

Ausgangspunkt: Schloßparkplatz *Windstein* (314 m).
Anfahrt: Von Lembach auf der D 3 über Niedersteinbach nach Obersteinbach. Am Ortsende von Obersteinbach links abbiegen in die D 53 Richtung Niederbronn-les-Bains bis Windstein. Mugler-Busverbindung, Strecke: Reichshoffen-Neunhoffen, Haltestelle Windstein.
Parkplatz: Unterhalb des Schlosses Alt-Windstein.
Gehzeiten: Insgesamt rund 4½ Std.; Schloßparkplatz Windstein – Ruine Alt-Windstein: 10 Min. – Lindenkopf: 45 Min. – Col du Wineckerthal: 25 Min. – Wittschlössel: 25 Min. – Col du Wittschlössel: 12 Min. – Col du Wineck:10 Min. – Château Wineck:15 Min. – Forsthaus Herrenhof: 25 Min. – Brükke im Wineckerthal: 6 Min. – Dorf Winekkerthal: 30 Min. – Burg Neu-Windstein: 55 Min. – Schloßparkplatz Windstein: 10 Min.
Länge der Tour: 13,6 km.
Höhendifferenzen: Aufstieg: Schloßparkplatz Windstein – Lindenkopf:198 m; Abstieg: Lindenkopf – Col du Wineckerthal: 178 m; Aufstiege: Col du Wineckerthal – Wittschlössel: 107 m, Dorf Wineckerthal – Ruine Neu-Windstein: 145 m.
Übernachtungsmöglichkeiten: In *Niedersteinbach* Hôtel Cheval Blanc, in *Windstein* Hôtel Windstein, in *Lembach* Hôtel Relais du Heimbach sowie Auberge Gimbelhof mit einfachem Komfort oder in *Weißenburg* Hôtels La Walk und Au Cygne sowie La Couronne mit einfachem Komfort.
Einkehrmöglichkeiten: Unterwegs Burgrestaurant unter dem Schloß Alt-Windstein, Restaurants Wineckerthal und Windstein an der D 53, in *Obersteinbach* Restaurant Anthon, in *Niedersteinbach* Restaurant Cheval Blanc, in *Lembach* Restaurant Cheval Blanc sowie einfache Einkehr Auberge Gimbelhof oder in *Weißenburg* Restaurants Au Cygne und Belle-Vue sowie einfache Restaurants De l'Europe und La Couronne.
Karte: Carte des Vosges 1:25 000, Niederbronn-les-Bains, Lembach.
Variante: Rückweg vom Wittschlössel über den Soultzthal-See direkt nach Alt-Windstein (9,3 km). Gehzeit für den gesamten Rundweg von Alt-Windstein über Wittschlössel und Soultzthal-See 3 Std.

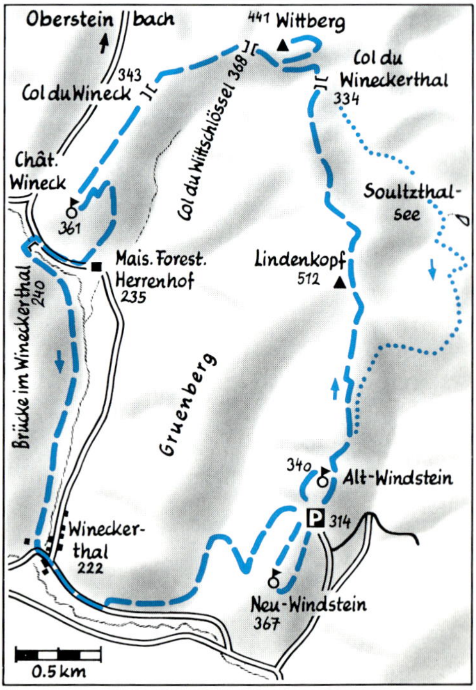

Anhang

Allgemeines zum Wandern im Elsaß

Das Elsaß samt Vogesen bietet dem Wanderer 11 000 Kilometer gut angelegter und markierter Wege an, die über das ganze Land verteilt sind. Für die Erschließung dieses gewaltigen Netzes von Wanderstrecken, für die Herausgabe von einheitlichen Wanderkarten und für den Bau von Aussichtstürmen sowie Schutzhütten ist dem Vogesenclub und der freiwilligen Arbeit seiner zahlreichen Mitglieder sehr zu danken. Der auf Wegweisern, Informationstafeln oder Karten durch das markant gezackte Blatt der Stechpalme erkenntliche Club wurde 1872 von dem deutschen Landgerichtsrat Richard Stieve gegründet.

Die hier empfohlenen Wanderungen entlang der Weinstraße, in den Tälern und auf den Höhen der Vogesen sind so ausgewählt, daß der Wanderer auf unschwierigen Routen die interessantesten Gebiete dieses vielfältigen Landes kennenlernt; dennoch sind Steigungs- und Gefällstrecken unvermeidlich, denn das Elsaß ist ein überwiegend von Bergketten und -kuppen durchzogenes Land. Wenn die zahlreichen Vogesengipfel auch wesentlich niedriger sind als die der Alpen, so bieten gerade die mäßigen Höhen häufig großartige Ausblicke auf Täler, Seen, Burgen und Dörfer dieser herrlichen Landschaft. Ganz allgemein kann im Elsaß von Mitte April bis Mitte November gewandert werden. Die beste Zeit für Touren in der Rheinebene und an der Weinstraße ist Mitte April bis Mitte Juni und Mitte September bis Mitte November. In den heißen Sommermonaten sind längere, anstrengende Wanderungen mit Steigungen nur bedingt zu empfehlen. Waldwanderungen oder Höhenwege, wo immer ein leichter Wind weht, sind dann idealer. In den Bergtälern und in den Vogesen sind von Mai bis Ende Oktober die Wege gut begehbar. Der Winter kann in den Vogesen sehr schneereich sein, dann ist Wintersport angesagt. Aber auf so mancher Wegstrecke in der Nähe der Weinstraße kann man auch im Winter gut wandern. Zu Ostern liegt auf den Höhenzügen zumeist noch Schnee. Im Mai, wenn sich die vielfältige Flora der Vogesen entfaltet, sowie im Herbst, wenn die Wälder sich färben, ist die schönste Wanderzeit; gegen Ende Oktober wird jedoch schon so manches Bergrestaurant geschlossen.

Die Wartung der Wege, insbesondere die Instandsetzung beschädigter Wegstrecken, zum Beispiel nach ergiebigen Regenfällen oder Bergrutschen, sowie die Erneuerung der Markierungen und Wegweiser ist Wegwarten anvertraut. Überall im Elsaß treffen wir auf weitgehend einheitlich gestaltete Wanderzeichen und Markierungen. Die Wegweiser stehen zumeist an Ortsausgängen und Abzweigungen. In gewissen Abständen sind Markierungszeichen in Form von farbigen Rechtecken, Dreiecken, Kreuzen, Punkten, Ringen oder Senkrechtstrichen angebracht.

Angegebene Marschzeiten sind in der Regel bei flachem, gut begehbarem Gelände auf eine Durchschnittsleistung von 4,2 Kilometern in der Stunde ausgelegt. Steigungen, Gefälle oder schwierigere Geländepassagen wurden berücksichtigt; Pausen sind nicht einkalkuliert. Die in diesem Wanderbuch angegebenen Gehzeiten können geringfügig von den Zeiten der Informationstafeln abweichen. Sie beruhen auf Zeiten, die der Autor selbst erprobt hat. Sie sind nachvollziehbar, wenn die Länge der Wegstrecke mit dem zu bewältigenden Höhenunterschied in Einklang gebracht wird.

Die Begehbarkeit der beschriebenen Touren wurde 1992 nachgeprüft, trotzdem muß der Vorbehalt gemacht werden, daß Unwetterschäden, Bergrutsche oder Verwitterung gefährdete Stellen schnell unpassierbar bzw. schwierig begehbar machen können. Durch griffige Profilsohlen und hohe Wanderschuhe – zumindest bei Bergstrecken – kann für jeden Fall vorgesorgt werden. Besonders bei längeren Wanderungen ist außerdem die Mitnahme von regenabweisender Kleidung, einer kleinen Wanderapotheke und einer Minimalverpflegung für den Notfall zu empfehlen.

Weitwanderwege

In den topographischen Wanderkarten des Vogesenclubs sind Weitwanderwege mit etwas stärkeren Rotlinien eingezeichnet. Außerdem kennzeichnen sie spezielle Markierungen, wie »GR« (Grande Randonnée) oder »E« (Europäischer Fernwanderweg).

Große Kammwanderung in den Hochvogesen

65 Kilometer am Hauptkamm der Vogesen entlang der Route des Crêtes. Das ist einer der schönsten Wanderwege des Elsaß, der über die Hautes Chaumes, immer entlang der ehemaligen deutsch-französischen Grenze (1870–1918), verläuft, die heute Gebietsbegrenzung zwischen Elsaß und Lothringen sind. Die Route führt über viele Vogesengipfel, darunter der höchste des Landes, der Grand Ballon. Man beginnt diese Dreitagestour in Orbey, nahe Kaysersberg, mit dem Anmarsch zum Schwarzen See und dem Aufstieg zum Soultzeren Eck. Oben auf den Hautes Chaumes stößt man auf die Grande Randonnée 5, die wir bis an unser Ziel in Thann beibehalten. Übrigens ist dieser Weg auch eine Teilstrecke des berühmten Sentier des trois pays, des Dreiländerweges.

1. Etappe: Orbey – Pairis – Lac Noir/Schwarzer See – Gazon du Faing/Soultzeren Eck (1303 m) – Gazon de Faite/Ringbühlkopf (1301 m) – Col de la Schlucht (1139 m);

15 km, 5½ Std.; Übernachtungsmöglichkeit: am *Col de la Schlucht* Hôtel le Châlet, Tel.: 89 77 36 44.
2. Etappe: Col de la Schlucht – Hohneck (1363 m) – Lac de Schiessrothried – Rainkopf (1304 m) – Rothenbachkopf (1316 m) – Jungfraukopf (1266 m) – le Markstein (1200 m); 26,5 km, 7 Std.; Übernachtungsmöglichkeiten: in *le Markstein* Hôtel Wolf, Tel.: 89 82 64 36 und Hôtel Steinlebach, Tel.: 89 82 61 87.
3. Etappe: le Markstein – Hundskopf (1237 m) – Col du Haag – Grand Ballon (1424 m) – Sudelkopf (1012 m) – Château de Freudstein – Col du Silberloch – Engelsbourg – Thann; 23,5 km, 6,5 Std.: Übernachtungsmöglichkeit in *Thann* Hôtel Kléber.
Karten: Carte des Vosges 1:25 000, Hohneck, Petit Ballon, Trois Épis und Carte des Vosges 1:50 000, Thann, Guebwiller.
Wegmarkierung: Grande Randonnée 5.
Führungshinweise: Touren 12, 13, 14 und 16.

Burgenwanderung im Unterelsaß
50 Kilometer durch den Naturpark Nordvogesen (NNV) mit Besuch der wichtigsten Burgen dieses Landesteiles. Vom Startpunkt Lichtenberg im Südwesten des NNV geht es in zwei Tagen nach Climbach bei Weißenburg.
1. Etappe: Lichtenberg – Burg Arnsberg – Wasenburg – Niederbronn-les-Bains – Windstein; 27 km, 7 Std.; Übernachtungsmöglichkeit: in *Windstein* Hôtel Windstein.
2. Etappe: Windstein – Wittschlössel – Obersteinbach – Frönsburg – Fleckenstein – Hohenburg – Löwenburg – Col de Litschhof – Climbach ; 25 km, 6,5 Std.; Übernachtungsmöglichkeiten: in *Climbach* Hôtel Cheval Blanc, Tel.: 88 94 41 95 und Hôtel A l'Ange, Tel.: 88 94 43 72.
Karte: Carte des Vosges 1:25 000, Niederbronn-les-Bains, Lembach.
Wegmarkierung: Grande Randonnée 53.
Führungshinweise: Touren 35, 36, 38, 39 und 40 sowie Wanderungen 1 und 2 bei: Ferdinand Mehle, Wanderungen durch das Elsaß (siehe Literatur).

Durchquerung der Nordvogesen
145 Kilometer kreuz und quer durch das Unterelsaß. In 6 Tagen werden die schönsten Wanderstrecken dieses nördlichen Landesteiles begangen.

1. Etappe: Obersteigen – Engenthal – Wangenburg – Burg Nideck – Hohenstein – Oberhaslach; 23 km, 6 Std.; Übernachtungsmöglichkeit: in *Oberhaslach* Hôtel Saint-Florent.
2. Etappe: Oberhaslach – Donon; 21 km, 5,5 Std.; Übernachtungsmöglichkeit: am *Col du Donon* Hôtel du Donon, Tel.: 88 97 20 69.
3. Etappe: Donon – Schirmeck – Klingenthal; 31 km, 8,5 Std.; Übernachtungsmöglichkeiten: in *Klingenthal* Hôtel Les Vosges oder in *Ottrott* Hôtel Beau Site.
4. Etappe: Klingenthal oder Ottrott – Lützelburg/Rathsamhausen – Odilienberg – Dreistein – Birkenfels – Odilienberg; 24 km, 6,5 Std.; Übernachtungsmöglichkeit: am *Mont Ste.-Odile* Hospices du Mont Ste.-Odile, Tel.: 88 95 80 53 oder 88 95 80 65.
5. Etappe: Odilienberg – Burg Landsberg – Spesburg – Burg Hohandlau – Andlau – Reichsfeld; 22 km, 6 Std.; Übernachtungsmöglichkeit: in *Reichsfeld* Hôtel Bleesz, Tel.: 88 85 50 61.
6. Etappe: Reichsfeld – Burg Bernstein – Ortenburg – Burg Ramstein – Val de Villé/Weilertal – Hohkönigsburg; 24 km, 6,5 Std.; Übernachtungsmöglichkeit: *unter der Hohkönigsburg* an der Zufahrtsstraße von Orschwiller Hôtel Schafläger, Tel.: 88 92 23 95.

Karten: Carte des Vosges 1:25 000, Dabo, Wangenbourg, Nideck; Carte des Vosges 1:25 000, Mont Sainte-Odile, Obernai.
Wegmarkierung: Grande Randonnée 5 oder 53.
Führungshinweise: Touren 21, 22, 26, 27, 28 und 31 sowie Wanderungen 6 bis 11 bei: Ferdinand Mehle, Wanderungen durch das Elsaß (siehe Literatur).

Verzeichnis der Verkehrsbüros und Verkehrsunternehmen im Bereich der Wanderrouten

Syndicat d'Initiative
67140 Andlau
Tel. 88 08 93 01

Syndicat d'Initiative
67140 Barr
Tel. 88 08 94 24

Office du Tourisme
68750 Bergheim
Tel. 89 73 63 01

Office du Tourisme
68700 Cernay
Tel. 89 75 50 35

Office du Tourisme
68000 Colmar
Tel. 89 41 02 29

Syndicat d'Initiative
57850 Dabo
Tel. 87 07 47 51

Syndicat d'Initiative
67650 Dambach-la-Ville
Tel. 88 92 41 05

Syndicat d'Initiative
68420 Eguisheim
Tel. 89 23 40 33

Syndicat d'Initiative
67340 Ingwiller
Tel. 88 89 47 20

Office du Tourisme
68240 Kaysersberg
Tel. 89 78 22 78

Office du Tourisme
67290 La Petite-Pierre
Tel. 88 70 42 30

Syndicat d'Initiative
68650 Lapoutroie
Tel. 89 47 50 10

Auberge du Vallon
68650 Le Bonhomme
Tel. 89 71 22 80

Syndicat d'Initiative
67140 Le Hohwald
Tel. 88 08 30 90

Syndicat d'Initiative
67510 Lembach
Tel. 88 94 43 81

Syndicat d'Initiative
67120 Molsheim
Tel. 88 38 52 00

Office du Tourisme
67110 Niederbronn-les-Bains
Tel. 88 80 32 55

Syndicat d'Initiative
68270 Orbey
Tel. 89 71 20 07

Office du Tourisme
67210 Obernai
Tel. 88 95 64 13

Syndicat d'Initiative
67510 Obersteinbach
Tel. 88 09 25 06

Syndicat d'Initiative
67530 Ottrott
Tel. 88 95 87 07

Office du Tourisme
68150 Ribeauvillé
Tel. 89 73 62 22

Office du Tourisme
68340 Riquewihr
Tel. 89 47 80 80

Syndicat d'Initiative
67560 Rosheim
Tel. 88 50 40 10

Office du Tourisme
68250 Rouffach
Tel. 89 78 53 15

Office du Tourisme
68550 Saint-Amarin
Tel. 89 82 60 01

Office du Tourisme
67700 Saverne
Tel. 88 91 80 47

Office du Tourisme
67600 Sélestat
Tel. 88 92 02 66

Syndicat d'Initiative
68160 Ste.-Marie-aux-Mines
Tel. 89 58 74 04

Office du Tourisme
67000 Strasbourg
Tel. 88 32 57 07

Office du Tourisme
68800 Thann
Tel. 89 37 96 20

Syndicat d'Initiative
68410 Trois Épis
Tel. 89 49 80 56

Office du Tourisme
68230 Turckheim
Tel. 89 27 38 44

Office du Tourisme
67220 Villé
Tel. 88 57 11 69

Syndicat d'Initiative
67710 Wangenbourg
Tel. 88 87 32 44

Syndicat d'Initiative
67160 Wissembourg
Tel. 88 94 10 11

Verkehrsunternehmen

Autobusgesellschaft
S.T.A.H.V.
68000 Colmar
Tel. 89 41 40 27

TER (Transports Régional)
68000 Colmar
Tel. 89 24 50 50

Autobusgesellschaft
S.T.A.H.V.
88005 Epinal
Tel. 29 34 20 34

STR Société Transports Routières
68100 Mulhouse
Tel. 89 42 17 04

Autobusgesellschaft Mugler
67110 Niederbronn-les-Bains
Tel. 88 89 40 53

Autocars Martiken
68150 Ribeauvillé
Tel. 89 73 60 25

TER (Transports Régional)
67000 Strasbourg
Tel. 88 22 50 50

Bahnverkehr SNCF
60325 Frankfurt
Tel. 069/72 84 44

Gute Hotels

Le Relais du Château
5, rue du Maréchal De Lattre
67130 Barembach/Schirmeck
Tel. 88 97 97 50

Domaine St. Ulrich
106, route de la Vallée
67140 Barr
Tel. 88 08 54 40

Au Chasseur
8, rue du Cimetière
67440 Birkenwald
Tel. 88 70 61 32

Terminus Bristol
7, place de la Gare
68000 Colmar
Tel. 89 23 59 59

Le Maréchal
4, place des Six Montagnes Noires
68000 Colmar
Tel. 89 41 60 32

Au Raisin d'Or
28, rue Clémenceau
67650 Dambach-la-Ville
Tel. 88 92 48 66

Les Châteaux
Chemin de Scherwiller
67650 Dieffenthal
Tel. 88 92 49 13

Auberge Alsacienne
12, Grand'Rue
68420 Eguisheim
Tel. 89 41 50 20

Auberge de Froeningen
2, route d'Illfurth
68720 Froeningen
Tel. 89 25 48 48

Goldenmatt
Route des Crêtes
68760 Grand Ballon
Tel. 89 82 32 86

Arnold
98, route du Vin
67140 Itterswiller
Tel. 88 85 50 58

Les Remparts
4, rue de la Flieh
68240 Kaysersberg
Tel. 89 47 12 12

Les Vosges
4, route de Grendelbruch
67530 Klingenthal
Tel. 88 95 82 86

Les Trois Roses
19, rue Principale
67290 La Petite-Pierre
Tel. 88 70 45 02

Auberge d'Imsthal
Route Forestière
67290 La Petite-Pierre
Tel. 88 70 45 21

Faude
28, rue du Général Dufieux
68650 Lapoutroie
Tel. 89 47 50 35

Le Relais du Heimbach
15, rue de Wissembourg
67510 Lembach
Tel. 88 94 43 46

La Chêneraie
4, chemin du Galtz
68410 Les Trois Épis
Tel. 89 49 82 34

Le Cerf
30, rue du Général de Gaulle
67520 Marlenheim
Tel. 88 87 73 73

Diana
Pont de la Bruche
67120 Molsheim
Tel. 88 38 51 59

Saint-Barnabé
68530 Murbach
Tel. 89 76 92 15

Domaine Langmatt
Murbach Langmatt
68530 Murbach
Tel. 89 76 21 12

Cheval Blanc
27, route de Bitche
67510 Niedersteinbach
Tel. 88 09 55 31

Saint-Florent
28, rue du Nideck
67280 Oberhaslach
Tel. 88 50 94 10

A la Cour d'Alsace
3, rue de Gail
67210 Obernai
Tel. 88 95 07 00

Le Parc
Route d'Ottrott
67210 Obernai
Tel. 88 95 50 08

Le Grand Hôtel
Rue Dietrich
67210 Obernai
Tel. 88 95 51 28

Belle-Vue
16, route de Dabo
67710 Obersteigen
Tel. 88 87 32 39

Ami Fritz
8, rue des Châteaux
67530 Ottrott
Tel. 88 95 80 81

Les Châteaux
11, rue des Châteaux
67530 Ottrott
Tel. 88 95 81 54

Beau Site
Place de l'Eglise
67350 Ottrott
Tel. 88 95 80 61

Seigneur de Ribeaupierre
11, rue du Château
68150 Ribeauvillé
Tel. 89 73 70 31

Des Vosges
2, Grand'Rue
68150 Ribeauvillé
Tel. 89 73 61 39

Saint-Nicolas
2, rue Saint-Nicolas
68340 Riquewihr
Tel. 89 49 01 51

Schoenenbourg
Rue du Schoenenbourg
68340 Riquewihr
Tel. 89 49 01 11

A l'Oriel
3, rue des Ecuries Seigneuriales
68340 Riquewihr
Tel. 89 49 03 13

Aux Ducs de Lorraine
16, route du Vin
68590 Saint-Hippolyte
Tel. 89 73 00 09

Parc
6, rue du Parc
68590 Saint-Hippolyte
Tel. 89 73 00 06

Chez Jean
3, rue de la Gare
67700 Saverne
Tel. 88 91 10 19

Au Bœuf Noir
22, Grand'Rue
67700 Saverne
Tel. 88 91 10 53

Kléber
39, rue Kléber
68800 Thann
Tel. 89 37 13 66

Auberge la Meunière
30, rue Sainte-Anne
68590 Thannenkirch
Tel. 89 73 10 47

Les Deux Clefs
3, rue du Conseil
68230 Turckheim
Tel. 89 27 06 01

Au Vieux Turckheim
17, rue des Vignerons
68230 Turckheim
Tel. 89 27 50 78

Moulin de la Wantzenau
25, rue de Strasbourg
67610 Wantzenau
Tel. 88 96 20 01

Auberge du Père Floranc
9, rue Herzog
68000 Wettolsheim
Tel. 89 80 79 14

Windstein
8, route d'Obersteinbach
67110 Windstein
Tel. 88 09 24 18

Au Cygne
3, rue du Sel
67160 Wissembourg
Tel. 88 94 00 16

La Walk
2, rue de la Walk
67160 Wissembourg
Tel. 88 94 06 44

Hotels mit einfachem Komfort, Fermes-Auberges (F. A.), Jugendherbergen und Campingplätze

F. A. Le Relais du Sorbier
Sperbaechel
67140 Andlau
Tel. 88 08 33 38

Du Parc
11, rue du Général
Vandenberg
67140 Barr
Tel. 88 08 92 91

Relais des Roches
68140 Col de la
Schlucht
Tel. 89 77 33 23

Auberge de la Jeunesse
Rue du Dr. Albert
Schweitzer
68000 Colmar
Tel. 89 41 33 08

Aux Deux Clefs
1, rue des Remparts
67650 Dambach-la-Ville
Tel. 88 92 40 11

Auberge des Trois
Châteaux
26, Grand'Rue
68420 Eguisheim
Tel. 89 23 70 61

F. A. du Pâtre
27, rue de la Victoire
67190 Grendelbruch
Tel. 88 97 55 71

Relaise du Poète
6, rue du Nord
68150 Hunawihr
Tel. 89 73 60 14

Tonneau d'Or
13, rue du Général
Rieder
68240 Kaysersberg
Tel. 89 78 24 74

Cascades Saint-Nicolas
Route du Ventron
68820 Kruth
Tel. 89 82 28 26

Le Frankenbourg
13, rue du Général de
Gaulle
67600 La Vancelle
Tel. 88 57 93 90

F. A. Kebespré
68650 Lapoutroie
Tel. 89 47 50 71

F. A. Hahnenbrunnen
Route des Crêtes
68610 Lautenbach
Tel. 89 77 68 99

Tête des Faux
63, rue du 3 Spahis
Algériens
68650 Le Bonhomme
Tel. 89 47 51 11

F. A. Brézouard
68650 Le Brézouard
Tel. 89 47 23 80

F. A. du Kreuzweg
131, rue du Kreuzweg
67140 Le Hohwald
Tel. 88 08 32 84

Auberge Gimbelhof
Nähe Burg Fleckenstein
67510 Lembach
Tel. 88 94 43 58

Au Château
4, place de l'Eglise
67340 Lichtenberg
Tel. 88 89 96 11

Jugendherberge Claire Jote
Route de Jaegerthal
67110 Niederbronn-les-
Bains
Tel. 88 09 03 61

Camping Heidenkopf
67110 Niederbronn-les-
Bains
Tel. 88 09 08 46

Camping Eichelgarten
67110 Oberbronn
Tel. 88 09 71 96

Hohenstein
59, rue du Nideck
67280 Oberhaslach
Tel. 88 50 91 38

La Cigogne
49, rue du Général
Gouraud
67210 Obernai
Tel. 88 95 52 35

Wachtfels
62, rue Principale
67510 Obersteinbach
Tel. 88 09 55 08

Du Mont
Sainte Odile
Le Mont Sainte Odile
67530 Ottrott
Tel. 88 95 80 53

Au Petit
Pfaffenheim
1, rue de la Capelle
68250 Pfaffenheim
Tel. 89 49 62 06

Au Cheval Blanc
122, Grand'Rue
68150 Ribeauvillé
Tel. 89 73 61 38

Alpina
39, rue du Lion
67560 Rosheim
Tel. 88 50 43 59

Auberge du
Mehrbachel
Route de Geishouse
68550 Saint-Amarin
Tel. 89 82 60 68

National
2, Grand'Rue
67700 Saverne
Tel. 88 91 14 54

F. A. Baerenbach
68290 Sewen
Tel. 89 82 03 65

Auberge du
Langenberg
Route du Ballon
68290 Sewen
Tel. 89 48 96 37

Chez Nathalie
17, Les Halles
68160 Ste.-Croix-aux-
Mines
Tel. 89 58 74 93

La Canardière
29, La Petite Lièpvre
68160 Ste.-Marie-aux-
Mines
Tel. 89 58 76 13

Jugendherberge
21, rue Reber
68160 Ste.-Marie-aux-
Mines
Tel. 89 58 75 74

Au Col de Steige
Col de Steige/Ranrupt
67220 Steige
Tel. 88 97 60 65

Jugendherberge
9, rue de l'Auberge de
la Jeunesse
67000 Strasbourg
Tel. 88 30 26 46

Au Taennchel
12, rue du Taennchel
68590 Thannenkirch
Tel. 89 73 10 15

Aux Portes de la Vallée
29, rue Romaine
68230 Turckheim
Tel. 89 27 27 15

F. A. Les Myrtilles
11, route des Crêtes/
Le Climont
67220 Urbeis
Tel. 88 57 07 57

Au Soleil
20, rue Sainte-Gertrude
68000 Wettolsheim
Tel. 89 80 62 66

La Couronne
Place de la
République
67160 Wissembourg
Tel. 88 94 02 04

F. A. Moulin des Sept
Fontaines
Drachenbronn
67160 Wissembourg
Tel. 88 94 50 90

F. A. Rothenbach
Route des Crêtes
68820 Wildenstein
Tel. 89 82 25 39

Liebfrauenthal
Lieu-dit-Liebfrauenthal
67360 Woerth
Tel. 88 09 31 77

Empfehlenswerte Restaurants

Aux Armes
de France
1, Grand'Rue
68770 Ammerschwihr
Tel. 89 47 10 12

Au Bœuf Rouge
6, rue du Docteur Stoltz
67140 Andlau
Tel. 88 08 96 26

Le Relais du
Château
5, rue du Maréchal De
Lattre
67130 Barembach/
Schirmeck
Tel. 88 97 97 50

Maison Rouge
1, avenue de la Gare
67140 Barr
Tel. 88 08 90 40

Au Chasseur
8, rue du Cimetière
67440 Birkenwald
Tel. 88 70 61 32

Au Lion d'Or
64, rue Principale
68650 Bonhomme
Tel. 89 47 51 18

Au Fer Rouge
52, Grand'Rue
68000 Colmar
Tel. 89 41 37 24

Le Maréchal
4, place des Six
Montagnes Noires
68000 Colmar
Tel. 89 41 60 32

Schillinger
16, rue Stanislas
68000 Colmar
Tel. 89 41 43 17

Maison des Têtes
19, rue des Têtes
68000 Colmar
Tel. 89 24 43 43

Caveau
d'Eguisheim
3, place du Château
68420 Eguisheim
Tel. 89 41 08 89

Goldenmatt
Route des Crêtes
68760 Grand Ballon
Tel. 89 82 32 86

Auberge du Tonnelier
Route du Vin
68150 Hunawihr
Tel. 89 73 32 72

Auberge de l'Ill
68150 Illhaeusern
Tel. 89 71 83 23

Arnold
89, route du Vin
67140 Itterswiller
Tel. 88 85 50 58

Chambard
9–13, rue du Général de
Gaulle
68240 Kaysersberg
Tel. 89 47 10 17

A l'Arbre Vert
1, rue Haute du Rempart
68240 Kaysersberg
Tel. 89 47 11 51

Au Lion d'Or
66, rue du Général de
Gaulle
68240 Kaysersberg
Tel. 89 47 11 16

Le Clos des Délices
17, rue de Klingenthal
67530 Klingenthal/Ottrott
Tel. 88 95 81 00

Les Trois Roses
19, rue Principale
67290 La Petite-Pierre
Tel. 88 70 45 02

La Clairière
Route d'Ingwiller
67290 La Petite-Pierre
Tel. 88 70 47 76

Lion d'Or
15, rue Principale
67290 La Petite-Pierre
Tel. 88 70 45 06

Faude
28, rue du Général Dufieux
68650 Lapoutroie
Tel. 89 47 50 35

Le Cheval Blanc –
Mischler
4, route de Wissembourg
67510 Lembach
Tel. 88 94 41 86

L'Auberge
Place de l'Eglise
68410 Les Trois Épis
Tel. 89 49 89 79

Le Cerf
30, rue du Général de
Gaulle
67520 Marlenheim
Tel. 88 87 73 73

Diana
Pont de la Bruche
67120 Molsheim
Tel. 88 38 51 59

Domaine
Langmatt
Murbach Langmatt
68530 Murbach
Tel. 89 76 21 12

Muller
16, avenue de la
Libération
67110 Niederbronn-les-
Bains
Tel. 88 63 38 38

La Pomme d'Or
36, rue Principale
67280 Niederhaslach
Tel. 88 50 90 21

Cheval Blanc
27, route de Bitche
67510 Niedersteinbach
Tel. 88 09 55 31

Saint-Florent
28, rue du Nideck
67280 Oberhaslach
Tel. 88 50 94 10

Le Grand Hôtel
Rue Dietrich
67210 Obernai
Tel. 88 95 51 28

Le Parc
Route d'Ottrott
67210 Obernai
Tel. 88 95 50 08

La Dilligence
23, place de la Mairie
67210 Obernai
Tel. 88 95 55 69

Belle-Vue
16, route de Dabo
67710 Obersteigen
Tel. 88 87 32 39

Anthon
40, rue Principale
67510 Obersteinbach
Tel. 88 09 55 01

Ami Fritz
8, rue des Châteaux
67530 Ottrott
Tel. 88 95 80 81

Beau Site
Place de l'Eglise
67530 Ottrott
Tel. 88 95 80 61

Au Petit Pfaffenheim
1, rue de la Chapelle
68250 Pfaffenheim
Tel. 89 49 62 06

Au Relais des
Ménétriers
10, avenue du Général
de Gaulle
68150 Ribeauvillé
Tel. 89 73 64 52

Des Vosges
2, Grand'Rue
68150 Ribeauvillé
Tel. 89 73 61 39

A l'Arbalétrier
12, rue du Général de
Gaulle
68340 Riquewihr
Tel. 89 49 01 21

D'Rosenmeer Winstub
45, avenue de la Gare
67560 Rosheim
Tel. 88 50 43 29

Château d'Isenbourg
68250 Rouffach
Tel. 89 49 63 53

Aux Ducs de Lorraine
16, route du Vin
68590 Saint-Hippolyte
Tel. 89 73 00 09

Parc
6, rue du Parc
68590 Saint-Hippolyte
Tel. 89 73 00 06

Aux Vieux Remparts
31, rue du Collège
68590 Saint-Hippolyte
Tel. 89 73 02 75

Chez Jean
3, rue de la Gare
67700 Saverne
Tel. 88 91 10 19

Au Bœuf Noir
22, Grand'Rue
67700 Saverne
Tel. 88 91 10 53

A la Vieille Tour
8, rue de la Jauge
67600 Sélestat
Tel. 88 92 15 02

Vaillant
Place de la République
67600 Sélestat
Tel. 88 92 09 46

Au Relais des Lacs
30, Grand'Rue
68290 Sewen
Tel. 89 82 01 42

Au Col de Steige
Col de Steige/Ranrupt
67220 Steige/Villé
Tel. 88 97 60 65

Kammerzell
16, place de la Cathédrale
67000 Strasbourg
Tel. 88 32 42 14

Buerehiesel
4, Parc de l'Orangerie
67000 Strasbourg
Tel. 88 61 62 24

Valentin Sorg
6, place de l'Homme-de-Fer
67000 Strasbourg
Tel. 88 32 12 16

Au Gourmet
Sans Chique
15, rue Sainte-Barbe
67000 Strasbourg
Tel. 88 32 04 07

Maison des
Tanneurs
42, rue Bain-aux-Plantes
67000 Strasbourg
Tel. 88 32 79 70

Kléber
39, rue Kléber
68800 Thann
Tel. 89 37 13 66

Touring Hôtel
Route du Haut-
Koenigsbourg
68590 Thannenkirch
Tel. 89 73 10 01

Au Taennchel
12, rue du Taennchel
68590 Thannenkirch
Tel. 89 73 10 15

Les Deux
Clefs
3, rue du Conseil
68230 Turckheim
Tel. 89 27 06 01

La Poste
74, rue du Général de
Gaulle
67280 Urmatt
Tel. 88 97 40 55

Le Val Joli
15, rue du Mont Sainte-
Odile
67220 Villé
Tel. 88 57 18 67

Parc Hôtel
39, rue du Général de
Gaulle
67710 Wangenbourg
Tel. 88 87 31 72

Moulin de la Wantzenau
25, rue de Strasbourg
67610 Wantzenau/
Strasbourg
Tel. 88 96 20 01

A la Barrière
3, route de Strasbourg
67610 Wantzenau/
Strasbourg
Tel. 88 96 20 23

Auberge du Père Floranc
9, rue Herzog
68000 Wettolsheim
Tel. 89 80 79 14

Au Cygne
3, rue du Sel
67160 Wissembourg
Tel. 88 94 00 16

La Walk
2, rue de La Walk
67160 Wissembourg
Tel. 88 94 06 44

Hinweis:
In allen guten
Restaurants sind
Tischreservierungen
zu empfehlen.

Einfache Restaurants

Maison Rouge
1, avenue de la Gare
67140 Barr
Tel. 88 08 90 40

Cafétéria Cora
12, rue Timken
68000 Colmar
Tel. 89 23 99 00

Chez Carol'in
14, place de l'Ecole
68000 Colmar
Tel. 89 23 27 36

Au Cheval Blanc
26, route de Sélestat
68000 Colmar
Tel. 89 41 39 71

Libre Service Flunch
8, av. de la République
68000 Colmar
Tel. 89 23 56 56

Belle-Vue
1, route National 83
68420 Eguisheim
Tel. 89 41 39 53

Vue des Alpes
68760 Grand Ballon
Tel. 89 76 14 40

Relais du Poète
6, rue du Nord
68150 Hunawihr
Tel. 89 73 60 14

Cave aux Souvenirs-
Kobloth
73, route du Vin
67140 Itterswiller
Tel. 88 85 50 68

Le Caveau
2, rue de Pairis
68240 Kaysersberg
Tel. 89 47 39 71

L'Auberge St.-Alexis
68240 Kaysersberg
Tel. 89 73 90 38

Au Pressoir
8 rue du Père Kohlmann
68240 Kaysersberg
Tel. 89 47 13 10

Les Naiades
30, route de Klingenthal
67530 Klingenthal/Ottrott
Tel. 88 95 90 32

Etang du Devin
Grand Trait
68650 Lapoutroie
Tel. 89 47 20 29

Gimbelhof
Bei Burg Fleckenstein
67510 Lembach
Tel. 88 94 43 58

Au Château
4, place de l'Eglise
67340 Lichtenberg
Tel. 88 89 96 11

La Metzig
Place de l'Hôtel de Ville
67120 Molsheim
Tel. 88 38 26 24

Hochscheidt
Route de Jaegerthal
67110 Niederbronn-les-Bains
Tel. 88 09 10 72

Aux Ruines du Nideck
2, rue de Molsheim
67280 Oberhaslach
Tel. 88 50 90 14

Hohenstein
59, rue du Nideck
67280 Oberhaslach
Tel. 88 50 91 38

A l'Etoile
6, place de l'Etoile
67210 Obernai
Tel. 88 95 50 57

Wachtfels
62, rue Principale
67510 Obersteinbach
Tel. 88 09 55 08

Au Lion
6, place de la Sinne
68150 Ribeauvillé
Tel. 89 73 67 69

Relais de Riquewihr
6, rue du Général de
Gaulle
68340 Riquewihr
Tel. 89 47 89 88

Aux Trois Colonnes
3, rue du Marché
68250 Rouffach
Tel. 89 49 52 29

Au Rouge de Saint-
Hippolyte
36, route du Vin
68590 Saint-Hippolyte
Tel. 89 73 05 58

National
2, Grand'Rue
67700 Saverne
Tel. 88 91 14 54

Au Pied de Bœuf
17, rue du Président
Poincaré
67600 Sélestat
Tel. 88 92 11 29

Auberge du
Langenberg
Route du Ballon
68290 Sewen
Tel. 89 48 96 37

Au Col de
Steige
Col de Steige/Ranrupt
67220 Steige/Villé
Tel. 88 97 60 65

A l'Abattoir
1, quai Charles
Altoroffer
67000 Strasbourg
Tel. 88 32 28 12

La Cochinchine
63, rue de la Halle
68800 Thann
Tel. 89 37 42 61

Cerisier Noir
6, rue de Rodern
68590 Thannenkirch
Tel. 89 73 10 29

Sésame
12, Grand'Rue
68230 Turckheim
Tel. 89 27 07 83

Freppel
28, route de la
Libération
67220 Villé
Tel. 88 57 17 05

Aux Huttes
5, rue des Huttes
67710 Wangenbourg
Tel. 88 87 32 67

De l'Europe
13, avenue de la Gare
67160 Wissembourg
Tel. 88 94 00 96

La Couronne
Place de la République
67160 Wissembourg
Tel. 88 94 02 04

Französisch-deutsches Glossar

Anguille	Aal
Asperges	Spargel
Baeckeoffe	Eintopf mit Gemüse, Schweinefleisch, Hammelschulter, Rinderbrust
Beraweka	Früchtebrot
Brochet	Hecht
Brochet au Four	Hecht gedünstet
Caille	Wachtel
Canard nantais	Junge Mastente
Carpe farcie	Gefüllter Karpfen
Carpe frite	Gebackener Karpfen
Carré d'agneau	Lammrücken
Charcuterie fine	Wurstplatte
Chasselas	leichter Tischwein
Chou-fleur	Blumenkohl
Choucroute garnie à l'alsacienne	Sauerkraut mit verschiedenen Fleisch- und Wurstsorten
Choux de Bruxelles	Rosenkohl
Civet de lièvre	Hasenpfeffer
Coq au Riesling	Huhn in Rieslingsauce
Coquille de Crabe	Krabbenmayonnaise
Coupe glacée	Eisbecher
Crêpes	Kleine Pfannkuchen
Crudités assortis	Verschiedene Salate
Cuisses de grenouilles	Froschschenkel
Dindon	Truthahn
Écrevisses	Krebse
Escalope à la crème	Rahmschnitzel
Escargots	Weinbergschnecken
Faisan aux navets confits	Fasan mit eingemachten weißen Rüben
Faisan à l'alsacienne	Fasan mit Sauerkraut
Fenouil	Fenchel
Feuilleté d'asperges	Spargel in Blätterteig
Filets de sole	Seezungenfilets
Flammekueche	Dünner Hefeteig, belegt mit Zwiebeln, Hüttenkäse und Crème fraîche. Im Holzofen gebacken
Foie gras frais	Frische Gänseleber
Foie gras d'oie en brioche	Gänsestopfleber im Briocheteig
Frischkas, Siaskas	Frischkäse mit Zucker und Kirschwasser
Gâteau aux marrons	Eßkastanien-Kuchen
Gigot d'agneau	Lammkeule
Gratin de langouste	Langusten überbacken
Haricots verts	Grüne Bohnen
Huîtres	Austern
Jambon braisé	Schinken im Ofen gebacken, mit Wein übergossen
Knipperle	Leichter Tischwein
Kougelhopf (Gugelhupf)	Hefekuchen
Langoustines grillées	Gegrillte Langusten
Laperau oder Lapin	Kaninchen
Le bœuf qui rit	Sauerbraten
Marcassin	Wildschwein
Matelote	Fischragout
Matelote au Riesling	Fischplatte in Rieslingsauce
Médaillon de veau	Kalbsmedaillon
Merlan	Mittelmeerdorsch
Morilles	Morcheln
Moules	Miesmuscheln
Noisettes de chevreuil	Rehnüßchen
Oie rôtie	Gebratene Gans
Pâté en croûte	Kalte Fleischpastete
Pêches flambées	Flambierte Pfirsiche
Pied de porc à la moutarde	Schweinsfuß in Senfsauce
Pigeon	Taube
Poire belle Hélène	Birne Helene
Poitrine de veau farcie	Gefüllte Kalbsbrust
Pommes natures	Salzkartoffeln
Porc	Schwein
Porcelet dans le four	Spanferkel im Ofen gebacken
Pot-au-feu	Fleischtopf
Potée lorraine	Lothringischer Fleischtopf
Poularde aux morilles	Masthühnchen mit Morcheln
Poussin de la Wantzenau	Stubenküken
Quenelles de brochet	Hechtklößchen
Quiche Lorraine	Mürbeteig, belegt mit Schinkenspeck, Käse und Ei
Râble de lièvre	Hasenrücken
Raie	Rochen
Ris de veau aux morilles	Kalbsbries mit Morcheln
Rognons au pinot noir	Nieren in Weinsauce
Salade de laperau en vinaigrette	Kaninchensalat in Vinaigrette
Sandre farcie	Gefüllter Zander
Sandre aux nouilles	Zander mit Nudeln
Schiffala	geräucherte Schweineschulter in Meerrettichsauce
Saucisse	Wurst
Saumon fumé	Geräucherter Lachs
Saumon frais soufflé	Auflauf von frischem Lachs
Sorbet	Früchteeis
Soupe à l'oignon	Zwiebelsuppe
Soupe de poissons	Fischsuppe
Steak bien cuit	Steak gut durchgebraten
Steak à point	Steak noch blutig
Tarte à l'oignon	Zwiebelkuchen
Tarte alsacienne	Obsttorte mit Vanillecreme
Tarte au fromage	Käsekuchen
Tarte aux fraises des boislaux ou myrtilles	Flacher Kuchen mit Walderdbeeren/Heidelbeeren
Tarte flambée	Flammekueche
Terrine de volaille	Geflügelterrine
Tête de veau en vinaigrette	Gekochter Kalbskopf mit Vinaigrette
Tourte	Fleischtorte, -pastete
Tourte de la valleé du vigneron	Mit Fleischbrät gefüllte Blätterteigrolle
Tripes au pinot gris	Kutteln in Grauburgundersauce
Truite à l'oseille	Forelle in Sauerampfersauce
Truite au bleu	Forelle blau
Truite fumée	Geräucherte Forelle
Truite belle meunière aux amandes	Forelle Müllerin mit Mandeln
Turbot	Steinbutt

Elsässer Feste

19. April	Fest des Hl. Leo in Eguisheim
April:	Narzissenfest/Fêtes des Jonquilles in Gérardmer
1. Mai:	Maiglöckchenfest in Wissembourg und Neuf-Brisach
Mai:	Antiquitätenmarkt in Obernai
Juni:	Scheibenschlagen am Michaelsberg in St. Jean-Saverne
Juni:	Sonnwendfeier in St. Amarin, Munster, Riquewihr u. a.
30. Juni:	Volksfest in Thann
Juni:	Trachtenumzug in Wissembourg (Pfingstmontag)
Juni:	Internat. Musikfestival in Straßburg
Juni:	Fête de Colmar
Juni:	Guglhupffest in Ribeauvillé
Juni:	Rosenfest in Saverne
14. Juli:	Trachtenfest und Weinmarkt in Barr
Juli:	Volksfest in Kaysersberg
9. August:	Dahlienkorso und Blumenfest in Schlettstadt
August:	Rieslingfest in Riquewihr
August:	Weinfest in Dambach-la-Ville
August:	Winzerfest in Eguisheim
September:	Pfifferfest in Ribeauvillé
September:	Weinlesefest in Kaysersberg
September:	Blumenkorso in Rosheim
Oktober:	Winzerfest in Barr

Manche Feste haben keinen festen Termin; es ist deshalb zweckmäßig, beim örtlichen Fremdenverkehrsamt genauere Informationen einzuholen.

Literaturverzeichnis

Buchner, Ernst: Martin Schongauer als Maler, Berlin 1941

Dehio, Georg: Das Straßburger Münster, München 1920

Hagen, Oskar: Mathias Grünewald, München 1919

HB-Bildatlas Elsaß und Vogesen, HB-Verlag, Hamburg 1991

Hotz, Walter: Handbuch der Kunstdenkmäler im Elsaß und in Lothringen, Deutscher Kunstverlag, Berlin, München

Lefèvre, Gaby: APA Guide Elsaß, RV Reise- und Verkehrs-Verlag Berlin, München, Stuttgart 1989

Matzen, Raymond: Goethe, Friederike und Sesenheim, Morstadt-Verlag, Straßburg 1989

Mehle, Ferdinand: Wanderungen durch das Elsaß, Morstadt-Verlag, Straßburg 1989

Michelin-Reiseführer Elsaß, Vogesen, Champagne, Karlsruhe 1990

Müller, Henri: Das Elsaß, Paris 1962

Mündel, Curt: Die Vogesen, Straßburg 1907

Prinz zu Sayn-Wittgenstein, Franz: Fahrten ins Elsaß, Prestel-Verlag, München 1988

Reclams Kunstführer Frankreich, Band 2, Elsaß, Stuttgart 1980

Ritter, Rudolf: Wanderwege im Elsaß, Schauenburg-Verlag, Lahr 1987

Schenk, Peter und Hartlieb, Jutta: Elsaß, Reihe »Marco Polo«, Mairs Geographischer Verlag, Ostfildern 1992

Schreiber, Hermann: Das Elsaß und seine Geschichte, Katz-Verlag, Gernsbach

Varry, France: Wunderbares Elsaß, Ziethen-Verlag, Köln 1990

Voss-Gerling, Wilhelm: Polyglott-Reiseführer Elsaß und Lothringen, Polyglott-Verlag, München 1985/86

Wackernagel, Rudolf: Geschichte des Elsaß, Basel 1919

Wenger, Daniel: Wanderführer Vogesen Süd, Deutscher Wanderverlag Dr. Mair & Schnabel & Co, Stuttgart 1990

Wolff, Felix: Elsässisches Burgenlexikon, Weidlich-Verlag, Würzburg

Wurch, Ernest: Burgenfahrten Elsaß, Wasgau und Queichgau, Morstadt-Verlag, Straßburg 1978

Register

Gerade stehende Ziffern verweisen auf Textseiten, *kursiv* stehende auf Seiten mit Abbildungen.

Bildnachweis

Einband/Vorderseite: Bildagentur Mauritius (Foto: Rossenbach), Mittenwald. Seite 24 und 113: Peter Kuhnle, Radolfzell.
Alle übrigen Aufnahmen auf dem Einband und im Innenteil stammen vom Autor des Buches.

Die Tourenskizzen und die Übersichtskarte zeichnete Sebastian Schrank, München.